"十三五"职业教育
国家规划教材

职业院校**电子商务类**
"十三五"新形态规划教材

人邮电商教育
E-Commerce

U0734513

网络编辑
内容规划 文案创作 运营推广

宋夕东 ◎ 主编　谢永强 ◎ 副主编

人民邮电出版社
北　京

图书在版编目（CIP）数据

网络编辑：内容规划 文案创作 运营推广 / 宋夕东主编. -- 北京：人民邮电出版社，2019.11（2022.12重印）
职业院校电子商务类"十三五"新形态规划教材
ISBN 978-7-115-52501-7

Ⅰ. ①网… Ⅱ. ①宋… Ⅲ. ①互联网络－新闻编辑－高等职业教育－教材 Ⅳ. ①G210.7②G213

中国版本图书馆CIP数据核字(2019)第258632号

内 容 提 要

本书依据网络编辑岗位的要求、职业素养和知识技能，详细介绍了互联网领域中网络编辑的相关知识，主要内容包括初识网络编辑、规划与设计网站内容、创作与编辑网站内容、策划网站专题活动、创作与编辑新媒体内容、网站运营推广、新媒体运营推广、使用网络编辑工具等。

本书内容由浅入深，穿插丰富的实例，章末均设置"本章实训"及"思考与练习"，能有效地引导读者进行知识的巩固和实践练习。

本书可作为职业院校电子商务、网络营销、网络新闻与传播、传媒与策划等专业相关课程的教材，也可供有志于或正在从事网络编辑相关工作的人员学习和参考。

◆ 主　　编　宋夕东
　　副 主 编　谢永强
　　责任编辑　侯潇雨
　　责任印制　王　郁　马振武
◆ 人民邮电出版社出版发行　　北京市丰台区成寿寺路 11 号
　　邮编　100164　电子邮件　315@ptpress.com.cn
　　网址　https://www.ptpress.com.cn
　　三河市君旺印务有限公司印刷
◆ 开本：787×1092　1/16
　　印张：15　　　　　　　　　2019 年 11 月第 1 版
　　字数：310 千字　　　　　　2022 年 12 月河北第 9 次印刷

定价：48.00 元

读者服务热线：(010)81055256　印装质量热线：(010)81055316
反盗版热线：(010)81055315
广告经营许可证：京东市监广登字 20170147 号

FREFACE 前　言

一、编写本书的初衷

基于网络和信息技术的互联网经济发展越来越迅速，各种媒体的快速发展使用户拥有了越来越多的信息获取渠道，而互联网中的各种平台，如各种类型的网站和新媒体平台等对于人们的影响也越来越大。如何编辑网络平台中的内容，如何借助网络平台将商品更好地推销给用户，如何吸引更多的用户，成为各种网络平台生存和发展的关键。

网络平台中内容质量的好坏不仅能影响商品的销售和品牌的推广，也对网络的健康发展有重要作用。同时，各种网络平台对网络编辑人才的需求催生了以互联网中的内容编辑为主要工作的网络媒体从业者——网络编辑。

综上所述，网络编辑是互联网信息技能型人才必须掌握的一项重要技能。为了满足职业院校和社会人士学习网络编辑知识的需要，我们特编写了本书。

二、本书的特点

本书内容翔实、案例丰富，能够帮助读者了解网络编辑岗位的工作职责并掌握网络平台内容的创作方法。本书主要有以下特点。

1. 知识系统，结构合理

本书针对网络编辑岗位，循序渐进地介绍网络编辑所涉及的知识，由浅入深，层层深入。与此同时，每章在讲解完理论知识后，会通过实训进行网络编辑的操作训练，不仅可帮助读者巩固所学知识，还能帮助读者提高编辑工作技能。

2. 案例新颖，具有代表性

本书在正文知识的讲解过程中穿插了对应的行业案例，这些案例来源于工作实际，十分具有代表性且比较新颖，具有很强的可读性和参考性，可以帮助读者快速理解与掌握编辑各种网络平台中内容的方法。

3. 栏目丰富，拓展读者的知识面

书中的"专家指导"栏目总结了与网络编辑相关的经验、技巧，能拓展读者的知识面。

三、本书的内容

本书从网络编辑的相关基础知识入手,分别对网站和新媒体内容的规划、设计、编辑和创作进行了介绍,最后还分别对网站和新媒体的运营推广、编辑工具等进行了介绍。

本书共分为 8 章,每章的具体内容如下。

第 1 章:主要介绍网络编辑的概念、工作特点、基本要求、岗位职责和工作内容等。

第 2 章:主要介绍网站的类型及其主要内容、网站内容的分类体系、网站的内容模块、设计网站的展示内容等。

第 3 章:主要介绍网站内容文案的常见类型、网站内容的创意方法、设计内容文案的标题、创作和编辑文案内容、设计网站内容的图片及用户互动、发布网站内容、更新和维护网站内容等。

第 4 章:主要介绍网站专题活动策划和撰写专题活动策划方案等知识。

第 5 章:主要介绍新媒体的概念和类型、新媒体编辑工作的内容,以及微信和微博等主流新媒体文案的创作技巧等。

第 6 章:主要介绍网站运营、网站推广的整合营销、网站推广方案等知识。

第 7 章:主要介绍新媒体运营的工作流程、新媒体运营的主要内容、微信和微博等新媒体平台的运营推广等。

第 8 章:主要介绍内容搜索引擎、热门内容信息查询工具、内容编辑与排版工具、图片编辑工具、多媒体编辑工具、HTML5 网页设计工具等。

四、本书特别说明

本书涉及网络编辑工具的操作,有二维码可供扫描,读者只需使用手机扫码即可观看相应的视频。另外,读者还可以访问人民邮电出版社人邮教育社区(http://www.ryjiaoyu.com/),搜索书名下载与本书相关的 PPT 等配套教学资源。

本书的所有案例仅用于网络编辑相关课程的教学,编者并非要为所涉及的企业品牌做宣传和推广,也并不对企业所宣称的商品功效的真实性和安全性负责。为了保持网络内容的"原汁原味",编者未对其文案内容进行过多的语言、措辞等修改,特此说明。

本书由宋夕东担任主编,谢永强担任副主编。由于时间仓促和作者水平有限,书中难免存在不足之处,欢迎广大读者批评指正。

编者

2019 年 10 月

CONTENTS
目·录

第 1 章

初识网络编辑

学习目标

| 了解网络编辑

| 熟悉网络编辑的岗位职责

| 熟悉网络编辑的工作内容

学习内容

| 网络编辑的概念和意义

| 网络编辑的工作特点和基本要求

| 网络编辑的工作职能、工作原则和工作规范

| 网络编辑的职业道德

| 网络编辑的工作内容

1.1　了解网络编辑

网络编辑是互联网时代的新兴职业。随着互联网的飞速发展，网络交易已发展成一种全新且重要的贸易形式，而网络编辑是网络商务领域中一个非常普遍且重要的职业。下面将介绍网络编辑的基础知识，使读者对其有初步的认识和了解。

1.1.1　网络编辑的概念

从传统角度来讲，编辑既是一种工作，指对作品等进行管理、加工，也是一种职业身份，指具有某一种专业素质，并从事该专业工作的文职人员。编辑的任职单位主要包括出版社、杂志社、电视台和网络媒体等。

网络编辑是编辑职业中的一种特殊类型，主要存在于互联网行业、涉及商务类网站和新媒体平台的企事业单位。从广义上讲，网络编辑是网上内容的设计者和建设者，网络编辑通过互联网对相关内容进行收集、筛选和归类整理，并通过网站和新媒体平台发布到互联网，然后从互联网中接收用户的反馈信息，并与网络用户产生互动。具体来说，网络编辑就是运用相关专业知识及计算机和网络等现代信息技术，从事互联网内容设计和平台建设的人员。

因此，网络编辑需要具备相应的计算机和网络知识，优秀的内容编辑和文案写作能力，敏锐的新闻和媒体传播视野，以及良好的互动和沟通技能。另外，随着移动互联网和各种新媒体技术的迅速发展，网络编辑还会在网站和新媒体的运营和推广方面发挥重要的推动作用。

1.1.2　网络编辑的作用

企业要想通过网站或新媒体获得足够的流量，为企业带来较大的经济效益，就需要充分发挥网络编辑的作用，即对网站和新媒体平台中的内容做好统筹安排、规划，然后通过创作、转载和整合等方式，把所创作的内容及时地进行发布和更新，最后通过运营和推广，让更多的用户访问并购买商品。下面将从4个方面介绍网络编辑的作用。

1. 在网络内容建设方面的作用

内容和服务已经成为网站和新媒体等网络平台中最重要的两个要素，内容创新的网络平台才能吸引用户浏览，才能获得销售商品和产生经济效益的用户基础。作为网络内容创作者的网络编辑，在网络内容建设方面的作用主要包括以下5点。

（1）保证内容的原创性

转载内容虽然比较简单，但容易重复，不能为网络平台带来更多关注。网络编辑原创的内容通常质量较好，容易获得更多的点击率和浏览数，以及较高的收藏及转载数量，而原创的内容一旦被大量转载，就会提高网络平台的权重和外部链接的数量，最终使商品销量大幅提升。

（2）保证内容的整体性

网络平台的内容建设需要网络编辑对互联网中的各种内容信息进行搜索、筛选和整理，编辑加工组合形成一个完整的内容框架体系，并在此基础上进行资料完善，最终为用户提供准确和全面的内容信息，提高网络平台内容质量的整体水平。

（3）保证内容的可靠性和权威性

网络平台中的内容需要具备可靠性和权威性，因为用户对获取内容的基本要求就是真实可靠。只有真实可靠的内容，才能获得用户的信任，并增加用户浏览网络平台的次数。这样，用户才可能购买网络平台中的商品，为平台带来经济效益。要保证内容的可靠性和权威性，就需要网络编辑在工作中尽可能挑选可信度高的内容来丰富网络平台。

（4）保证内容的多样性和实时性

在移动互联网和各种新媒体迅速发展的背景下，用户对于内容的多样性和实时性的要求也越来越高，不但要求网络平台中有大量丰富的内容，而且要求内容要与时俱进，这就需要网络编辑随时关注正在发生甚至将要发生的事件，既能选择包罗万象的信息内容，又能第一时间发布信息，获得用户关注流量。

（5）提升内容的视觉效果

统计数据表明，移动互联网用户对于网页的浏览时间很短，在短时间内，要吸引用户并让其停留，只有高质量的内容是不够的，还需要通过图像、声音和视频等对网上内容进行美化，提升视觉效果，而要达到这一点，就需要网络编辑具备一定的设计能力，以便于实现网上内容的美化工作。

2. 在网络平台管理方面的作用

网络编辑的作用还体现在网络平台的管理方面，主要包括以下两点。

（1）交互

交互功能是互联网最大的优势之一，无论是哪种类型的商务网站或新媒体平台，都需要通过交互来为用户解决问题和反馈信息，进而提升平台的流量、知名度和人气，保证用户的黏性，并获得更多的用户。网络平台的交互管理通常都是由网络编辑来完成的，具体的工作包括通过留言和在线问答为用户解决问题，通过论坛发帖和回复吸引用户进行交流和发表评论，从而获得反馈信息，以及通过设计评价和调查来获得用户参与网上内容建设等。

（2）沟通

沟通是网络编辑在网络平台管理方面发挥的一项重要作用，包括与用户沟通和与同行沟通两个方面的内容。

- **与用户沟通**｜对于网络平台来说，只有积极与用户沟通，听取用户的意见，才能更好地改进商品和服务，促进内容的升级和更新，进而更好地实现网络平台的营销目标。网络编辑需要通过网站中的留言和评论，以及企业的微信公众号、官方微博等新媒体平台，搜集用户的意见和建议，了解用户的需求，随时与用户进行沟通，让用户在浏览和网上购物过程中真正享受到贴心的服务。

- **与同行沟通**｜与同行沟通是为了提高网上内容的专业性，并获得内容建设和商品流行趋势等信息，网络编辑需要不断总结工作经验，并学习其他网络平台建设的优点。

3. 在网络平台营销推广方面的作用

网络编辑的作用不仅局限于网上内容的整理、创作和发布，还涉及网络平台的优化、设计和营销推广。特别是营销推广方面，需要网络编辑编写宣传的相关资料，组织策划和执行营销推广活动，完成平台栏目和频道的发展规划，促进平台知名度的提升，从而提高品牌和商品在用户中的影响力，为企业带来经济效益。

4. 在网络平台维护方面的作用

网络编辑可以通过及时更新网上内容和主动向用户发送内容信息两种方式来维护网络平台，进一步提升平台的综合竞争力。

- **及时更新网上内容**｜用户对于网上内容的需求是不断变化的，如果网上内容更新迅速，则更容易吸引用户的访问，从而为网络平台带来较大的流量。内容更新是网络编辑的基本工作之一，网络编辑需要在第一时间掌握最新的资讯，并对网络平台中对应的内容进行更新。

- **主动向用户发送内容信息**｜网络编辑在更新网络平台的内容后，不能等待用户自己浏览，而是应该主动通知用户，这就是网络编辑在网络平台维护方面的另一个功能。网络编辑可以通过平台短信、电子邮件、微信公众号或官方微博等方式，向用户发送内容更新的通知，或者直接发送最新的内容，既方便用户的浏览，又通过通知所带的超链接为网络平台带来流量。

专家指导

　　向用户发送更新通知最好固定时间发送，这样用户就会知道网络平台大致的更新时间，为用户提供方便的同时，也便于网络平台进行适时的营销推广。

1.1.3　网络编辑的工作特点

随着互联网和新媒体技术的快速发展和更新，网络编辑的工作特点也在不断地发生变化。特别是对于移动互联网，网站中的内容形式和编辑方式都会有一定的变化，下面分别介绍普通网络平台和移动互联网平台的网络编辑的工作特点。

1. 普通网络平台网络编辑的工作特点

普通网络平台网络编辑是利用相关专业知识及计算机和网络等现代信息技术，从事相关网站内容建设工作的编辑人员，这里的普通网络平台是指网络中的大多数网站，它们主要通过计算机端口把网站内容展示给用户。普通网络平台存在着时效性强、传播范围广、超链接和信息多、检索快速、信息数据库化、互动性强等特点，从而决定了这类网络编辑的工作具有以下特点。

（1）双向化编辑

网络编辑的工作具有双向性。网络编辑在创作、发布和传播网站内容的同时，可以通过新媒体或论坛等搜集各种有用信息，而这些信息内容有可能成为网络编辑的内容资料，网络编辑将这些信息内容编辑后，可以将其作为新的网站内容发布和传播到网络平台中，所以，网络编辑的工作具有极强的互动性，是双向编辑的过程。

（2）内容化编辑

网络编辑必须具备一定的文字功底，其主要的工作是为网络平台编辑内容，即根据用户的喜好和商品的定位，创作出符合需要的内容，或者通过整合素材、资源来编辑内容。

（3）超链接式编辑

网络编辑的工作特点与 Internet 中的超文本与超媒体技术紧密相关，这些技术具有节点和超链接等要素。

- **节点**｜指文本、图形、图像、视频、音频和程序等，这些节点元素和元素的组合构成了网络编辑的内容元素。

- **超链接**｜超链接编辑方式的最大特点是具有跳跃性。在某种意义上，超链接就是用户阅读内容的跳板，通过超链接，用户可以从一个网页跳转到另一个网页，从一个网站进入另一个网站。也就是说，用户阅读网上内容时，实际上是在时间与空间的两维之中，通过超链接来搜寻需要的信息。

超链接编辑方式最大的问题就是时间和空间的变化会导致用户在阅读时，对不断变化的阅读环境产生陌生感，以致不愿意阅读超链接中的内容。而作为网络编辑，就需要降低这种超链接跳跃所产生的负面效应，例如，可以发挥超链接式编辑元素中节点的优势，在正文中嵌入一些直观的图像、动画、音频或视频等来吸引用户的注意力，更好地弥补阅读中的缺陷。

（4）全时化编辑

企业通常都需要通过网络平台实时发布新闻资讯，而且要求网络编辑实时更新、修改，以及删除发布的内容。此外，随着网络在线直播方式的流行和普及，以及新闻内容时效性的大大增强，很多网络平台都提供了网络直播内容，如图 1-1 所示。在网络直播的过程中，网络编辑需要根据用户的实时需求，随时进行内容的编辑工作。

图1-1 | 淘宝网的直播内容

全时化编辑也有比较明显的缺陷，首先是无法对一些虚假有害的内容进行精确过滤，其次是更新速度太快导致一些有价值的内容无法被用户接收。这就要求网络编辑具有高度的职业责任感、新闻敏感度和内容信息的整合能力，在内容信息的发布过程中，及时有效地将高价值的内容突显出来。

（5）数据库化编辑

大型的网络平台提供有自己的搜索引擎，还建有自己的数据库管理系统。很多商务类的网络平台通常都有内部的内容检索系统，这些数据库的建设大大方便了网络用户，用户只要通过查询和资料检索等就能迅速地找到自己所需要的资料。因此，为了使网络平台有稳定的用户或者较高的流量，网络编辑需要搜集、筛选和整理需要的内容信息，将其创建成有特色的网站资料库，努力满足用户对各种内容信息的需求。

（6）交互性编辑

随着各种新媒体平台的出现，网络传播逐渐转化成人际传播，网络传播中一对一、一对多、多对一、多对多的传播方式使传播和接收信息的双方互为主体，例如，论坛中各种信息的引用，朋友圈中信息的转发等。这种互为主体的交互有利于双方在信息共享中达到相互认同、沟通和理解，网络编辑的工作重点就是充分认可并尊重用户的主体精神和传播权益，为他们的交互沟通提供内容和平台。

网络的交互具有即时和隐匿两种特性，这两种特性可能会为网站中的内容传播带来一定的负面影响。因此，网络编辑需要针对网络的交互性，建立一整套的验证系统，以确定网络参与人员的身份，并使用户与网络之间达成正常交互的协议，减少交互性带来的负面影响。同时，随着网络实名制的推行，网络信用体系得到了良好的发展，体系中个人信息的准确度也有了较大的提升。网络的交互性使得信息的传递更加方便、安全，将更加有利于网络编辑的工作开展。

2. 移动互联网平台网络编辑的工作特点

移动互联网平台通常是指基于移动网络技术和智能手机技术建立的网站或新媒体平台。移动互联网平台网络编辑除了具备普通网络平台网络编辑的工作特点外，还具有以下3个特殊的工作特点。

（1）实时化编辑

网络编辑需要在任何时间或地点，通过网络实时接收内容信息，筛选并抓住热点事件，进行数据分析和信息搜索，然后根据热点原创或整合资料创作出新的内容文案，并将其发布到网络平台中。

（2）小屏幕呈现

移动互联网平台的编辑工作最直观的特点就是小屏幕呈现，这是因为手机和平板电脑等移动互联网终端的屏幕比显示器这种普通网络终端的呈现界面要小很多。在以小屏幕方式编辑内容的过程中需要注意以下几点。

- **内容的容量限制**｜小屏幕决定了显示的内容少，为了保证网络内容的质量和平台的被关注度，网络编辑在发布内容时应该尽量做到短小精悍、多图少文。

- **发展手机客户端**｜网络编辑应该尽量利用手机客户端软件来吸引用户，通过让用户安装手机客户端来提高用户的黏性。现在很多移动互联网平台都有专门的手机客户端内容模块，用户通过打开内容网页下载或者扫描二维码安装，如图1-2所示。

图1-2｜神州租车的手机客户端下载页面

（3）不可预测性

不可预测性是基于移动互联网平台网络编辑工作所面对的用户数量来说的，由于手机的用户数量是巨大的、难以估计的，所以，网络编辑的工作具有分散性、不确定性、不可预测性等特点。在手机网络信息传播中有一种说法，即只要将一条信息传播给3个人，该信息就能传遍全世界，这也充分证明了网络编辑工作的不可预测性。不可预测性是信息传播的一种裂变，合理利用这种不可预测性可以得到好的传播效果。从另一方面来看，信息在多次传播过程中可能会出现失真，严重影响网络平台的信誉，这就需要网络编辑在工作时考虑更多的内容，做好资料收集、用户信息跟踪调查、用户问题反馈等工作，把不可预测性的消极影响降到最低。

▌1.1.4 网络编辑的基本要求

在新媒体时代，网络编辑必须具备强大的综合能力，除了最基本的内容搜集和编辑，文章的撰写、整合和优化，内容发布等工作能力以外，还需要根据网站的定位和发展方向，策划、建设相关的频道和栏目。另外，网络编辑的基本工作还涉及网站内容的日常更新、维护、审核、发布，用户互动、话题制造、活动执行，以及跟踪分析各种网站数据等方面。此外，网络编辑还需要对这份职业有浓厚的兴趣，善于捕捉社会热点，思维敏捷且有创新能力，并具备良好的心态。下面将从5个方面具体介绍网络编辑的基本要求。

1. 具备文案写作能力

原创的内容始终是网站发展和获取利益的最佳手段，所以，能进行文案写作是对网络编辑的基本要求。网络编辑的工作每天都要涉及内容文字的撰写和编辑，所以，最基本的文字功底和写作能力是最低要求。网络编辑的文案写作能力主要表现在文案内容的创作、创新、审美和学习4个方面。

（1）内容创作

内容创作是网络编辑的文案写作能力的直接表现，可以通过对网络编辑的逻辑能力、语言风格切换能力和内容创作技巧3方面的考查，来判断一个网络编辑是否能够进行内容创作。

- **逻辑能力**｜指网络编辑采用科学的逻辑方法，通过创作内容或整合内容，在网站中发布或传播这种思维过程的能力。逻辑能力通常应用于结构化的文字写作过程，假设网络编辑已经具备基本的文字写作能力，判断其是否具备逻辑能力的关键是看他在落笔之前的思考过程中是否应用了层次性、结构化的思考与沟通技术。
- **语言风格切换能力**｜网络编辑在进行内容创作时，通常会涉及商品和所属行业，由于不同目标群体所喜爱的语言风格不同，所以就要求网络编辑在进行文案创作时要能驾驭各种风格的文字，可以是简单直接的、诙谐幽默的，也可以是出人意料的、鼓舞人心的等。
- **内容创作技巧**｜内容创作不单只是语言风格的变化和逻辑能力的体现，还需要很多的写作技巧，例如，怎样才能打开用户的好奇心缺口？是开门见山还是制造悬念，是晓之以"礼"还是动之以"情"……学会了这些技巧，编辑才能更好地创作内容。图1-3所示的某保暖上衣的详情页内容，就是通过专业知识和商品细节的描述，向用户展示超强的保暖性能，在内容创作上运用了描述用户常见需求的技巧，突出了商品材质的特点，既彰显商品的定位，又能增强用户的购买欲。

图1-3　某保暖上衣的材质介绍

（2）内容创新

创意和灵感是所有优秀文案的内在特征，好的创意能让内容深入人心，引起用户的注意。编辑在文案写作中的内容创新能力主要表现在以下几个方面。

- **扩展用户的能力**｜网站内容的阅读量和转发量越大，在一定程度上越会促进商品的销售。网络编辑具备扩展用户的能力，即在增加固定用户群体的同时，也会增强编辑对于内容信息的想象力，从而促进内容的创新。

- **发现商品的新用处或新特性**｜网络编辑在进行文案写作时应了解商品，了解用户的喜好和需要，只有找出商品的新用处，才能更好地创作出有新意的文案内容。图 1-4 所示为褚橙商品文案，褚橙的价格一直居高不下，除了其自身名人效应创造的品牌价值外，最重要的一点就是抓住了适合国人口感的 24∶1 甜酸比这一商品本身的新特性，从而区别于其他同类商品，获得了持续的成功。

图1-4　内容创新使该橙子获得了市场的认可

- **了解商品和企业**｜创意始于对商品或企业的了解，网络编辑只有对销售的商品和所属企业有较深刻的理解，才能将商品和企业的优越性展现在用户面前，降低用户的购买阻力。

（3）内容审美

内容审美是对网络编辑的文案写作能力的一种有益补充，具有一定审美能力的编辑创作出的内容，会更富有节奏、韵律和美感。有审美能力的编辑会通过对文案内容、文字、色彩、图片等的个性化设计，给用户留下深刻而持久的印象，并且以强烈的视觉冲击力来增强文案的宣传作用。网络编辑的审美能力主要涉及以下两个方面的内容。

- **内容的通俗性** | 这里的通俗性是指网站中的内容需要被大多数用户所接受，不能太高端，也不能太低俗，这是一个内容是否合适的衡量标准。
- **排版能力** | 指文案内容的整体风格、文字与图片的版式设计，排版后的文案应更富有设计感，符合标准的排版应该是整洁、风格统一的，字体、字间距、行间距都处理得非常专业，让用户浏览时赏心悦目，如图1-5所示。

图1-5 适合移动端浏览的文案内容排版

专家指导

通过浏览排版专业的网站、公众号、精品图片和时尚杂志等，可以在一定程度上提高网络编辑的审美能力。

（4）知识学习

在网络技术飞速发展的时代，各种新观念、新事物、新知识、新技术的孕育、出现和发展，呈现出前所未有的高速率。信息内容的飞速更新换代，导致大多数网络编辑的知识储备不足，因此，网络编辑需要具备知识学习的能力，不断学习最新的知识和技术。

2. 具备营销策划能力

网络平台的每一次内容发布都是一场活动策划，涉及各种精心策划的内容、组织、预算和执行等。所以，营销策划能力也是网络编辑必备的技能。

（1）营销意识

营销意识就是将营销理念、营销原则转化为内在的习惯和行为规范。网络编辑应该培养出良好的营销意识，使之成为一种职业习惯。对于网站或新媒体来说，一切商品和内容的输出都是为了获得商业利益，如果网络编辑没有一定的营销意识，其编辑的网络平台内容将无法获得足够的关注和流量，也无法为企业带来足够的经济效益。营销意识并不是人类先天所具备的，而是通过后天教化学得。具备营销意识的网络编辑会将意识自然地融入编辑的内容中，这也是一种自觉和自愿的行为，并且很容易使营销原则落到实处。

（2）基本的营销理论和实务知识

网络编辑应具备以下一些基本的营销理论和实务知识。

- **营销理论知识**｜包括网络营销的概念和特点、网络整合营销、软营销、网络关系营销和全球营销等营销基础理论知识。

- **营销策划实务**｜包括市场调研、营销策划程序、营销整体策划、营销战略策划、商品策划、定价策划、渠道策划、广告策划、公关策划、CI 导入策划、营销项目实施、营销实施方案评估与诊断、营销策划书的撰写等实务知识。

（3）具体的营销策划能力

对于网络编辑来说，还应该具备以下一些具体的营销策划能力。

- **分析、判断与决策能力**｜网络编辑首先应该使自己及编辑部门成为网络平台的信息中心，能迅速察觉和了解网络和社会上发生的各种情况，快捷、灵敏地接收各种相关信息，并善于捕捉各种有用的信息，将大量的信息进行必要的预先处理分析，从而及时准确地做出有效的策划，并进行内容输出。

- **创新能力**｜网络编辑的营销策划工作是一种特殊的思维创新活动，输出的内容只有建立在丰富的想象力和创新基础上，才能引起用户的广泛关注和支持，从而实现网络平台的商业目标。创新能力是指对接收到的信息迅速做出不同寻常的反应的能力，这里的"迅速"是指网络编辑应具有灵活性和较快的反应速度；"不同寻常"则是指网络编辑应具有出奇和求新的独创性。

- **表达能力**｜表达能力不仅指书面表达能力，还包括口头表达能力，因为网络编辑不仅需要和用户进行沟通，还需要与企业进行沟通。网络编辑需要将内容输出的思想、观点、意见和建议，用最生动、最有效的表达方式反馈给企业。

- **组织能力**｜指网络编辑要具有对营销活动的策划、指挥、安排和调度的能力。

- **社交能力**｜企业需要网络编辑收集更多的用户信息和反馈，在该过程中就会产生人际交往活动，因此要求网络编辑具备一定的社交能力。

3. 具备用户关系处理能力

用户关系维护与处理对于网络平台，特别是新媒体平台实现经济效益有非常重要的意义。因为网络平台是通过内容产生流量，从而获得大量的注册用户，再通过各种活动和持续不断的内容输出，将这些注册用户留存住，最终将这些用户转化为商品消费者的。因此，网络编辑应具备以下一些用户关系处理能力。

- **建立信任**｜网络编辑需要经常与用户进行沟通，并收集各种反馈信息。但这项工作不能等同于用户服务，也就不能标准化和流程化，网络编辑应该实实在在地为用户解决问题，从而获得用户的信任，只有这样才能在第一时间获得用户的真实信息反馈。

- **把控用户心理**｜网络编辑可以学习一点儿心理学的相关知识，利用这些知识来提高内容的可信度，在获取更多的用户信息资料的同时，和用户建立起相互信任的关系。

- **控制情绪**｜用户关系维护过程中，网络编辑面对的是数量较大的用户群体，所以可能会遇到各种各样的问题。每个人的精力是有限的，不可能做到面面俱到，这就会导致网络编辑经常被用户投诉，甚至影响正常的编辑工作。因此，网络编辑要学会调节和修复自己的情绪，把培养良好的心态作为一项基本工作来完成。

- **换位思考**｜高情商是网络编辑进行用户关系维系的关键，具体表现在能够体会用户的情绪和想法，理解用户的感受，并站在用户的角度思考和处理问题。网络编辑如果把用户当作工作中的合作伙伴，而不是取得利益的工具，就能更好地获得用户的信任。

- **执行能力**｜要想处理好用户关系，需要具有和用户沟通并获取信息的能力，这就是所谓的执行能力。由于影响企业与用户关系的细节和因素太多，网络编辑在收到用户反馈信息后可能无法形成正确的判断和认知，此时，就需要网络编辑尽可能多地与用户沟通，并认真执行和完成好这项工作。

4. 具备网络数据分析能力

具备网络数据分析能力是对网络编辑的一项新的要求，因为基于数据分析后的每一次改变，都能在某种程度上提升网站内容的商业效果，所以，网络编辑的数据分析能力显得尤为重要。网络编辑每天都要面临海量的不断变化和多样的数据，如用户在网站中的任何一次点击行为、购买行为等，如果把这些数据完整地记录和保存下来，产生一组数据（如关联购买的商品、用户地址，甚至用户在社交媒体发布的信息等），就可以通过对这些数据的分析，帮助企业准确预判用户的消费行为、消费心理等极具价值的信息，并推送相应的商品或服务内容。网络数据分析能力主要包括以下内容。

（1）掌握 Excel 函数和数据透视表的应用

数据分析需要用到各种数据分析工具，Excel 就是比较常用和操作简单的一种。网络编辑在搜索和分析数据时，需要利用专业术语在搜索引擎中进行描述，可能会用到 Excel 中的一些搜索函数，比如 VLOOKUP 函数等。而 Excel 中的数据透视表在数据分析中的使用更为频繁，数据透视表不仅能够快速汇总、分析、浏览和显示数据，对原始数据进行多维度展现，而且几乎涵盖了 Excel 中大部分的用途，包括图表、排序、筛选、计算、函数等，甚至还可以实现数据分析的人机交互。

（2）数据可视化

对于网络编辑来说，数据分析是一项比较专业和复杂的工作，主要是监控和观察数据，需要化繁为简，能够不用文字的就用表格，能够不用表格的就用图像，将数据变成可视化的图像就是最简单的数据分析方式。

（3）数据库分析

网络平台中最重要、最基础的就是数据，网络中比较热门的产品或内容，其相关的数据量通常都十分庞大，这就需要网络编辑了解数据库的相关知识，利用数据库对这些数据进行分析。为了提升网络数据处理与分析能力，在越来越多的网络平台，特别是新媒体平台的编辑工作中，都需要使用到结构化查询语言（Structured Query Language，SQL），这是进行数据库分析的核心技能之一，网络编辑只需要能够简单操作即可。

（4）统计知识

统计知识是数据分析的基础，统计为分析提供数据基础。网络编辑需要具备的是一种描述性的统计能力，就是运用制表、分类、图形以及计算概括性数据来描述数据特征的各项活动。描述性统计分析要对调查总体所有变量的有关数据进行统计性描述，主要包括数据的频数分析、集中趋势分析、离散程度分析，以及一些基本的图形统计。

统计知识会帮助网络编辑从另一个角度看待数据，网络编辑需要了解均值、中位数、标准差、方差、概率、假设检验、显著性、总体和抽样等统计概念，这样才能做到不会被数据欺骗，正确地进行数据分析。

（5）业务知识

这里的业务知识是指在网络平台中几个宽泛的业务数据分析的相关知识，包括产品数据分析、用户数据分析和沟通。

- **产品数据分析**｜是指对需要推广的产品或内容所涉及的相关数据的分析。
- **用户数据分析**｜是指对网络平台中所涉及的用户信息的数据分析，如微信新媒体中的朋友圈传播活动等。
- **沟通**｜这里是指业务层面的沟通，尤其是跨部门的沟通，良好的业务沟通能力是数据分析的基础。

5. 具有良好的心态

网络编辑的工作压力较大，因此网络编辑需要在工作中调节好自己的心理状态，保证内容输出的质量。网络编辑的心态不仅影响输出内容的质量好坏，甚至可能对用户的心理和内容的传播效果产生一定的影响。

网络编辑保持良好心态表现在以下几个方面。

- **用户至上**｜网络编辑输出的内容应该是通俗易懂的，充分考虑用户的需求，实时把握用户所需的"卖点"才是工作的关键。因此，网络编辑在专注于内容输出的同时，需要保持重视用户、用户至上的心态，通过用户来获取巨大的流量，这也是网站实现经济效益的"取胜之道"。

- **保持自信**｜网络编辑在工作中会面对比传统媒体工作更多的问题，涉及更多的领域，更需要同各种各样的用户打交道。这就需要其保持自信，强化自我意识和批判意识，经常主动和同事、用户以及其同行业的朋友进行交流，探讨工作得失，通过对比找出自己的优点和不足，不断提高和完善自己的编辑技能和水平。

- **积极向上**｜网络编辑应调节好自己的心态，增强工作的自信心和责任心，避免陷入心理误区，使自己以最佳的心理状态和积极向上的精神风貌投入到工作中，以保证网站内容的质量。

- **合理的自我心理调整**｜网络编辑工作容易让人的身体和心理处于疲惫状态，这就需要进行合理的自我调整。网络编辑可以通过倾诉、大声朗读、听音乐、进行体育运动等活动来疏解内心的苦闷，缓解精神压力。在外界条件十分不利的情况下，可以通过自我暗示的方法，鼓励自己，坚定信念，使自己始终保持乐观积极的心态，迎接编辑工作中的各种挑战。

【案例】某企业招聘网络编辑的基本要求

1. 负责企业网站日常内容的维护，商品及资料的更新。
2. 协助线上宣传推广文案的撰写。
3. 协助优化网站 UI 布局，提升用户体验。
4. 对提高网站知名度和专业度提出合理性建议。
5. 负责网站的盈利能力提升，网站的运营规则制订，网站运营质量监控。

分析： 以上几条招聘要求充分展示了应聘网络编辑应具备的能力，其中第 1~2 条要求网络编辑具备文案写作能力，第 3~5 条则要求网络编辑具备用户运营和营销策划能力。

1.2　明确网络编辑的岗位职责

在了解了网络编辑的概念和意义，以及其工作特点和基本要求后，还应该明确网络编辑的岗位职责，包括工作职能、工作原则和工作规则，下面分别进行介绍。

1.2.1　网络编辑的工作职能

网络编辑的主要工作并不局限于对内容文字进行创作、编辑和加工，网络编辑不仅是文档的处理者，其工作职能还涉及策划、组织内容和舆论导向引导等方面。

1. 策划职能

网络平台通常都具有比较强烈的商品属性和营销功能，有时为了获得经济上的利益，需要在其中创造鲜明的品牌形象、独特的商品特色和多样化的服务，由此吸引用户的注意，从而获得大量的关注和流量。所以，为了实现网络平台的商业价值，就需要网络编辑发挥其策划职能，完成网络平台的决策和设计工作。

- **文案策划** | 这里的文案是指网络平台中的信息内容，策划的工作涉及前期市场调查、分析、搜集、筛选等一系列庞杂繁复的工序，以及后续的平面、文案的创作等。也就是说，文案策划是网络编辑工作策划职能的主要表现方式，通常所说的网络编辑工作的策划职能就是指文案策划。

- **活动策划** | 活动策划偏重于各种线上和线下活动，主要有促销活动和专题活动等，需要网络编辑制订详细的操作流程和可实施性方案，并督促具体执行。网络编辑创作的活动策划案可有效提升网站的知名度及品牌美誉度，创作活动策划案的工作也可以归结到文案策划的职能范围，图1-6所示为某电子商务企业新媒体平台的活动策划方案。

图1-6 某微博共享业务活动策划方案

2. 组织职能

面对激烈的市场竞争，网络编辑还需要在工作中更好地对内容进行组织，不断地变革和调整，以更好地适应各种网络平台，特别是新媒体的快速发展。

（1）组织互动

网络平台具有极强的互动能力，这就需要网络编辑与用户保持多方面的互动，这样才能够让用户对网络平台中的内容感兴趣。网络编辑要在内容信息的传播中具有更多的主动性，不仅要为用户参与信息传播提供更好的条件，还要通过各种方式引导和管理用户的参与行为。具体来说，要在用户关注的情况下产生更多的流量，比如通过引导用户对网站提供的商品进行体验并反馈感受来强化和用户之间的联系。这里的反馈感受就是网络编辑经常要做的工作——用户调查，通过用户调查来获取各种数据，这也是了解网站用户的基本渠道。网络编辑在用户调查过程中，涉及的步骤包括确认调查的主题、制作调查文档、分析调查数据和整理调查结果等，图 1-7 所示为国美官方网站的用户问卷调查表。

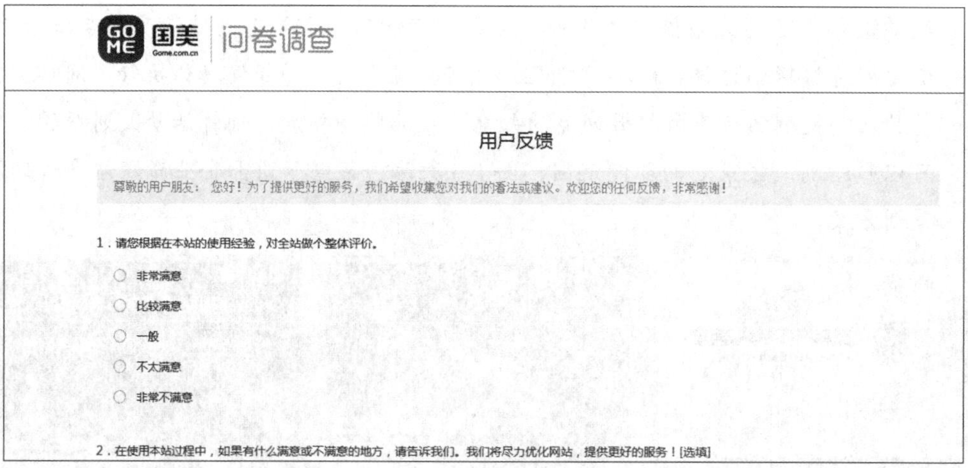

图1-7　国美官方网站的用户问卷调查表

（2）组织内容

网络编辑工作对于内容的组织通常包含以下两个方面。

- **调整内容**｜指调整网络平台中各种栏目内容的收集和分类工作，以及具体的栏目内容输出和发布工作。

- **设定内容的输出方式**｜网络平台中的内容可以进行多元化的输出，如内容样式可以是文字、图像、声音、视频甚至是实景 VR；内容的形态可以是通信、评论、专题和深度报道等；内容的输出平台除了网站外，还包括微信和微博等新媒体平台。

3. 舆论导向职能

网络平台作为企业和商品内容信息传播的重要工具，在反映公众舆论、引导品牌价值取向方面有独特的优势，网络编辑在工作中要利用这一优势引导舆论。坚持正确的舆论导向是网络编辑的使命，客观地输出内容信息，才能使用户产生信任并达成与输出内容相一致的共识。网络编辑对于企业和商品的内容描述要尊重客观事实，保证对商品性能和用途描述的真实性，不用虚假内容来诱骗用户，获取非法的收益。

1.2.2 网络编辑的工作原则

网络编辑需要花费大量的时间及精力为品牌或商品做阐述和撰写文案，做文本输出，辅助品牌和商品的曝光，并将流量转化成销售量，从而实现网络平台的商业目标。所以，在网络编辑的工作过程中，为了分析和解决问题，需要遵循一些根本性的原则，例如，在内容创作过程中需要遵循的原则，以及和用户沟通和交流的特殊原则等。

1. 内容创作原则

内容创作工作不仅局限于内容的创作和整合，还要提高内容在用户产生购买行为中的促进作用。因此，网络编辑在进行内容创作时，需要遵循以下5个原则。

- **规范原则**｜规范是指网络内容编辑工作流程规范，网络平台应制订专门的工作规章或制度，对内容搜集的来源、内容创作的具体事项、基本工作流程和各种注意事项等给出相应的规定。另外，网络平台需要建立内容的评估体系，确定内容价值的判断原则以及实现方法。最后，网络平台要针对内容创作中的不足，对网络编辑进行指导和培训，增强网络编辑整体的竞争力。

- **文化选择原则**｜用户更愿意选择平民化与娱乐元素更多的网络内容，选择流量更多的网络平台。网络编辑在进行内容创作工作时需要注意这一点，而成熟的网络平台，特别是一些商务网站，网络编辑创作的内容应该以企业、品牌或商品为主，展示良好的商业文化，图1-8所示的企业形象宣传文案，没有明星和娱乐信息，只有用户和合作伙伴，通过海报向观众讲述了普通人的故事，从细节方面展现了该企业为生活带来的细微而美好的改变，展示企业文化的同时，获得了极大的流量。

图1-8｜蚂蚁金服的形象宣传文案内容

- **流量原则**｜网络平台更注重商业利益的获取，除了网络编辑创作的内容本身要具有商业价值外，通过内容获取流量也是实现经济效益的重要方法。巨大的流量才能为商品销量的转化打下坚实基础，而流量的本质是吸引用户的注意力，如何吸引用户的注意就是网络编辑在内容创作中需要重点注意的环节。

- **个性原则**｜在数量繁多的网络平台中，真正吸引用户、能够长久发展并实现经济收益的，都具有自己的特色或独特的风格。体现在内容创作上，个性化原则最重要的表现形式就是内容的原创性与整合性，例如，江小白的官方网站中各种原创和整合的内容就充分展示了年轻人的个性风格。

- **及时原则**｜突发性事件通常蕴含着巨大的商业价值，也是在短时间内提升流量或品牌关注度的最佳机会。网络平台可以建立编辑工作的突发事件预案，一旦出现突发事件，直接按照紧急处理流程，迅速发布信息内容，在短时间内实现内容输出。

【案例】及时原则指导下的王老吉和加多宝文案 PK

2013 年 1 月 31 日，广州市中级人民法院裁定，加多宝应立即停止使用"王老吉改名为加多宝"与之意思相同、相近的广告语进行广告宣传的行为。随后，加多宝官方网站连发 4 条主题为"对不起"的自嘲系列文案，并配以幼儿哭泣的图片，引发上万网友转发。而在同一天的傍晚，王老吉官方网站也发布了"没关系"文案，配以幼儿微笑的图片，回应加多宝的"对不起"，如图 1-9 所示。

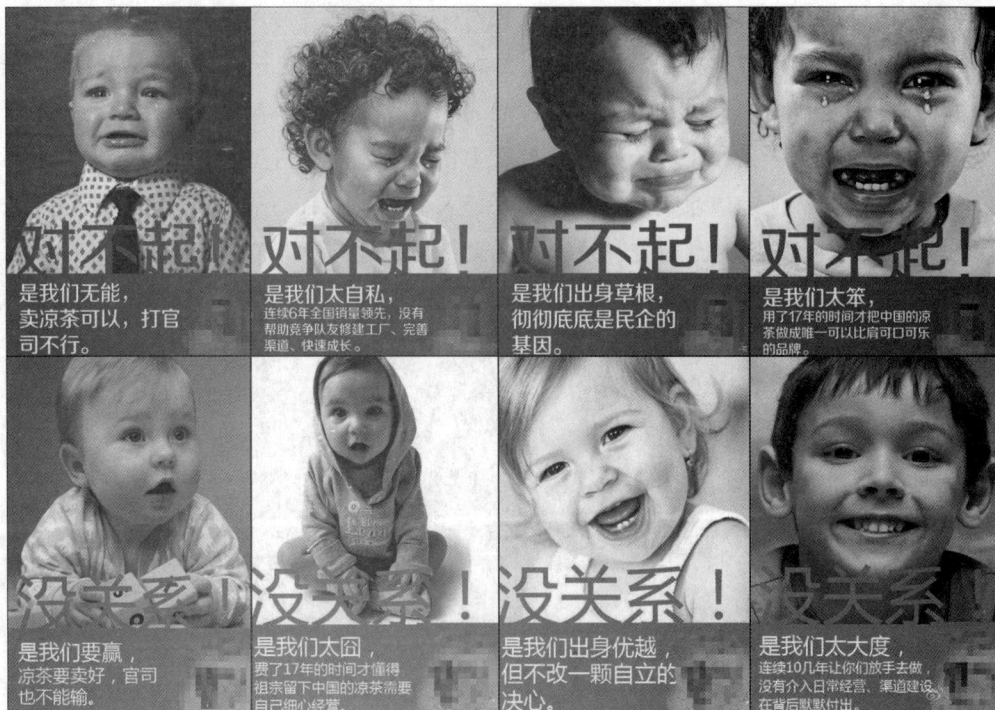

图1-9｜王老吉和加多宝的文案

分析：加多宝发布文案的目的是用巧妙的用语与微妙的表情图片直观地表明品牌的态度，激起网友的同情心，在网友心中树立加多宝正宗凉茶的品牌形象。这时，王老吉的网络编辑就遵循了及时原则，第一时间创作了"没关系"文案正面展开回复，巧妙地将对自己不利的负面消息转化为正面效应，在官司胜诉的基础上进一步扩大了品牌的影响力。可以说，加多宝与王老吉的文案大战是双赢的，它们都通过文案传达出了品牌的理念、形象，建立起了用户对品牌的深度认知与认同。

2. 特殊原则

新媒体行业的高速发展引导着网络编辑工作观念的不断更新，网络编辑工作中所涉及的传播媒介和传播方式等的不断发展，要求网络编辑遵循以下工作原则。

（1）互动原则

网络平台不仅向用户提供内容信息和商品服务，同时也会对人们的生活习惯、工作和思维方式、价值观念等产生重大影响。网络编辑在创作和发布内容信息前，要分析用户的微观和宏观需求，并满足用户的心理要求。例如，很多网络平台直播的内容都是推销商品，网络编辑就可以通过网络直播系统的交互功能，以及其他一些网络媒体平台，比如微博和微信等新媒体平台，运用嘉宾聊天、论坛留言、互动调查、公众号信息发布和直播弹幕等方式向用户发布该商品和直播的全部信息，而且可以在网站中通过页面、栏目设计，建立合理的链接系统，方便用户进行信息搜索。

（2）整合原则

整合是网络编辑的主要工作之一，从宏观上讲，网络中每时每刻都会有海量的内容信息，而网络编辑需要将这些杂乱无章的内容通过深度挖掘、加工、配置及一定的编排方式重新组织，以实现内容信息的增值；从微观上讲，网络编辑需要运用计算机、数字、网络和多媒体等多种技术手段，采用集成、配置和深度加工等编辑手法，围绕着网站或商品的主题进行编排、组合，最后形成符合品牌或商品特点的、具有原创性和商业价值的、并获得整体增值的内容。网络平台特别是商务网站，其主要运营目标是实现商业利益。网络编辑需要具备准确地搜集、筛选和整理内容的能力，对所有适合平台定位的内容信息进行逻辑的梳理和形式的包装，并运用合适的编辑手段提升内容的意义和价值，最终通过内容的发布进一步提升品牌的认知和商品的销售，这就是网络编辑工作的整合原则。

1.2.3 网络编辑的工作规范

网络编辑所遵循的工作规范不仅局限于工作中的自律和对于职业道德的坚守，还包括了解职业相关的法律法规，树立相应的法律意识等。

1. 网络编辑应遵守相关的法律法规

我国已经出台了很多与企业电子商务、互联网相关的法律法规，在法律上规范网络编辑的工作。比如《中华人民共和国电子商务法》，对网络平台的经营者、网络中商务合同的订立与履行、争议解决、促进、法律责任等进行了规定，这也是我国网络平台中电子商务领域的首部综合性法律。互联网是一个虚拟的空间，虽然网络编辑工作有一定的隐匿性，但网络编辑不能在网络上通过任意捏造事实、编织谎言等方式进行恶性竞争，如刷单、给同行差评等，这样做不仅欺骗了用户，影响了正常的营销行为，而且对企业，甚至是社会都没有积极的意义。《中华人民共和国电子商务法》针对刷单等不良之风进行了规定，若采用欺瞒用户的内容表达方式，将会受到法律的制裁。

2. 网络编辑的职业道德规范

所有的职业都应该坚守应有的职业操守，并具备各自行业内的专业性。网络编辑在工作中要合理整合信息内容，将最真实的商品和企业信息传递给用户。网络编辑除了要遵守相关的法律法规外，还要加强自身的道德意识，并树立高尚的职业道德信仰。网络编辑应该遵守以下几项职业道德规范。

（1）内容表达要符合道德规范

网络编辑首先要规范自己的专业操守，坚守人性道德，通过网络平台发布和传播专业且符合道德规范的内容信息。另外，网络编辑在进行专业性报道撰写的同时，应该坚守自己的职业道德操守，从国家法律法规要求出发，遵从客观实际，保证所撰写内容的真实性。

（2）不能侵害他人的权益

每个人有权享受自己的合法权益，但也不能侵害他人的合法权益。网络信息的飞速传播导致个人隐私很容易被曝光，网络编辑不能对这种内容进行传播和整合，否则要承担相应的侵权责任。

【案例】未经允许在网站中发布他人照片侵害了肖像权

某时装网站的网络编辑在没有经过本人允许的情况下，将某名女子的照片发布到网站上，作为商品配图，并将照片经过处理后用于网站的促销活动。后该网站被该女子告上法庭，法庭裁决，照片和图片中的女子确实是原告本人，照片和图片由该网络编辑个人编辑、发布，事前未经审查、核实，故由此所产生的责任应由该网络编辑自行承担。

（3）不能影响正常的市场或社会公共秩序

由于网络传播具有速度快、信息覆盖面广等特点，因此，通过网络平台发布并传播的信息容易对市场或社会的正常公共秩序造成影响。例如，网络中经常出现的各种谣言，就是有些不良企业为了打击竞争对手，或者为了获得更大的经济效益，对有关事实进行捏造和传播而来的，而人们出于对企业或品牌的信任，相信这些谣言并被其误导，影响或扰乱了自己正常的生活节奏。作为网络编辑，一方面需要对原创的内容负责任，且不能创作虚假的内容；另一方面要对网络信息进行理性判断，尽可能地核实信息内容后再发布，不传播不真实的内容信息，对分享、传播、转发的内容都应该负责任。

【案例】谣言引发了公众对食品安全的恐慌

某食品企业网站的一名网络编辑为了打击竞争对手网站的声誉，撰写了一篇该网站食品很多都是用塑料制作的文章，发布在了网站论坛中，引起了论坛用户的大量阅读和转发，引发了公众对食品安全的恐慌，直接导致相关食品在各渠道的销量下降，并造成了巨大的经济损失，严重影响到市场和社会的公共秩序。

1.3 熟悉网络编辑的工作内容

网络编辑的主要工作是对网络平台中内容的规划设计、搜集、筛选、创作和编辑，以及设计频道和栏目，运营推广网站和新媒体平台等。

1.3.1 规划和设计

对于建立一个商务类型的网站或者新媒体平台来说，规划和设计平台中的内容是最重要的工作内容之一。在工作中，网络编辑需要首先确定创建网络平台的目的和服务对象，然后整体规划网络平台的主题和主要内容，并对这些内容进行运营和推广，这些就可以看作是广义上的网络平台规划和设计工作。狭义上，网络编辑的规划和设计工作只局限于网络平台中栏目和频道的设计，以及各栏目中具体内容的确定和发布。下面将分别从广义和狭义两个角度进行具体介绍。

1. 广义的规划和设计

规划和设计网络平台内容是很多传统企业转向互联网领域最重要的步骤之一，根据这一点来理解，广义的网络平台内容规划和设计，就是确定网络平台的创建目的和服务对象，然后整体规划网络平台的栏目和结构，设置盈利模式，最后对网络平台进行维护和管理。

（1）设计网络平台的整体风格

网络平台的整体风格包含整体形象和用户的整体体验两个方面的内容。

- **网络平台的整体形象**｜网络平台中最有价值的是内容信息，设计网络平台风格的目的是确保内容的质量和价值，通过内容来体现网络平台的整体风格及形象。
- **用户的整体体验**｜用户的体验是指网络平台通过设计标志、颜色和字体等方式向用户展示统一的形象，通过视觉冲击使用户形成独特的整体体验。

（2）设计网络平台的栏目

在设计了统一的内容风格后，需要为网络平台设计各种相关的栏目，并将每个栏目细分为各种类别和子栏目，通过相关栏目的联合和交叉组合，又可以产生新的栏目。

（3）设计网络平台的目录结构和层次结构

目录是在规划和设计网络平台时创建的，创建目录的目的是为用户提供清晰直观的访问结构，一般来说，应设计具有较少级别的目录层次。

（4）设置网络平台的盈利模式

企业创建网站或新媒体平台的最终目的都是获利，因此，在规划和设计网络平台时应该首先确定盈利模式。网络编辑应该分析企业的定位、收入的来源、平台宣传和广告诉求、用户的购买行为和对平台的依赖等因素，设置网络平台的盈利能力和模式，并在规划和设计过程中，根据网络平台内容建设的实际情况，谨慎地使用一些合理的假设和前提，推测网络平台的发展趋势和最终生存形态。

（5）网络平台的维护和管理

维护和管理主要是指在网络平台创建好之后的日常运作中的相关工作，除了内容的更新和维护外，还需要对整个网络平台系统进行必要的监控，以确保其正常运行。另外，通过网站管理，衡量和比较网络平台的各项业务是否完成了对应的目标和需求。

总之，广义的网络平台规划设计是一个系统工程，从市场调研到网站定位，从整体设计到设置主题和目录结构，再到后期网络平台的管理和维护都必须在内容的规划和设计中体现出来，这些都是网络编辑在工作中可能涉及的项目，只有做好这些工作，才能更好地促进网络平台内容的建设和运营。

2. 狭义的规划和设计

对于网络编辑来说，狭义的规划和设计网络平台内容是指要根据网络平台的商业定位，进行整理、归类，形成栏目和频道的树状列表，清晰表达站点结构，然后用同样的方法对其他子栏目进行分类，并确定相关网页中的具体内容，让用户或开发人员能够清楚地了解各个栏目的模块功能。狭义的规划和设计网络平台内容主要包括以下几个方面。

- **栏目总览**｜栏目总览包括网络平台栏目的定位和目的、主要服务对象、子栏目设置、首页内容、分页内容等，网络栏目总览将起到索引的作用，让用户能够对整个网络平台的内容有大概的了解。

- **栏目的详细内容**｜网络编辑需要将网络平台的每一个栏目的具体情况进行描述，其中包括各个子栏目的名称、设计目的等，这样能减轻美工人员或技术人员在网络平台开发中的工作量。

- **相关栏目**｜指在某一项栏目或子栏目中的其他栏目，设计这一项内容的目的是通过各个栏目之间的联系，加强网络平台的整体性，这项内容在网络平台中通常表现为栏目分类，图1-10所示为京东商城网站的数码栏目，通过"数码分类"相关栏目可以转换到"数码"栏目的其他子栏目，通过"全部分类"相关栏目可以转换到整个网站的其他栏目。

图1-10 | 网站的相关栏目

- **网络平台页面** | 网络平台页面通常由专业的页面设计人员（或美工人员）负责实现，然后由技术开发人员进行模块功能的实现，也可以由网络编辑设计，通过网页制作软件制作成模块，然后和技术开发人员一起实现。

专家指导

　　网络编辑对于网络平台的设计工作与技术人员开发网站的功能模块是同时进行的，如果在这一过程中出现网络平台栏目设计上的问题，可以及时处理。

- **内容的整合测试** | 在技术人员完成网络平台开发工作后，网络编辑需要统筹协调测试人员进行内部测试，主要是针对网络平台的栏目和栏目中的相关内容进行测试。
- **内容宣传推广** | 网络平台只有通过一系列的宣传推广，才能获得用户的关注和浏览，这就需要网络编辑与专业的市场策划人员一起，制订一系列网络平台宣传推广计划并加以实施。

1.3.2 搜集和筛选

　　网络平台中的内容以原创为主，其中绝大部分的新闻资讯、行业信息和前沿技术等内容都是由网络编辑搜集和筛选的，比如门户类型网站的网络编辑的日常工作就是搜集和筛选网站需要的内容。

1. 搜集内容

很多企业对于网络编辑的工作要求都包括负责网络平台相关栏目内容的更新和维护，

这项工作就需要网络编辑从互联网中采集各种内容信息，进行加工编辑后，发布到对应的网络平台栏目中。搜集内容主要包括以下两个方面。

（1）确定内容主题

网络编辑需要在明确网络平台的定位后，确定应该收集哪种主题的内容，例如，一个网络平台的主要栏目包括"资讯""运营""创业""资源""访谈"等，便可以判断这是一个以提供网络商务资讯为主的门户网站。而作为该网站的网络编辑，搜集内容的主题就应该以各种网络商务资讯、技术服务和资源下载等为主。

（2）搜集内容

确定了内容主题后，网络编辑就可以根据主题检索和收集相关信息，并将其下载和保存。网上搜集内容可以通过专业的搜集工具和搜集渠道进行，如搜索引擎、专业网站、专业的数据库，以及微信和微博等新媒体平台。另外，在下载和保存的过程中，网络编辑可以对搜集到的内容进行简单的整理，如将内容分类存储到不同的文件夹，如图1-11所示，或者将内容按照不同的属性进行简单的分类等。

图1-11｜将搜集的内容进行分类

2. 筛选内容

网络平台的空间有限，所以网络编辑需要根据网络平台的定位和用户的偏好，对搜集到的内容进行筛选，删除一些不需要的内容，尽可能选择能有效实现网络平台运营目标的内容。网络编辑的筛选工作可以分为以下3个部分。

（1）分析搜集到的内容信息的来源

分析内容信息的来源是为了保证内容质量，避免产生版权问题，内容的来源主要有以下4种。

- **原创内容**｜指内容的选题、写作、编辑和发布都是由本网络编辑完成的，原创内容的质量通常更有保障。

- **卖家或合作伙伴提供**｜网上商城类型的网络平台只提供内容发布的空间或版式，卖家或合作伙伴将自己的内容上传到空间并进行发布即可。
- **协议转载**｜指获得授权许可后，从传统媒体或其他网络平台中直接引用的内容。
- **用户原创**｜指用户发布在论坛、微博和微信等新媒体平台中的内容。

（2）判断内容的价值

确定来源后，网络编辑还需要判断内容的价值，判断的基本标准是是否符合网络平台对于内容的需求，可以通过真实性、权威性和实用性3个标准进行判断。

（3）筛选内容

筛选内容就是网络编辑将确定了来源，且判断为有价值的内容，按照粗选、精选和进一步归纳整理3个步骤，最终发布或更新到网络平台中的过程。

1.3.3 创作和编辑

网络编辑的创作和编辑工作就是为网络平台撰写和整理内容信息，包括网络平台中所有的文字、图片及需要呈现给用户的各种信息，如企业资讯、商品介绍、宣传文章、广告、海报及营销推广文案等，这些内容主要以文案的形式呈现。网络编辑的创作和编辑工作主要分为以下几个部分。

- **文案的创意**｜创意在整个文案创作过程中处于优先的、指导性的地位，是实施内容创作的纲领，也是需要网络编辑最先完成的工作。有创意的文案才能传播信息、加速流通、提高企业及商品的知名度，最终促进销售，所以，文案的创意要结合网络平台的定位，并为网络编辑的创作和编辑工作提供方向。
- **设计文案标题**｜文案标题的重要性在一定程度上甚至超过了内容，其主要作用是吸引用户注意力，引导流量，只有吸引用户的标题才能促使其阅读文案内容。
- **创作文案内容**｜这是网络编辑的日常工作，包括创作文案的开头、正文和结尾，并在内容中设置关键字和运用超链接，目的是提升品牌的知名度和说服用户购买商品。
- **设计精美的图片**｜网络时代被很多人称为读图时代，精美的图片有时更容易吸引用户的注意，所以，网络编辑不仅要具备文字创作能力，还需要具备一定的审美及图片美化和编辑能力。
- **设计用户互动**｜网络平台需要及时了解用户的最新需求，通常可以通过与用户的互动来实现。网络编辑可以在网络平台中运用话题讨论、发布投票等方式来实现与用户的互动。
- **发布文案**｜创作好文案内容后，网络编辑需要通过企业网站、电子商务平台，以及微博和微信等新媒体平台进行发布，以便于进行内容的传播和宣传。

1.3.4 运营和推广

运营和推广是通过网络平台的各种销售手段把商品推销给需要的用户，也就是网络平台的营销过程，这也是网络编辑的工作内容之一。运营和推广的目的是实现销售，包括线上销售和传统的线下销售。网络编辑在运营和推广中的具体工作就是借助网络平台，综合利用多种营销方法、工具和条件，并有效协调它们之间的关系来营造经营环境，并促使用户购买商品，从而完成销售。运营和推广工作包括以下几个方面。

- **了解网络平台运营**｜了解网络平台的运营是对网络编辑的基本要求，包括具体的运营策略、常用思维方式和对应的能力需求等。
- **网站推广的整合营销**｜这项工作需要网络编辑整合多种营销方式，利用营销的广度和深度进行宣传，加深用户对品牌的印象，最终影响用户的消费选择。具体的营销方式包括大数据分析、事件营销、口碑营销、新闻营销和内容营销等。
- **制作宣传方案**｜推广是为了得到广大用户关注，除了进行整合营销外，还需要制作专门的宣传方案，通常包括品牌宣传、业务宣传和商品宣传 3 种。
- **新媒体推广**｜运营和推广的工作通常可以通过商务类型的网站、论坛和搜索引擎优化等平台进行。但随着新媒体和移动互联网的迅速发展，网络编辑需要将推广工作的重心移至各种新媒体平台，如微信、微博和社群等。

1.4 本章实训

为了帮助读者进一步了解网络编辑的相关知识，下面进行本章的实训练习。

1. 实训要求

某运动商品官方商城网站需要招聘几名网络编辑，请拟定相关的岗位要求，具体要求包括以下几项。

（1）通过搜索引擎搜索有关网络编辑招聘的相关信息。

（2）查看一些知名网络平台对网络编辑的岗位要求。

（3）对比并总结网络编辑的工作内容和任职要求。

2. 实训步骤

（1）通过百度招聘搜索网络编辑的相关招聘信息。在百度招聘网站的搜索引擎中输入关键字"网络编辑"，搜索并查看相关职位信息，如图 1-12 所示。

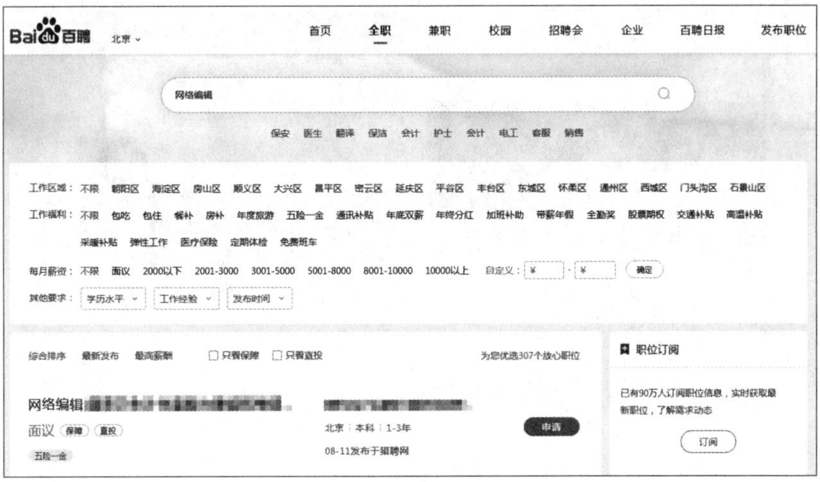

图1-12 | 在百度招聘网站中搜索"网络编辑"职位

（2）通过具体网站查看网络编辑的相关招聘信息。在一些知名企业的网络平台中，找到"人事招聘"相关栏目，在其中查看"网络编辑"相关职位的招聘信息。

（3）填写网络编辑的任职要求。根据搜集的网络编辑的相关招聘知识，在表 1-1 中填写该运动商品官方商城网站的具体招聘信息。

表 1-1 网络编辑的岗位要求

岗位名称	
工作内容	
任职要求	

![思考与练习]

思考与练习

（1）根据本章所学的知识，介绍什么是网络编辑。

（2）网络编辑在网络平台的维护工作中能否起到作用？请举例说明。

（3）从图 1-13 所示的商品海报中，可以看出网络编辑具有哪些文案创作能力？

图1-13 │ 某企业的商品宣传文案

（4）请描述网络编辑应具备的营销策划能力有哪些。

（5）请简单描述网络编辑的工作职能。

（6）根据图1-14所示的电商文案，分析其符合哪些内容创作的原则。

图1-14 │ 某电商的七夕节文案

（7）描述网络编辑在工作中应该遵守的工作规则。

第 **2** 章

规划与设计网站内容

学习目标

| 熟悉网站的类型和主要内容

| 掌握网站内容的分类体系

| 熟悉网站内容模块的整理归类

| 掌握网站内容的设计

学习内容

| 企业品牌官网和商品展示型网站

| 商城类型网站

| 网站内容的定义与重要性

| 确定网站内容的主题

| 网站内容的类型和组织方式

| 规划网站频道和栏目

| 了解网站内容模块的主要功能

| 设计网站内容的结构和风格

2.1　网站类型和主要内容

网站是网络平台的主要表现形式之一，网站的主要作用是展示企业形象、商品和服务，同时配以图文、视频等内容信息。网络编辑在整理网站内容信息前，需要先了解网站的类型，是企业展示类，还是商城类。下面将根据网站的功能来介绍主流的网站类型。

2.1.1　企业官网

企业官网是企业附属的网络平台，其内容信息公开，具有专用、权威和公开性质，通常是为了对企业或品牌进行推广而创建和设计的网站，同时也可用于展现商品的特色，如图2-1所示。

图2-1｜华为的官方网站

无论企业的规模大小，企业官网通常都具有以下几种常见的功能。

- **商品展示**｜商品展示是指在企业官方网站中通过商品介绍和新闻动态等形式，全面地向用户展示商品的细节和特性。商品展示是企业官方网站的一项基本功能，有助于用户对商品的深入了解和交易的形成。

- **网上销售**｜销售是企业营销的最终目标，因此，很多企业的官网都提供了商务模块，具备在线交易功能，不但能为企业拓展销售市场，而且可以极大地提高企业的收益。

- **发布资讯**｜企业在官方网站上发布的内容信息和资讯通常都会被用户认为是最具权威性和真实性的官方信息。因此，企业在官方网站上发布的新闻、商品信息和联系方式等内容信息，将有助于与目标用户和潜在用户建立联系。

- **品牌推广**｜企业可以将官方网站作为品牌推广的渠道，运用各种营销推广手段对品牌进行推广，增强搜索引擎中企业官网的曝光率。

- **树立企业品牌形象**｜企业品牌形象是品牌商品或服务能满足企业功能性需求的能力，通过企业官方网站，企业可以树立良好的品牌形象，从而让访问过网站的用户轻松地记住企业的品牌、商品或服务，并在潜意识中对企业产生认同感。

- **提升企业信誉**｜信誉是指企业在生产经营活动中所获得的信用和名声，是公众对于企业行为的社会认可，包括商品信誉、服务信誉、竞争信誉、财务信誉、商业信誉和银行信誉等。企业官方网站可以通过合理的信息发布和正确的舆论引导，从正面的角度进行宣传，提升企业信誉，最终实现降低商业风险、规范经营管理、提高社会知名度和增加市场份额等企业目标。

- **传播企业文化**｜企业文化是企业形成的经营理念、经营目的、经营方针、价值观念和社会责任等个性化体现。企业官方网站中通常包含最全面、最权威的企业文化信息，通过官方网站推广和传播企业文化，将有助于企业塑造品牌形象和提升信誉。

2.1.2 商品展示型网站

商品展示型网站主要是以商品展示为主，内容信息包括企业介绍、企业商品种类、成功商业案例等。科技或电子行业的企业通常会选择创建这种类型的网站，并在其中展示企业商品的特点和功能，如图2-2所示。

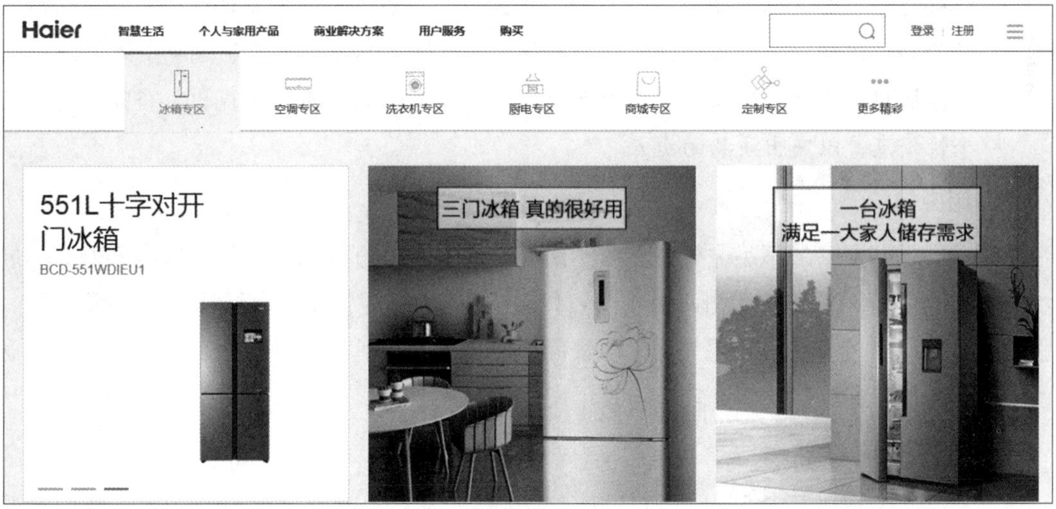

图2-2｜海尔的商品展示网站

商品展示型网站的核心目标是推广商品，它是企业的商品"展示框"。商品展示型网站的内容信息还应该包括用户体验和网站互动的栏目，以达到吸引用户的注意力，以及获得用户认同感和收集用户反馈信息的目的。

1. 直观展示商品

商品展示型网站最基础的功能就是直观展示企业的商品，展示的内容通常包括商品分类、商品图片、详细介绍和个性信息4个方面。

- **商品分类**｜企业在展示商品前，通常会按照"行业—大类—系列—型号"的顺序进行科学分类，便于用户在网站中通过商品分类搜索并查看具体的商品信息。
- **商品图片**｜商品图片分为商品图和效果图两种，商品图又可分为展示商品清单的缩略图和展示细节的大图。随着网络技术的发展，还可以以动画、视频和360°全景等方式来展示商品。图2-3所示为某汽车网站360°全景展示的汽车图片，其展示效果更为直观、逼真。

图2-3｜360°全景展示商品

- **详细介绍**｜在网站上介绍商品时，除了提供商品图片，还需要详细介绍每款商品的性能和使用特点，以及详细的商品参数，并提供商品使用说明等文字介绍。
- **个性信息**｜在网站的商品展示页面上可以根据商品的定位，体现出符合商品特点的个性信息，以突出商品的卖点。

2. 用户体验

商品展示型网站的不足之处是无法给访问用户一个很好的用户体验，这会影响商品展示的效果。目前，商品展示型网站的用户体验主要集中在视觉和效果体验两个方面，例如，服装企业可以通过模特时装秀来展现服饰商品的穿戴效果等。此外，在企业网站的商品展示中，还增加了购物体验、比较体验等用户体验方式。

3. 网站互动

互动是互联网的重要特性，商品展示型网站可以利用网站互动来展示商品的内容信息。商品展示型网站的互动主要体现在线上询价和经销商通道等方面。

- **线上询价**｜商品展示型网站的访问用户可以对展示的商品直接询问价格，企业需要在线同用户进行多种形式的沟通与交流，并规划整个线上咨询接洽与回馈流程。
- **经销商通道**｜网站互动还包括与经销商的沟通与交流，在商品展示模块中通常会提供特殊的通道，为经销商会员或指定会员提供优先浏览最新商品，并获取新商品资讯的资料的服务，这种互动将对企业开展市场营销活动起到积极作用。

2.1.3 商城类型网站

商城类型网站是为个人用户或企业用户提供人性化的全方位服务的网站平台，通过丰富多样的消费方式为用户创造轻松愉悦的购物环境。根据交易双方的不同，可以将商城类型的网站划分为 B2B、B2C、C2C 和 O2O 几种类型，这也是现在主流的商务类网络平台的形式，其内容结构和功能特点分别介绍如下。

1. 企业与企业之间（Business to Business，B2B）的网站

B2B 是指以企业为主体，在企业与企业之间进行的网上商务活动，具体指进行网络商务交易的供需双方都是商家（企业或公司），通过对应的商城网站完成商务交易的过程。B2B 类型的商城网站可以以更低的价格和劳动成本，为企业带来更高的生产率，以及更多的商业机会，比较著名的 B2B 网站有阿里巴巴（见图 2-4）、中国制造网和慧聪网等。

图2-4｜B2B商城网站——阿里巴巴

B2B 网站内容的结构、功能和特点分别如下。

- **内容结构**｜B2B 网站的内容包括信息发布系统、商品展示系统、留言板（在线反馈/在线问答）系统、商品订购系统（电子商务系统，包括购物车、支付系统和物流系统等）、文件上传与下载系统和搜索引擎系统等。

- **内容功能**｜B2B 网站的主要功能包括信息发布、信息查询、商务论坛、商品展示、广告宣传、网上洽谈、在线交易和签订电子合同等。

- **内容特点**｜B2B 网站的主要特点包括为企业间的网上交易提供供求信息服务、附加信息服务、与交易配套的服务并提供客户管理功能等，企业间可以直接利用 B2B

网站达成大宗交易。

2. 企业与个人用户之间（Business to Consumer，B2C）的网站

B2C 就是企业通过商城网站销售商品或服务给个人用户，即企业通过网站为用户提供一个新型的购物环境——网上商城，通过让用户在网上商城中购物、支付，从而节省了用户和企业的时间，大大提高了交易效率。如今的 B2C 网站非常多，比较著名的有天猫、京东商城和苏宁易购（见图 2-5）等。

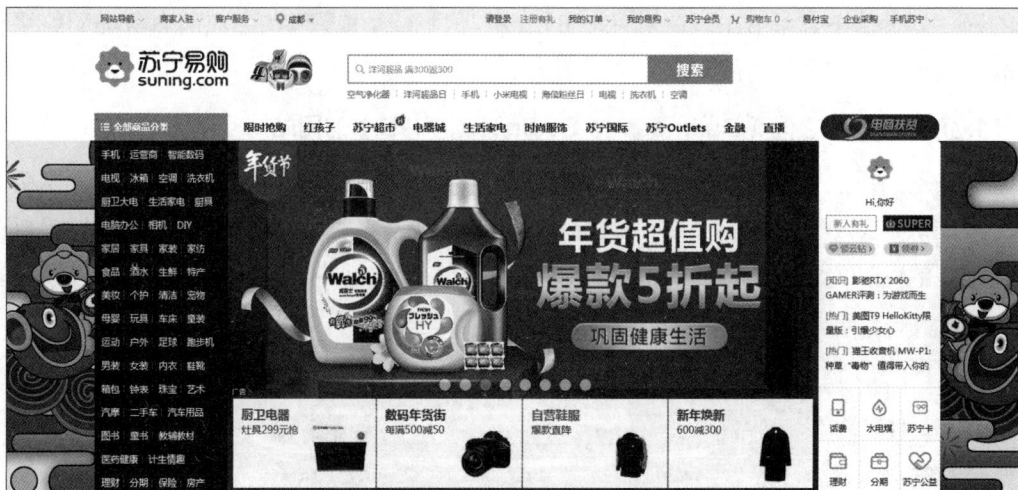

图2-5｜B2C商城网站——苏宁易购

B2C 网站内容的结构、功能和特点介绍如下。

- **内容结构**｜B2C 网站的前端内容包括商品搜索、商品展示、商品对比、商品评论、购物车、下单管理、在线支付、在线客服、订单状态查询、商业资讯和论坛社区等；后台内容则包括商品管理、订单管理、库存管理、促销活动管理、用户管理、客服管理、权限管理和业务分析与统计等。
- **内容功能**｜B2C 网站的主要功能包括在线查询、商品展示、商品浏览、信息发布、用户登录、前台购物、购物车和信息反馈等。
- **内容特点**｜B2C 网站的主要特点是面向普通用户提供品牌商家的各种销售信息，以及购物车等在线消费系统，配合物流配送，完成各类商品交易过程。B2C 网站中的商品种类繁多，分类较齐全，售后服务质量比较有保证。

3. 用户与用户之间（Consumer to Consumer，C2C）的网站

C2C 是指用户与用户之间的交易行为，C2C 网站就是为买卖双方提供的一个在线交易的网站，卖方可以主动提供商品在 C2C 网站中拍卖，而买方可以在 C2C 网站中选择商品竞价购买。此外，网上的二手商品交易，以及以物易物的行为都可以归入 C2C 模式，常见的 C2C 商城网站有淘宝网、闲鱼、拍拍网（见图 2-6）和人人车等。

图2-6 | C2C网站——拍拍网

4. 线上与线下之间（Online to Offline，O2O）的网站

O2O 是新兴起的网络商务模式，是将线下商务机会与线上互联网结合在一起，把 O2O 网站当成线下交易的前台。O2O 网站通过搜索引擎，以及微博、微信等社交平台建立网站链接，将用户吸引到网站中，进而将用户引流到实体店或具体的服务中，线下的实体店承担商品展示与体验的功能，常见的 O2O 网站有饿了么（见图 2-7）、滴滴和去哪儿等。

图2-7 | O2O商城网站——饿了么

专家指导

对于商城类型网站，无论采用哪种网络商务模式，通常都可以将内容信息分为前端和后台两个部分，前端内容主要包括网站页面设计、广告设置、商品多图展示、商品详情展示和购物车设置等；后台内容则包括商品管理、订单管理、商品促销、在线支付、商品配送和用户系统等。

2.2 网站内容的分类体系

无论是哪种类型的网站，通常都有比较固定的内容分类体系，不同的内容体系有不同的主题和分类方式。网络编辑需要了解网站内容的分类体系，目的是做好网站整体搭建的相关工作，包括内容规划、信息搜集和运营推广等。

2.2.1 网站内容的定义和重要性

网站中一切可供用户充分利用的信息通常被称为网站内容，这些内容需要网络编辑通过搜集筛选、整理后发布到网站中。

1. 什么是网站内容

广义上的信息泛指人类社会传播的一切内容，而网站内容则属于信息的一种新类型。网站内容限定了信息传播的媒介和途径，具体是指通过计算机网络传递的信息，包括文字、图形、影像、声音、数据、表格，以及能被计算机和人类认知的符号系统，这些信息也被称为网络信息。

2. 网站内容的重要性

对于网络平台特别是商务型网站来说，网站中所有的内容都是为商品销售服务的，所以，内容的重要性不言而喻，主要体现在以下几个方面。

- **展示企业文化、品牌和商品等信息** | 根据网站中的文字、图片和视频，用户就能充分地了解到企业和商品的相关信息。网络编辑在规划和设计网站内容时，就要针对不同的栏目进行特色介绍，其中的商品详情可以从性能参数、应用范围、客户案例等多个层面进行介绍。
- **塑造企业整体形象** | 网络编辑对于网站中任何一部分内容的重视和精细程度，都会影响企业整体的形象。例如通过对网站设计、栏目细分、内容创作和更新等网站内容的精心地规划和维护，就能提升用户对企业形象的信任度。
- **增强与用户的互动** | 建立网站的目的是获取利益，获取利益则需要足够的用户数量作为基础，而增强与用户的互动是获取用户数量的最佳方式。与用户互动的方式有很多种，例如在线交流、促销活动和直播分享等，这些互动方式都需要网站内容的支持。网络编辑可以通过促销活动、案例分享或者情感交流等内容形式和用户产生互动，并最终将这些互动产生的流量转化为收入。

2.2.2 网站内容的分类体系

由于互联网中存在的信息量太大，通常需要网络编辑对其进行分类，这样做既为用户获取便利的内容信息提供了途径和方法，也为网络编辑组织和管理，搜寻和采集网站内容构建一个科学、实用的分类体系。目前比较常见的内容分类体系包括以下两种。

1. 等级式主题分类体系

网站内容的等级式主题分类体系是建立在等级结构基础上的，体系中的一个主题就是一个类目，一个类目又可分为若干个细目，而且类目的排序方式可以是按字符先后顺序排序，也可以是按其他设定的顺序排序。按照等级式主题分类体系进行信息分类的网站通常都不是按照学科进行分类，而是以事物为分类依据，且能够将相关的内容集中在一起，例如，天猫商城将全部内容分为天猫超市、天猫国际、电器城、医药馆和飞猪旅行等大类，如图 2-8 所示，每个大类之下，再根据需要分为若干个二级类目，如图 2-9 所示。

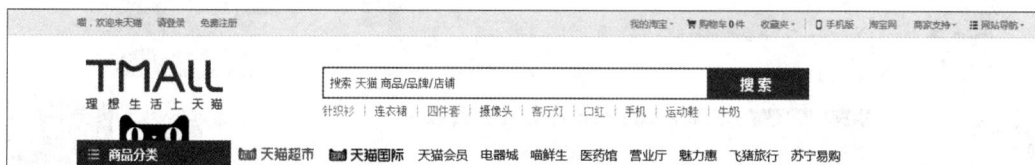

图2-8｜天猫商城的内容分类

图2-9｜天猫商城的天猫超市大类下的二级类目

使用同样分类系统的不同网站所采用的类目设置差别是很大的，例如，天猫商城和京东商城的一级类目中都有超市大类，但两个超市类目对应的下级类目却有所不同。图 2-10 所示为京东商城的京东超市大类下的二级类目。当然，在二级类目下可能还存在其他的分类级别。

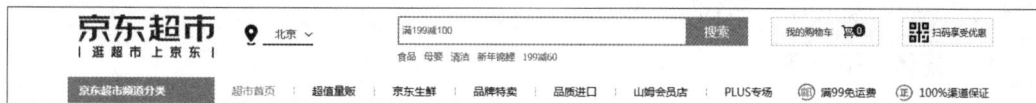

图2-10｜京东商城的京东超市大类下的二级类目

2. 分面组配分类体系

网站内容的分面组配分类体系是建立在分面、分组结构基础上的，每一个分面的类目可以与其他分面的类目进行分组搭配，并表现出同一类别的概念。分面组配的分类体系通常利用分面控制词汇表来进行网站内容信息的组织、检索和存取等操作。

分面组配分类体系通常有两种分面方式，一种是地域分面，另一种是主题分面。地域分面通常以国家或地区的行政区域或语言等作为分面依据，如图 2-11 所示，而主题分面则是通过具体的主题类目进行分类，如图 2-12 所示。

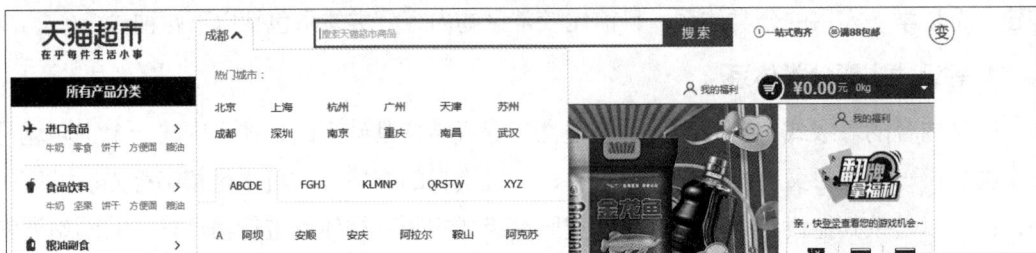

图2-11 | 天猫超市的地域分面

图2-12 | 京东商城的主题分面和对应的二级类目

很多商务型网站在规划和设计时，将两个分面进行组配，或者将两种分类体系结合在一起，虽然增加了网站结构的复杂性，但为用户搜索网站内容提供了极大的便利性。

2.2.3 网站内容的类型

网站内容包罗万象，没有统一的组织管理机构，也没有统一的目录。根据不同的分类标准，可以将网站内容分为不同的类型。

1. 按媒体类型分类

根据媒体的类型，可以将网站内容划分为文本、图形、音频和视频等多种形式。

- **文本内容** | 文本内容是指通过文字的不同组合来表达内容的信息，可以出现在出版物、实物和网络等多种平台中。

- **图形内容** | 图形内容是指以数字形式表示的存在于地理空间中要素的位置和形状，按其几何特征可以抽象地分为点、线、面、体 4 种类型。

- **音频内容** | 音频内容是指自然界中各种音源发出的可闻声和由计算机通过专门设备合成的语音或音乐。

- **视频内容** | 视频内容是指活动或连续的图像信息，它由一系列连续呈现的图像画面

所组成，每幅画面称为一帧，帧是构成视频信息的基本单元。

以上4种内容类型可以出现在多种环境和空间中，主要是指通过计算机的制作和处理，以文本、图形、音频和视频等格式在网络中存储和传播的信息类型。

2. 其他分类

网站中的内容还包括以下几种分类方式。

- **按组织形式分类**｜可以分为文本信息、超文本/多媒体/超媒体方式、数据库方式、网站方式等类型。
- **按表现形式分类**｜可以分为全文型（如各种报纸）、事业型（如企业名录）、数据型（如报价网站）、实时型（如各种论坛）等类型。
- **按加工深度分类**｜可以分为一次内容、二次内容、三次内容。
- **按内容范围分类**｜可以分为学术内容、教育内容、企业内容、商务内容、商品内容、有害内容等类型。
- **按信息源分类**｜可以分为联机数据库、电子图书、电子期刊、电子报纸、软件与娱乐游戏类、动态信息等类型。

2.2.4 确定网站内容的主题

无论是哪种类型的网站，都拥有自己的主题风格，在规划和设计网站内容时就应该确立这个主题。

1. 确定网站内容主题的方法

我国的网络商品交易市场整体处于成长期，大多数企业都建立了自己的商务型网站，也确立了很多网站主题，下面就介绍一些确立主题的常见方法。

（1）围绕全网销售多样化确定网站内容的主题

网络购物已经成为人们生活的重要组成部分，绝大多数企业都进入互联网领域，日渐形成全网销售态势，并形成了多样化的主题内容。

- **形式多样化**｜各种网站都以不同形式介入网络商品交易领域，网络购物的形式也出现在各种网站内容中，如门户网站中开设商城频道、视频网站中增加商品链接等。
- **渠道多样化**｜很多传统企业通过创建网站搭建"线上＋线下"的综合型的销售渠道，而一些网络平台也开始向线下渗透，建立互联网、电视和实体店等多样化销售渠道。
- **终端多样化**｜网络购物的入口在不断增多，除电脑外，用户还可以通过手机、电视、电子书等终端进入购物网站下单购物，如图2-13所示。

（2）通过垂直化细分网站内容确定网站内容的主题

网站内容可以根据商品、用户和区域进行细分，进一步确立网站的主题。

- **商品细分**｜网络商品交易领域的商品种类不断增多，涉及人们生活的各个方面，交易的商品正从标准化程度高向个性化发展，例如，生活中常见的橙子，在网络平台中就可以按照类型、品牌、重量、包装和原产地等项目进行商品细分。

图2-13｜电视淘宝页面

- **用户细分**｜网络平台面向的用户从最初的20~30岁的白领人群，已经发展到从婴儿到老人的各种年龄段，甚至有针对特定人群的网络平台，如针对农业人群的农村淘宝，针对爱宠人群的E宠商城等。
- **区域细分**｜由于文化习俗、消费偏好等存在一定差异，不同区域的用户对于网站内容的需求也会存在差异，这就需要网站可以根据不同的区域来确立主题。划分区域时，既可以按照地理位置进行，也可以按照语言、食物和商品特性等进行。

（3）围绕网络购物生态系统确定网站内容的主题

网络商品交易领域汇集了一整套系统服务、物流仓储、客服、代运营等配套行业，形成了一个完整的网络购物生态系统，网站内容的主题也可以围绕这个生态系统来创建。例如，淘宝网吸纳了一批系统提供商、物流配送商、市场咨询商、客服服务商等企业作为合作伙伴，网站内容就可以以服务入驻淘宝的各种电商企业，同时开设淘宝应用商店，为各类电子商务应用服务的发展提供平台等作为主题。

（4）通过移动互联网确定网站内容的主题

移动互联网和新媒体平台对于网站内容的传播，以及提升企业的运行效率、改善用户服务质量都具有重要的意义，以此为主题可以为企业的商品交易带来一次新的增长。

- **信息流**｜5G技术能使手机上网速度达到虚拟现实的水平，既丰富了商品展现形式，又极大改善了用户体验。另外，移动定位服务能够帮助企业结合用户所处位置，实现相关促销信息的主动推送，提升营销推广的准确度。
- **资金流**｜随着手机支付的广泛应用，小额支付更易实现，生活缴费及外卖、家政等便民服务更为便捷，这些也可以作为网站重点考虑的内容主题。

2. 注意事项

确定网站内容主题的目的是为后续的内容搜集、整理、创作等提供目标和方向，对于网络编辑来说，需要在这个过程中注意以下几点。

- **主题定位要小，内容要精** | 企业通常不会建立一个包罗万象的网站，所以在确立主题时，通常针对的是企业的主打商品或服务，虽然主题很小，但相关内容信息必须全面，通常情况下，具有特色的网站反而比大而全的网站更受用户的关注。例如，蘑菇街网站的主题是销售适合时尚女性用户的商品，不仅从淘宝等大型商务网站中分流了一定的流量，而且在女性用户中获得了极高的人气。

- **网站内容的趋同性不能太高** | 确立的内容主题应该具备足够的特色，容易给用户留下深刻的印象，对于一些知名度高的网站，由于其主题特点已经被广大用户所接受和认可，很难被超越，因此，除非有实力竞争或超越，否则不要设置与这些知名网站的主题类似的主题。

- **网站内容体现个性和特点** | 每个优秀的网站都有自己的个性和特点，这一点在网站主题的确立时就应尽可能地体现。例如，look fantastic 网站是一个专营化妆品的商务型网站，其主题定位于主要销售小众的有机品牌，并通过大量的促销活动来吸引用户的关注，这样就容易迅速收获个性用户的关注。

2.2.5 规划网站频道和栏目

网站频道是指网站中某一功能模块的集合，网站栏目则是频道的细化分级，例如，某电器品牌的商城网站分为"手机""电视"和"电脑"等多个频道，其中"电视"频道下面又分为"LED""屏幕大小"等多个栏目。规划网站频道和栏目是为了在已确定网站主题的情况下，确定站点的内容与服务，将其划分到不同的频道下面，并对各个频道进行更详细的栏目划分。

1. 分析网站的频道和栏目

通常情况下，商务型网站都是针对企业的商品或行业而构建的大型网站，包括企业或行业的产、供、销等供应链，以及周边相关行业的企业、商品、商机、咨询类信息。在构建网站栏目前，需要分析网站对于频道和栏目设置的诉求。

（1）分析内容的表现方式

多媒体技术在互联网中已经存在着非常成熟的解决方案，对于网站的内容，可以通过多种方式进行表现。例如，可以提供简洁的文本信息，可以提供华丽的图像，也可以提供复杂的页面布局，甚至可以提供声音和视频片段及现在流行的网络同步直播等。这些表现方式具备很强的互动性，可以引导用户去交流和贡献新的内容。例如，目前淘宝网中有超过一半的商品实现了短视频化，淘宝短视频每天播放超过 19 亿次，淘宝网分析数据也得出"未来淘宝可能 90% 的内容都会由视频来承载"的结论。也就是说，网站栏目的表现在未来可能以发布短视频为主要手段，通过发布短视频，为网站引流提高流量，同时显著提高转化率，如图 2-14 所示。

图2-14｜淘宝网中的商品展示短视频

（2）分析用户需求

在规划网站栏目的过程中，网络编辑需要确认网站的主要用户，并将用户的需求详细记录下来，这样在设置和创建栏目时，才会清楚和理解栏目的模式和方向设置。例如，淘宝网的频道和栏目的规划，就是基于用户需求的分析，通常会将用户最关心的服装、箱包、玩具和手机等热门栏目，放置在网站频道显眼的位置。归根结底，成功的栏目规划，还是基于对用户需求的理解，对用户需求的分析越准确、越深入，网站的栏目也就越具有吸引力，越能够留住更多的潜在用户。

（3）分析网站整体风格

网络编辑在规划频道和栏目时，也需要考虑网站的整体风格因素，例如，网站面对的用户需求更多是与企业经营相关的个人和企业需求，那么栏目规划就需要展示出严谨或者商务的风格，而不能出现太多娱乐的元素。栏目设置要更多体现最新的、经典的商品或品牌内容，而不仅是漂亮的框架图片，因此在进行栏目规划时，网络编辑需要设计方便的导航频道，而且栏目对应的每一个小图标要与文字及页面相互协调，要使整个网站页面显得简练且精致。此外，频道和栏目中的文字与边框要有适合的距离，而且每个模块放置的先后顺序要符合用户的需求。

（4）确定子栏目

网站中的栏目通常都会有子栏目，这是由用户的需求决定的，因为一个栏目往往代表一个用户群体的某种需求，而这个需求需要许多环节相互支持才可以完美体现。所以，在规划栏目时，要根据网站在不同的发展时期、具有的实力等因素设置相对应的子栏目，而不是盲目地认为用户需要的子栏目都要设置。例如，企业的门户网站的资讯中心频道通常是由"资讯列表""行业专题""行业访谈""行业周刊""行业展会"等栏目组成的，这些栏目具有提供行业资讯的相同属性。而淘宝网和京东商城这两个网上零售网站的女装频道包含的栏目是比较类似的，如图2-15所示。

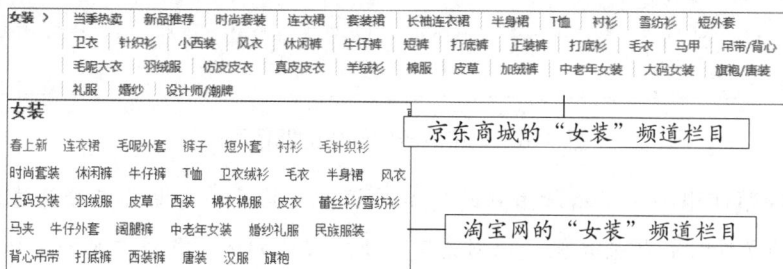

图2-15 | 淘宝网和京东商城女装频道中的栏目

（5）研究用户行为

网络编辑在规划商务型网站的栏目时，要充分考虑到用户可能会有不同的需求，网站也有许多功能模块要体现等因素，提前进行调查，研究和分析用户的行为习惯。常用的调查方法是向用户提问并收集反馈信息。例如，用户在网站中浏览商品信息时是先搜索，还是先按类别浏览，还是直接查看最新的资讯？不同的用户通常会有不同的浏览习惯，网络编辑通常会按照大多数用户的浏览习惯来规划网站栏目。还有一种调查方式是对各种网站的流量统计进行分析研究，例如，用户进入网站首页后，首先浏览哪个页面，然后再浏览哪个页面，同时在浏览一个页面时，用户是否会浏览与这个页面相关的页面等。

正是由于得出了不同用户浏览习惯不同这个研究结果，目前一些大型的电子商务网站和知名企业网站都会在网站首页中设置多种频道和栏目的分类方式，以满足不同用户的浏览需求和行为习惯。

2. 了解栏目的导航作用

对于淘宝网或京东商城这类大型商务网站来说，内容太多容易导致用户在浏览过程中迷失方向。只有科学、合理地规划网站栏目才能为用户提供清晰直观的指引，帮助用户方便地到达网站的所有页面。网络编辑在规划和设置网站的频道和栏目时，还需要考虑到它的导航作用，通常包括以下4种导航情况。

- **全局导航作用** | 全局导航是指通过栏目帮助用户到达网站的任何一个频道或栏目，并可以轻松地跳转到其他栏目，以减少用户查找的时间，通常情况下，位于网站首页的上部或左侧的栏目具备全局导航功能。
- **快捷导航作用** | 网站的注册用户或者经常浏览网站的用户，有时需要迅速地到达所需栏目，而快捷导航通常会记录这类用户的浏览习惯和常用栏目，并为这些用户提供直观的栏目链接，以减少其点击次数，为其节省时间，提升浏览效率。
- **路径导航作用** | 路径导航显示了用户浏览页面的所属栏目及路径，帮助用户访问该

页面的上下级栏目，从而更加完整地了解网站信息，如图2-16所示。

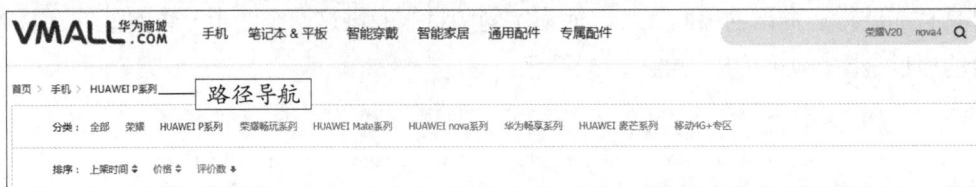

图2-16 | 电子商务网站中的路径导航

- **相关导航作用** | 为了增加用户的停留时间，网站策划者需要充分考虑浏览者的需求，为页面设置相关导航，让浏览者可以方便地到达所关注的页面，从而增进其对商品和品牌的了解，提升合作概率，如图2-17所示。

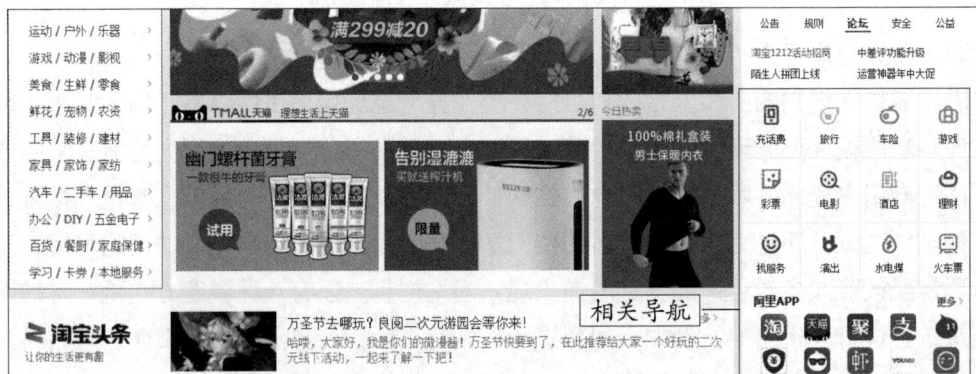

图2-17 | 淘宝网中的相关导航

3. 栏目策划

在分析和整理完网站相关的资料和信息后，网络编辑就可以根据用户需求及企业商品的侧重点，结合网站定位来确定网站的栏目。刚开始可能会因为栏目较多而难以确定需要哪些栏目，此刻就需要网络编辑与网站设计，以及企业宣传推广、商品营销等部门的人员进行讨论。经过整个团队的商议和权衡，最终为定下来的内容进行归类，形成网站栏目的树状列表，用以清晰表达站点结构。然后采用同样的方法讨论确认相关子栏目，进行归类后确定各个子栏目中的内容，以及子栏目的下一级子栏目，让网络编辑能够很清楚地了解栏目的每个细节和每个子栏目。

【案例】某商务型网站的栏目策划

在进行栏目策划时，通常由网络编辑按照网站设计整个团队讨论通过的结果撰写栏目规划书，栏目规划书要有统一的格式，以备网站留档，主要内容包括以下5项。

一、栏目概述。栏目概述包括栏目定位、栏目目的、服务对象、子栏目设置、首页内容和分页内容等。该部分内容将起到索引的作用，使读者能够对网站的所有栏目有一个整体的把握和了解。

二、栏目详情。用于详细描述网站中各个栏目的详细情况，包括以下内容。

（1）各个栏目的名称、栏目目的。特别需要重点注明栏目的目的，最好包括各个子栏目。

（2）服务对象。用以明确栏目的发展方向，阐明为达到目的需要做好哪些具体内容。

（3）内容介绍。详细说明本栏目的具体内容。

（4）资料来源。说明该栏目的内容来源，以保证栏目展开后不会出现没有内容的情况。

（5）实现方法。说明实现这个栏目的具体方法。

（6）有关问题。网络编辑在栏目的策划过程中已考虑的，但目前尚未解决的问题。

（7）重点提示。重点提示美工人员或编程人员需要注意的地方，或需要结合的地方，也可以是网络编辑对该栏目的建议。

三、相关栏目。用以说明本栏目和其他栏目之间的联系，以加强网站的整体性。

四、参考网站。网站中的栏目规划设计可以参考本行业的知名网站，所以需要在规划书中标明栏目参考的具体网站。需要注意的是，除了标明参考网站的网址外，还需要说明参考网站的优点，以及在建设本网站过程当中的注意事项。

五、附录。栏目规划书通常需要经过多次修改才能最终确定网站的栏目，因此，可以通过附录项目来记录规划书的历史修改过程及修改内容。

2.3 整理网站的内容模块

　　网站的内容模块是网站主要内容的功能化和格式化整理，每一个内容模块都能独立地完成网站的某一项功能。前面已经介绍了网站的分类体系，下面通过整理网站的内容模块，帮助读者了解网站常用内容模块的功能和基于内容模块的编辑操作。

2.3.1 信息发布模块

　　信息发布模块是将网站上的某些需要经常变动的内容，如企业或商品新闻、新商品发布和业界动态等进行集中管理，并进行内容分类，系统化、标准化后发布到网站上的模块系统，如图2-18所示，其中的"新闻中心"就属于信息发布模块系统中发布的企业新闻信息。信息发布模块主要包括类别管理和信息管理两大主要功能。

1. 类别管理

　　类别管理是指网络编辑可随时调整网站信息发布模块中的各种类别，并根据需要增加、修改或删除。网络编辑进行类别管理的操作有以下几种。

- 增加、修改、删除信息类别和专题。
- 更改信息类别的顺序，以确定信息类别和专题在网站中的排序。

- 更改信息类别和专题的栏目、频道或目录。

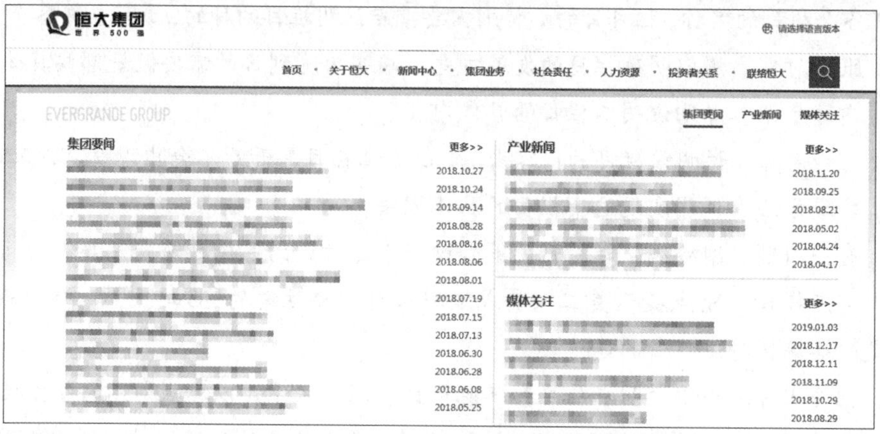

图2-18│企业集团官方网站的信息发布模块

2. 信息管理

信息管理是指对网站内容的更新与维护，具体包括以下功能。

- 添加、修改、删除各栏目或频道的信息（包括文字与图片）。
- 修改信息状态，以确定信息是否出现在类别首页或网站首页。

2.3.2　商品发布模块

网络编辑可以利用基于数据库的商品发布模块，实现对网站内容的交互管理，并对各类商品内容进行实时发布，如图 2-19 所示。商品发布模块的具体功能介绍如下。

图2-19│网站的商品发布模块

- **商品类别管理**│对商品进行二级分类，以树状形式表现。
- **商品内容管理**│增加、删除和修改商品的图片、简介描述和发布时间等内容，并具备控制商品内容发布的权利。

- **关键字检索**｜支持用户选择按照商品名称进行关键字模糊查询。
- **商品浏览**｜通常可以通过分类查询和关键字查询获得商品列表。

2.3.3　商品订购模块

商品订购模块是商务型网站建设的主要模块之一，该模块可以满足企业通过互联网实现网上商品营销的诸多需求。商品订购模块主要包含以下4个主要功能。

- **商品展示**｜通过企业商品的分类管理，帮助用户浏览企业商品的各种内容信息。
- **购物车管理**｜用于充当用户网上购物的工具，为用户提供选择商品的临时放置区域，以及显示购物的类型和金额等。
- **前台订单查询**｜按时间先后次序（新的订单显示在前面）显示所有用户的订单，支持用户进行订单搜索，可以向用户提供已有订单的处理情况，并支持详细查询已复核订单的商品数量和价格、下单日期、所填写的联系方式等内容信息。
- **后台订单管理**｜网站管理人员可以在后台对用户订单进行编辑和删除等操作。

商品订购模块可以看成是网上商城模块的简化版，很多商品类别和数量较多的企业，都会通过构建网站的商品订购模块来完成商品销售的对应功能。

2.3.4　网上商城模块

网上商城模块的核心内容是本企业和其他各供应商在网上商城开设的专卖店，网上商城主要提供完整的查询、订购、结算、配送和售后服务的运作环境，从而帮助卖家做好网络营销业务，如图2-20所示。网上商城模块主要包含以下几项子模块。

图2-20｜网站的网上商城模块

1. 内容信息模块

网上商城的内容信息模块的功能是进行商城、企业和商品等的信息发布和全文检索，包括以下一些主要内容。

- **新品推荐**｜用于推荐新上架的商品。
- **公告牌**｜用于发布商城公告信息。
- **新闻消息**｜用于发布各种相关新闻。
- **促销信息**｜用于发布商品的促销和打折信息。
- **采购招标**｜用于发布商城采购招标信息。
- **招商信息**｜用于发布商城招商信息。
- **消费指南**｜用于发布分类商品消费指南。
- **商城快讯**｜用于发布商城的最新动态和商品等信息。
- **商品广告**｜用于发布各种商品和企业的广告信息。

2. 用户服务模块

网上商城的用户服务模块的主要功能是为商城的用户提供各种售前、售中和售后服务，包括以下一些主要内容。

- **新用户注册**｜提供用户注册服务。
- **商城信息订阅**｜用户可以选择订阅商城或商品的各种信息，通过留言、聊天或E-mail 与商城进行互动。
- **用户消费特区**｜展示各种特价商品、热卖商品和优质商品等。
- **用户使用指南**｜商城功能的使用帮助。
- **用户个人信息**｜为用户提供个人信息管理页面，内容包括订单、配送和支付等确认信息，用户订阅信息，订单的历史查询，个人注册和登录信息，用户投诉信息，商品退换和售后服务等。
- **论坛社区**｜通过论坛用户可以自由发表文章，或提出自己的意见和需求等信息。

3. 订单结算模块

网上商城的订单结算模块用于处理用户订单、商品划价、实施折扣、确定配送和支付方式等，通常又包含以下几个内容。

- **订单处理流程**｜主要包括确认购物车中的商品、商品划价、选择配送地址、选择配送方式、选择支付方式和完成订单这几个步骤。
- **网上支付入口**｜网上商城通常会提供两种不同的付款方式，包括网上直接划付（包括银行卡和电子商务支付系统）和货到付款。
- **历史订单信息**｜用于显示用户的所有订单内容信息列表。
- **折扣促销**｜用于显示购买商品时的相关折扣促销信息。

4. 商品展示模块

商品展示模块的主要功能是展示商城中的各种商品，包含以下几个内容。

- **商品分类列表**｜将商城中的所有商品按照分类列表进行展示。
- **商品检索**｜用户可以通过关键字、品牌分类、商品分类和价格等方式搜索商品。
- **购物车**｜用于装载用户选择的商品，可以直接下单购买，也可以以后再购买。
- **商品内容介绍**｜包括商品的图片、功能介绍和售后服务等内容。
- **商品内容导航**｜包括新品上架、销售排行、热卖商品和商品报价等内容。

5. 管理模块

管理模块为商城提供管理功能，包括以下几个内容。

- **信息中心管理**｜用于发布各种商城和商品信息，包括商城名称、地址、网址、联系方式和标志等，管理企业介绍和法律声明等。
- **用户中心管理**｜用于修改用户信息、升级用户会员级别、收集用户信息反馈和回复用户问题等。
- **商品中心管理**｜用于新建、修改、删除、隐藏、发布商品分类和商品的相关信息。
- **结算中心管理**｜用于新建、修改、删除配送方式和支付方式，确认并完成订单、订单配送和订单支付。

2.3.5 商务公告模块

商务公告模块通常直接表现为网站中的弹出窗口，常用于进行新闻公告和推广活动的宣传，可以提升内容信息的浏览量和推广宣传的效果，图 2-21 所示就是网站中常见的活动宣传公告。网络编辑可以通过商务公告模块的后台管理界面，进行以下相关操作。

图2-21｜电器官方网站的商务公告模块

- **内容管理**│通过可视化网页内容编辑器，轻松实现商务公告内容管理。
- **样式管理**│网络编辑可以通过简单的操作，定义弹出窗口的大小、背景颜色、背景图片和样式等属性。
- **状态管理**│通过开关状态的设置，定义是否显示弹出窗口。

2.3.6 商情发布模块

商情发布模块的功能是通过对商情的发布和查看，增进供求双方的双向交流，实现双方的贸易机会和贸易撮合，如图 2-22 所示，商情发布模块通常包含以下一些内容。

图2-22│网站的商情发布模块

- 提供站内检索功能。
- 对所有商情内容进行分类显示。
- 注册用户可以查看到供求信息的联系方式等内容。
- 自定义热点内容和推荐内容，或者设置为在首页突出显示。
- 网络编辑可以通过简单直观的图形管理界面进行模块管理。
- 自定义内容分类，并可以定制多级栏目和栏目分类显示的顺序。
- 支持远程上载图片及文字内容，并对其进行审核、修改和删除。
- 用户可以自己发布文章到网站，经过网络编辑审核后显示在网页上。

2.3.7 人事管理模块

人事管理模块包含企业的人才战略、人才招聘和人才管理等内容，如图 2-23 所示，主要包括以下几项主要内容。

- **展示人事政策**│发布或修改企业的人事政策。
- **人才招聘**│应聘者可在网页中填写相关资料，直接提交至模块的人才管理数据库。
- **管理人才数据库**│网络编辑可通过人才管理数据库进行添加、删除和修改等操作，并对相关数据进行检索。

图2-23 | 网站的人事管理模块

2.3.8 用户服务模块

网站的用户服务模块属于围绕核心商品所开展的附加服务，通过用户满意度和生产效率的提高来达到长期利润最大化的目的，如图 2-24 所示，通常分为人工服务和自动服务两种类型，又可以分为售后服务、商家服务和用户反馈等子模块。

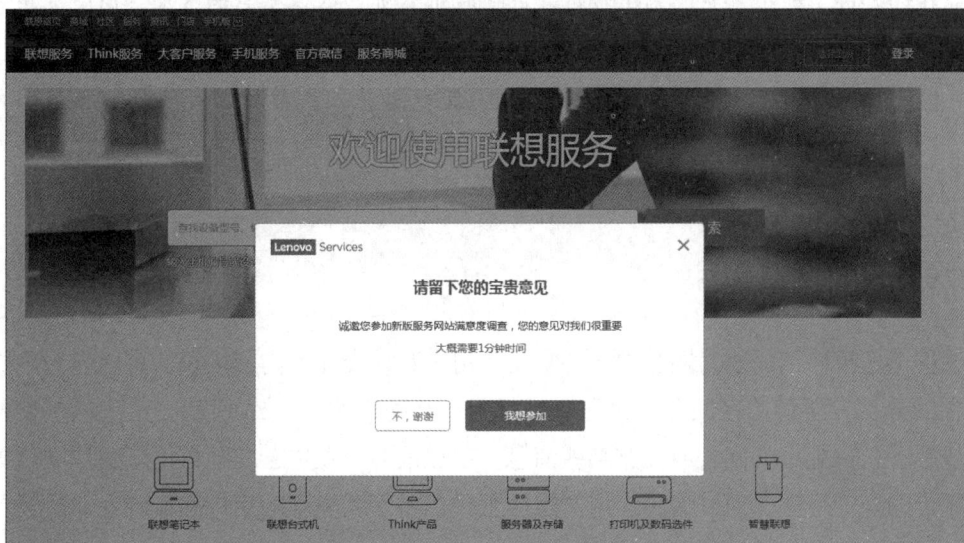

图2-24 | 网站的用户服务模块

1. 售后服务

售后服务就是在商品出售以后所提供的各种服务活动，制作售后服务子模块的目的是提高企业的信誉，扩大商品的市场占有率，提高销售工作的效率及收益。售后服务子模块的主要内容包括以下几项。

- **维修安装**｜为用户提供安装、调试商品、维修服务、定期维护和保养等服务。
- **技术支持**｜根据用户要求，进行使用等方面的技术指导。
- **退换货政策**｜对商品实行"三包"，即包修、包换、包退。

2. 商家服务

商家服务子模块是针对企业的商业合作客户推出的服务模块，通常包含以下内容。

- **商家入驻**｜商家登录和在网站建设自己的店铺，包括为商户提供运营工具和服务、营销服务、金融服务和数据服务。
- **培训服务**｜为商家提供各种开店、运营和营销等知识培训和课程。
- **帮助中心**｜为商家提供各种线上和线下的帮助，包括问题解答、热门讨论等。

3. 用户反馈

用户反馈子模块是所有类型的电子商务网站都必备的内容模块之一，用于从网上搜集各种用户意见的反馈内容。无论是用户还是网络编辑，都可以通过该模块发表信息，用户反馈子模块包含以下内容。

- **意见留言**｜显示用户反馈内容和编辑的回复内容，可记录用户的个人信息。
- **管理入口**｜网络编辑进入后台管理界面，可以进行回复和删除用户留言等操作。
- **在线处理**｜处理用户的网上投诉和电话投诉意见，解答用户的咨询。同时采用各种方式征集用户对商品质量的意见，并根据反馈情况及时改进商品及服务。
- **网上调查**｜指企业网站通过话题讨论、问题解答或投票等方式举行的在线调查活动。网络编辑可以制订调查的内容和用户群体，调查通常采用问答方式，题型可以分为多选题和单选题。

2.3.9　社群论坛模块

社群论坛模块已经成为网站中一种常见的用户互动交流的内容模块，可以向用户提供开放性的分类专题讨论区服务，也可以进行用户互动，如图 2-25 所示。企业通过社群论坛模块回答用户提出的问题或发布某些消息。现在很多企业也会在社群论坛模块中设置新媒体平台的连通程序，通过程序运用新媒体工具，将不同类型的用户引流到企业的微信或官方微博等社群中，进行进一步沟通和交流。

社群论坛模块主要包含用户、版主、查询、内容统计、帖子和新媒体等子模块。

1. 用户模块

通常，用户进行注册后才能使用社群论坛中的各项功能，用户模块主要是针对网站社群论坛而设计的个人内容模块，其具体功能如下。

图2-25 | 网站的社群论坛模块

- 记录用户的个人信息，并具备密码提示功能（当用户忘记密码时，可以借助密码提示功能获得密码）。
- 用户通过登录，可以自由选择图像来设置个人头像。
- 用户可以通过用户模块查询与更改登录密码、个人信息及其他用户信息。
- 设置游客浏览功能，非注册用户可以通过该功能浏览论坛中的帖子内容，并具备自动保存用户名和密码功能，用户只需登录一次即可随时发帖或留言。

2. 版主模块

版主是论坛某个版块的内容管理员，可以是网络编辑，也可以是论坛的用户，版主模块是版主管理和编辑论坛内容的主要工具，其具体功能如下。

- 版主登录后可以进入版主管理网页，可以管理论坛版面、内容精华区域，以及查询论坛中的帖子、编辑版面说明等。
- 会为版主提供单独的主页，版主可在其中设置和维护个人信息。

3. 查询模块

查询模块主要是针对论坛用户的内容检索设计的，其具体功能如下。

- 根据用户注册名、帖子主题或主要内容进行查询。
- 根据帖子的 ID 进行查询。
- 根据最新发布的帖子进行查询。
- 支持多条件复合模糊查询。

4. 内容统计模块

内容统计模块用于对论坛中的内容数据进行搜集和整理，其具体功能如下。

- 显示论坛当前注册总人数、当前帖子总数、帖子点击总数和当前在线人数。
- 创建论坛内容排行榜，对各个版面的内容点击数、帖子数量等进行排序。
- 创建用户积分排行榜，对用户发帖点击数进行统计，提升用户参与互动的积极性。

5. 帖子模块

帖子模块是对论坛中的各种内容帖子进行管理和编辑的模块，其具体功能如下。

- 设置帖子的最大允许内容长度，通常以字节为单位。
- 显示帖子的发布日期、点击数、字节数、回复帖子数等内容信息，并对帖子的各种类型进行图形提示，注明最新发布的帖子。
- 设置回复帖子通知功能，并可以设置通知的方式，如站内短信、E-mail 等，而且还可以自动将帖子内容和相关链接发送至被回复人的电子邮箱。
- 进行帖子内容的多版面设置，每个版面可以有自己的版主和主页链接，可以独立显示单一版面。

6. 新媒体模块

新媒体模块主要是通过微信和微博等新媒体平台提升用户对企业的关注度，其具体功能如下。

- 显示企业的各种新媒体平台，如微信公众号、官方微博等。
- 提示用户关注企业新媒体平台，并通过促新活动吸引用户。
- 通过新媒体平台，定期向用户发送内容信息。
- 将新媒体平台中的重要内容信息同步发布至论坛。
- 设置内容链接，用户可以通过链接在新媒体平台和论坛之间自由切换。

2.4　设计网站的展示内容

在规划与设计网站时，网络编辑需要设计网站中的展示内容，因此，网络编辑需要学习网站内容的结构设计、网络内容的风格设计等专业知识，下面分别进行介绍。

2.4.1　网站内容的结构设计

网站内容的结构设计主要包括对层次结构、目录结构、导航、链接 4 个部分的设计。

1. 层次结构

网站内容的层次结构是整个网站的架构，也是内容和信息的组织形式，通常有树状结构、网状结构和线性结构 3 种类型。在层次结构中，横向结构表示基本的功能，也就是网站的主要栏目，纵向结构则表示栏目的层次。下面将分别介绍 3 种层次结构。

- **树状结构**｜树状结构是目前网站所采用的主要内容结构，其条理清晰，用户可以根据路径和栏目清楚地知道自己所在的板块位置，同时也有利于内容的扩充，图 2-26 所示为某旅游网站的前后台内容的树状结构。

- **网状结构**｜在网状结构中，网页之间没有明显的结构，而是靠网页中的内容进行逻辑联系，所有的网页都可以和主页进行链接，各网页之间也可以链接。网状结构有利于用户获取信息，并迅速到达需要的页面，但页面的数量太多容易导致用户"迷路"。

- **线性结构**｜在线性结构中，所有页面具有同等的地位，用户的浏览过程是从一个页面到另一个页面的水平移动。线性结构通常适用于内容和信息量比较少的小型网站，例如，淘宝网中开设的网上店铺，或者组织网站中的一部分内容等，如图 2-27 所示。

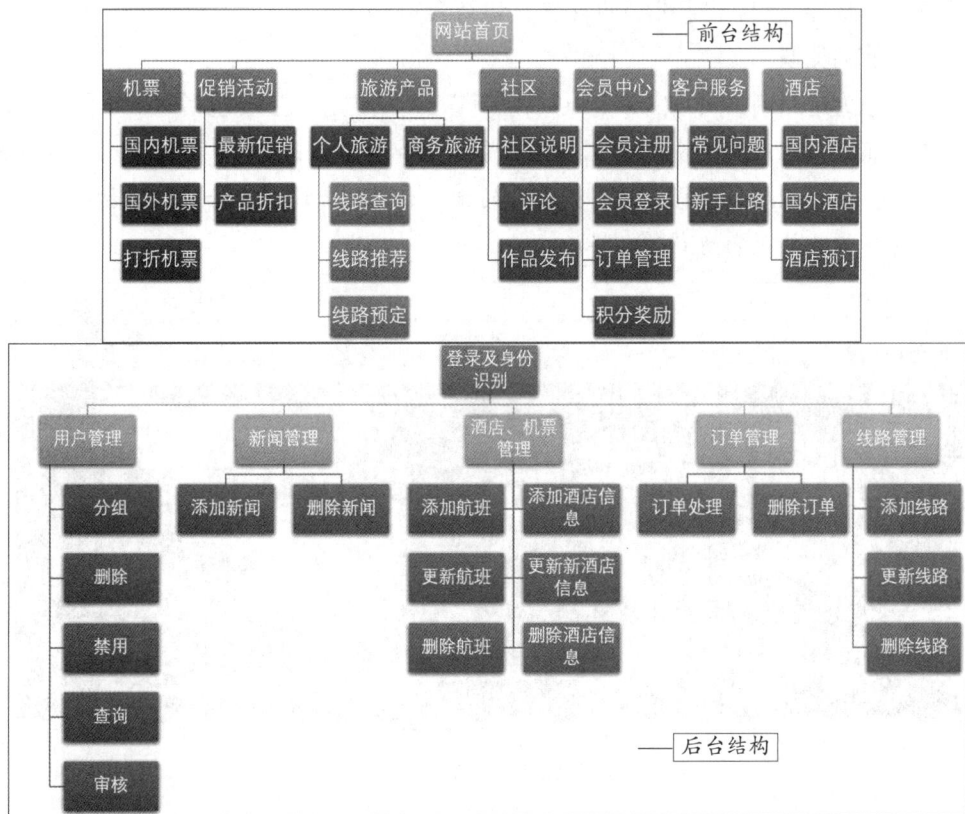

图2-26｜网站内容的树状结构

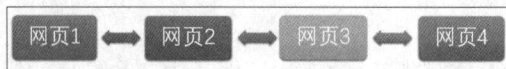

图2-27 | 网站内容的线性结构

2. 目录结构

目录结构是指保存网站内容的文件目录，目录结构是网站组织和存放站内所有文档和信息的目录集合，包括以下内容。

- **根目录** | 用于存放和管理网站的子目录、欢迎页面和主页等。
- **子目录** | 与网站的栏目相对应，按栏目或商品内容分类进行创建。
- **Images 目录** | 在根目录和所有子目录中都会创建，用于保存网页中的图片。
- **目录层次** | 为了管理的需要，网站目录层次最好不要超过 3 层，仅适用于中小型电子商务网站。
- **目录命名** | 通常以拼音的形式命名，加以数字进行辅助区分。

3. 导航

导航是网站内容设计中的重要组成部分，在引导用户浏览网站时起着非常重要的作用，下面分别从导航的类型和形式两个方面进行介绍。

（1）导航的类型

导航可以为用户浏览网站内容提供路径方向，网站的导航主要包括以下 4 种类型。

- **主导航** | 网站中的主导航通常包括"首页"和各种频道链接，通常位于网站的最上部分，其作用是为用户提供网站内容的指示和定位，以及展示网站的核心业务，图2-28 所示为某电器网站的主导航。

图2-28 | 网站的主导航

专家指导

搜索引擎通常会根据网站的主导航进行内容搜索操作，所以主导航的设计效果会影响用户的浏览体验。

- **副导航**｜网站中的副导航通常位于网站首页下面部分，其功能是完善和辅助主导航，方便用户查找需要的服务和信息，图2-29所示为某网站的副导航。

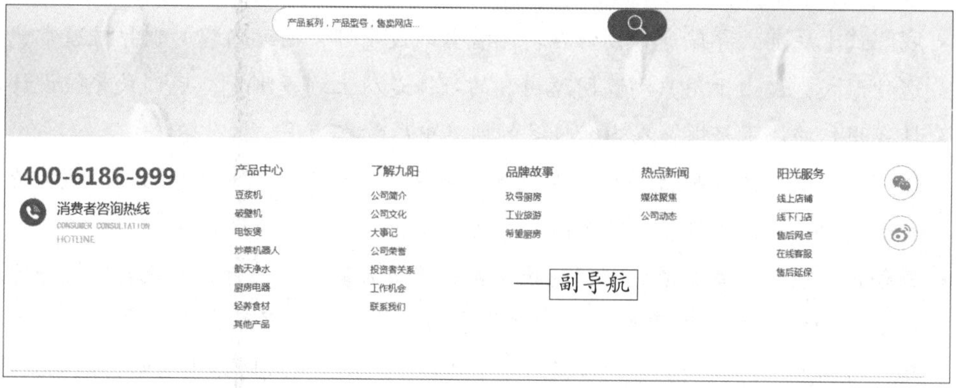

图2-29｜网站的副导航

- **面包屑导航**｜面包屑导航是在网站首页与其他页面之间进行切换的锚文本形式，也被称为路径导航，通过具体的打开路径，让用户了解目前所在的位置，以及当前页面在整个网站中的位置。不但展现了整个网站的架构层级，也减少用户返回到上一级页面的操作，同时也有利于搜索引擎的抓取。

- **地图导航**｜地图导航就是通过频道结合栏目的形式，展示网站中所有主要的栏目，引导用户浏览网站内容，这是目前大多数商城类型网站常用的导航类型，图2-30所示为小米商城网站中的地图导航。

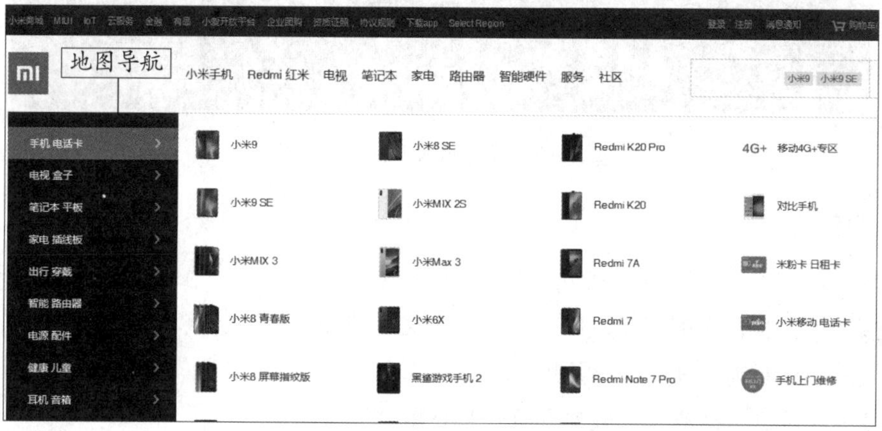

图2-30｜网站的地图导航

（2）导航的形式

网站中的导航通常包括顶部、侧边、底部、隐藏和滚动几种形式。

- **顶部式**｜顶部式的导航可以让用户迅速查找到所需内容，确保网站内容的组织结构的可靠性，网站内容的主导航通常都设计为顶部式。

- **侧边式**｜侧边式导航通常设计在网站首页的左侧，大部分电子商务网站的地图导航都被设计成侧边式。但为了节约网站空间，大部分侧边式导航都以隐藏式展现，即只显示一级栏目，通过点击方式才弹出下一级子栏目。

- **底部式**｜底部式导航通常设计在网站首页的最下部，网站内容的副导航通常就采用这种形式，但由于用户浏览网站内容的习惯是从上到下浏览，底部式导航设计比较挑战用户的使用习惯，在内容较多的网站中尽量少使用。

- **隐藏式**｜隐藏式导航最早出现在电子商务网站的移动端，现在很多 PC 端也使用这种形式的导航，不仅能够节约网页空间，还能增加导航的设计感。

- **滚动式**｜滚动式导航通过专门的控制按钮（多为箭头）进行栏目跳转，又分为水平滚动式和垂直滚动式两种类型。水平滚动式导航就是网站内容呈左右水平方向滚动，常用在网站的商品推荐单元中，图 2-31 所示为商城网站中的水平滚动式导航。垂直滚动式导航可以与动画特效相结合，形成一种全新的视觉效果，吸引用户的注意力，所以在移动端电子商务网站中经常被使用。

图2-31｜网站的水平滚动式导航

4. 链接

链接是网站中重要的内容跳转工具，根据链接的内容可以分为信息链接、功能链接和导航链接 3 种类型，根据链接载体又可以分为文字链接、图片链接和按钮链接等类型。在设计网站的链接时需要注意以下几点事项。

- 链接要对应网站栏目，做到有组织和分类。
- 链接内容尽可能精简，避免链接文字折行。

- 链接的形式要新颖，能够吸引用户，链接内容要清晰明确，能吸引用户单击浏览详情。

2.4.2 网站内容的风格设计

网站内容的风格是指网站内容给予用户的整体感觉，可以通过网站的标志和色彩搭配、网站宣传文案和各种图片的应用等体现出来。从本质上说，网站是由无数单个网页内容组成的，整个网站内容的风格设计，也就是由无数单个网页内容的风格展示出来的。

1. 设计网站风格的作用

网站风格的设计对于网站的发展有重要的推动作用，主要体现在以下两个方面。

- **突显网站的个性**｜互联网时代的网站数量"浩如烟海"，大型的商务网站平台就有十几家之多，如果没有形成自己的风格，将不能突显网站的个性，很难从中突围。
- **增强用户的印象**｜风格其实就是网站的鲜明个性和特点，可以加强用户对网站的印象和记忆，是用户区别其他网站或店铺的视觉要素，对于品牌的建立有积极的意义与效果。图2-32所示为专门销售模型的淘宝店铺，其特色就是销售各种奇奇怪怪的小模型，包括各种可爱的神话人物，喜欢手办和装饰的用户都会对该店铺留下深刻的印象。

图2-32｜具有个性特色的网站内容

2. 网站风格的类型选择

目前比较常用的网站设计风格包括扁平化设计、反扁平设计、3D设计、极简风格、无边框风格、矢量风格、超级头版和黑板风格等。其中，极简风格、扁平化设计和3D设计风格是目前网站风格的主要形式。在淘宝网或天猫商城这些大型商务网站首页的显眼位置，通常都轮流播放各商家海报风格的宣传文案。

3. 网站风格的定位分析

设定网站的风格时，网络编辑或者设计者应该全面了解网站中展示的所有内容，对网站所售商品的性质、用户和市场进行定位分析，然后根据这些特性和定位，思考适合网站的风格定位。

（1）所售商品的性质

性质是指商品区别于其他商品的根本属性，在设计网站风格前，网络编辑需要首先确认网站主要商品的性质，如商品的功能、材质、外观和使用环境等；然后需要确认网站展现在商品用户面前的印象，如成熟稳重或热情活泼、从容高贵或温文尔雅、超凡脱俗或文静安详等。图2-33所示为某品牌腕表的官方网站，其设计展示出成熟稳重、从容高贵和温文尔雅的风格，非常符合该腕表商品商务、奢华和高端的性质，容易引起用户的购买欲望。如果该网站采用小清新的风格，既无法彰显商品时尚大气、超凡脱俗的性质，也不符合消费人群对该品牌腕表的期望，就无法让用户获得品质的保障。

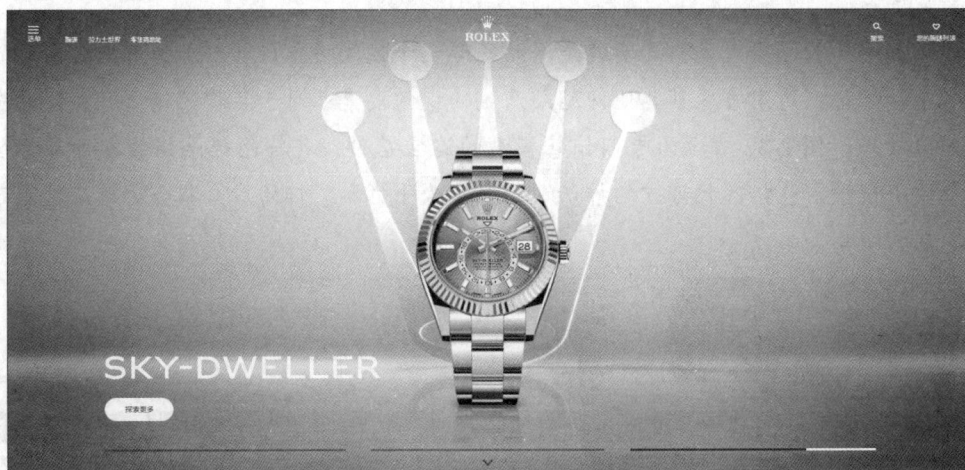

图2-33｜展现成熟稳重和时尚大气的腕表商品网站设计

（2）用户定位

网站风格定位也需要考虑到用户的因素，需要进行用户定位。用户定位是指对商品潜在的用户群体进行定位，根据最常用的商品营销策略，按照职业、收入、受教育程度等因素，将用户划分为不同的社会阶层。不同社会阶层的用户通常具有不同的购买行为，具体的划分可以从性别、年龄、职业等方面进行，例如，从年龄上有老年、中年、青年、少年、儿童等。

设计网站的风格时，就需要对商品的消费人群进行定位细分，图2-34所示为某运动腕表的官方网站，该腕表的用户群体定位于喜欢运动的人群，因此在网站风格设计上，就体现出自由、奔放、热情、洒脱的感觉，吸引运动人群的注意。

图2-34 | 定位运动人群的腕表商品网站

（3）市场定位

市场定位是指确定企业及其商品在目标市场中所处的位置，通常企业会根据竞争者现有商品在市场上所处的位置，针对用户对该类型商品的关注程度，为本企业商品塑造出与众不同且印象鲜明的形象，并将这个形象展示给用户，从而确立该商品在市场中的位置。

由于市场定位的不同，同类商品的网站风格设计也会不同。图 2-35 所示为某腕表品牌的网站，与其他腕表定位于高端、运动、时尚不同，该品牌商品强调设计精简、型而有范，表盘简单，并用一个小圆圈设计与其他品牌商品完全区分开来，这就是该品牌独特的市场定位，满足了一批崇尚简约设计的用户的需求。

图2-35 | 拥有独特市场定位的腕表商品网站

4. 网站标志设计

网站通常需要通过网页视觉效果来统一企业的形象，首先需要设计制作一个网站的标志，也被称为 Logo（标志）。这个标志就像商品的商标一样，它是网站特色和内涵的集中体现。网站标志通常可以采用以下几种方式进行设计。

- 可以使用有代表性的人物、动物或植物等作为设计的蓝本，通过卡通化或艺术化来展现，如天猫商城的小猫、京东商城的小狗等卡通图案，如图2-36所示。

图2-36｜网站的动物形象类Logo

- 对于一些专业性和知名的企业网站，可以使用本企业有代表性的物品作为标志，如中国银行的铜板、奔驰汽车的方向盘等，如图2-37所示。

图2-37｜网站的物品类Logo

- 网站也可以直接用网站的英文名或拼音作为标志，这也是最常见和最简单的标志设计方式，如华为的标志为"HUAWEI"、小米的标志为"MI"等，如图2-38所示。

图2-38｜电子商务网站的拼音类Logo

5. 网站色彩搭配

　　网站的色彩搭配是影响内容整体风格的关键因素之一，因为不同的色彩搭配会产生不同的视觉效果，并可能影响到用户的情绪。例如，Windows操作系统界面的红、蓝、黄、绿色块搭配给用户留下了深刻的印象，所以在其官方网站中也经常使用这些颜色，形成了网站的一种风格。通过色彩搭配形成网站风格可以从以下两个方面入手。

- **主色调搭配**｜不同的色彩搭配可以带给用户不同的感受，网站需要根据品牌和商品的内涵和定位来选取主色调。例如，灰色通常会给予用户一种非常专业的感觉，很多科技型企业的官方网站都喜欢使用灰色作为主色调，苹果、微软、小米等都使用过灰色作为官方网站的主色调。

- **网页颜色搭配**｜在网站的网页中，除了主色调外，还需要考虑其他的色彩搭配，如背景色、文字颜色、图像颜色和表格颜色等元素之间的色彩搭配。需要注意的是，网页中的色彩搭配没有固定的模式和步骤，通常会从网站的整体到细节去搭配颜色。

6. 网站的宣传标语

网站的宣传标语通常是一句话或一个词，这个宣传标语能够高度概括该企业的企业精神、企业文化、品牌内涵或网站目标，类似于广告中的金句。例如，百度的"百度一下，你就知道"、IT 世界网的"您身边的数字专家"、华为的"构建万物互联的智能世界"等。图 2-39 所示为淘宝网的宣传标语，既符合网络购物型网站的行业特点，又具备强大的感召力，既宣传了企业精神，又为用户提供了消费动力。

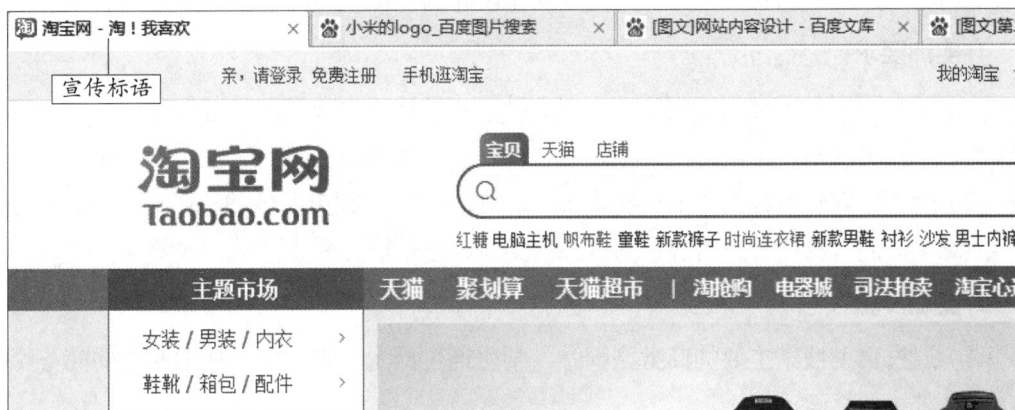

图2-39 │ 淘宝网的宣传标语

7. 网站字体计

网站内容通常以文字为主，文字的字体也会展示出网站内容的风格，通常网站中会使用一种标准字体，主要用于网站的标题和导航栏目等。网站通常使用的标准字体中文为宋体，英文为 Times New Roman。但对于一些商务型网站来说，为了体现商品或品牌的特色，可以根据需要选择一些特别的字体。总的来说，网站内容的字体设计应该遵循以下几点原则。

- **字体种类** │ 通常网站内容中的字体以不超过 3 种为宜。
- **突出显示** │ 为了突出显示特殊的内容，可以设置不同的字体、字号或字体颜色。
- **疏密度** │ 网站内容的正文部分，使用中文时，每行通常为 20~30 字，使用英文时为 40~60 字；行距一般使用默认设置。
- **字号** │ 网站内容正文的标准字号为 12pt（磅）。

专家指导

在设计网站宣传和促销海报时，可能会用到多种特殊字体，除了购买所需的字库外，也可以用 Photoshop 等软件来制作特殊字体效果。

2.5　本章实训

为了帮助读者顺利了解网站内容规划与设计的相关知识，下面通过几个实训练习来巩固本章所学知识。

2.5.1　商务型网站的风格与特色比较

本实训需要学生对比一些同类型的商务型网站的风格和特色，并在下面的表格中填写相关的内容。以此增加有关商务型网站规划和设计的知识和经验。

1. 实训要求

（1）请在下列各种类型的网站中任选3种，每种选2个典型网站进行分析比较，包括拍卖网站、知名网站、游戏网站、旅游网站、著名手机网站、淘宝网和京东商城。

（2）分析比较的内容包括主页样式、网站类型、网站结构、显示速度，主页风格描述、内容质量、访问人数、客服内容、网络广告类型、色彩搭配等。

2. 实训步骤

（1）通过百度搜索主要的商务型网站。学生通过网上搜索引擎，搜索相关的商务型网站，打开其主要页面。

（2）浏览网站内容。对搜索到的几个网站进行全面的内容浏览，充分了解网站内容设计与规划的相关信息，包括结构、服务和风格等。

（3）填写对比分析表格。根据搜集到的网站内容的相关信息，在表2-1中填写网站的对比风格和特色等信息。

表 2-1　网站的风格对比信息表

	网站 1	网站 2
颜色搭配		
网站结构		
商品服务		
特色服务		
风格设计		
品牌设计		
栏目设计		
导航设计		
视觉排序		
内容亮点		

	网站 1	网站 2
标志设计		
宣传口号		
市场定位		
用户定位		
其他不同		

▋ 2.5.2 规划和设计一个网站

某品牌的运动鞋需要建立一个官方网站,开展网上销售工作,请根据本章所学的知识,为其规划和设计网站内容。

1. 实训要求

(1)先在网上搜索一些著名的运动鞋品牌网站,学习其网站内容设计。

(2)确定网站的类型、结构和栏目等内容。

(3)将设计的网站内容填写在下面的表格中。

2. 实训步骤

(1)收集相关资料。在百度中搜索目前比较著名的几大运动鞋生产商的官方网站,看看其网站内容的规划和设计情况。

(2)确定网站的类型和主题。结合其他品牌网站的类型,确定本网站的类型和主题。

(3)确定网站的结构和栏目。确定网站的内容结构,包括有哪些频道和栏目,以及主要内容的区块划分等。

(4)设计网站的主要内容。根据前面的规划,设计网站的主要内容,包括网站的标志、宣传口号、市场定位、颜色搭配等,并将具体内容填写到表 2-2 中。

表 2-2 网站设计规划表

网站名称	
网站标志	
宣传口号	
市场定位	
用户定位	
主要栏目(包括子栏目设置)	
颜色搭配	
网站结构	

（5）绘制草图。根据前面的规划和设计，绘制该运动鞋网站的大致结构图。

▌2.5.3 设计手机网站的内容模块

下面以整理并设计一个手机网站的内容模块为例，帮助读者熟悉网站内容的搜集和整理的相关知识。

1. 实训要求

（1）根据本章所学的电子商务网站的内容模块知识，设计某品牌手机商城网站所需的内容模块。

（2）学会归类和设计网站内容模块的方法。

2. 实训步骤

（1）根据表2-3所示的主要内容模块，整理手机资讯类网站的内容模块。

表2-3 手机资讯类网站的内容

内容模块	子模块
新闻中心	
今日头条	
智能硬件	
商品大全	
论坛	

（2）根据表2-4所示的主要内容模块，整理品牌手机网站的内容模块。

表2-4 品牌手机网站的内容模块

内容模块	子模块
商品库	
企业新闻	
网上商城	
实体店	
商情发布	
用户服务	
社区论坛	
人力资源	

（3）参考前两张表中的内容模块，并通过搜索引擎搜集手机网站的相关内容信息，自行创建一个手机网站的内容模块，填写到表2-5中。

表 2-5 某手机网站的内容模块

内容模块	子模块

思考与练习

（1）请简单描述网站有哪几种类型，并举例说明。

（2）请说出几个著名的商城类网站，并对这几个网站进行分类。

（3）请简单描述网站有哪几种分类体系，并为每一种分类体系举出具体的案例进行说明。

（4）在图 2-40 所示的网站中找到其主要的栏目，并分析其有哪些类型的内容。

图2-40｜某企业的官方网站

（5）请根据本章所学的知识，整理出淘宝网的内容层次结构。

（6）请在网上搜索和浏览多个女装品牌网站，并根据不同风格对它们进行划分。

（7）请根据本章所学，分别为某灯饰商品网站、鲜花网站、地方特产网站和美食网站设计至少三种不同风格的宣传口号。

（8）浏览图 2-41 所示的某品牌电动车网站，分析该网站在规划和设计上有哪些特点。

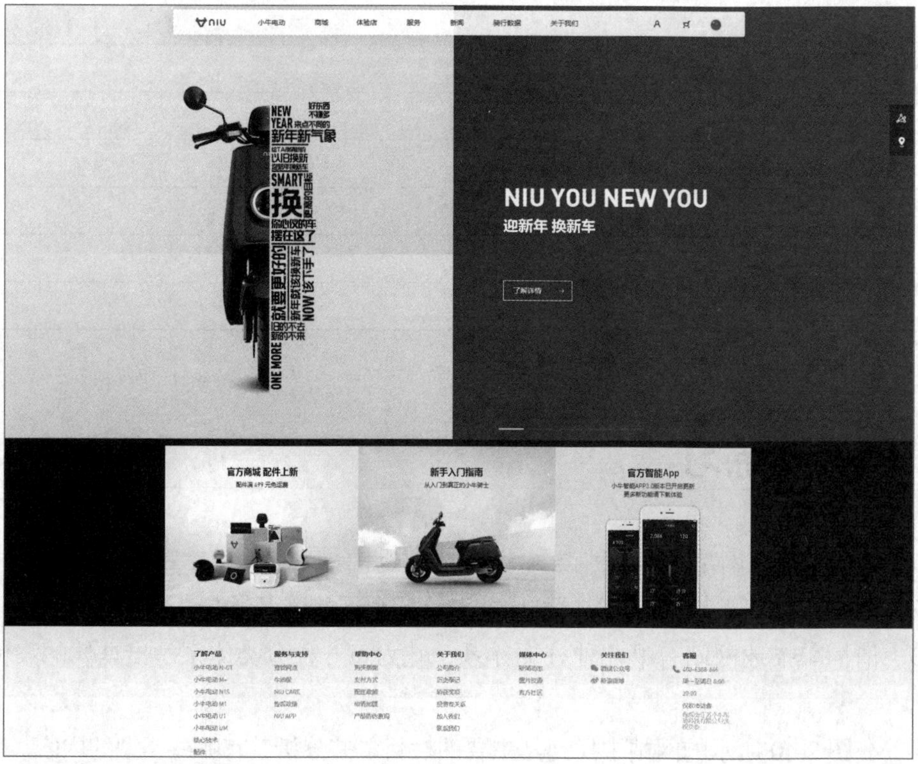

图2-41｜某网站的设计

（9）根据本章介绍的网站的内容模块设计知识，构建一个白酒企业的官方网站，不需要商城模块。

第 3 章

创作与编辑网站内容

学习目标

| 熟悉网站内容文案的常见类型
| 掌握网站内容的创意方法
| 掌握网站内容文案的设计、创作和编辑技巧
| 掌握设计图片和用户互动
| 掌握发布网站内容的技巧
| 掌握更新和维护网站内容

学习内容

| 商品文案、品牌文案、网络推广文案、资讯文案和软文
| 发散性思维和九宫格创意
| 金字塔创意和头脑风暴法
| 创作网站文案标题的常用方法
| 网站文案内容创作的切入点
| 网站文案内容的正文、开头和结尾的写作技巧
| 在内容中设置关键字和运用超链接
| 设计封面图和信息长图
| 用户互动的常见方式
| 将内容发布到网站的技巧
| 更新和维护网站内容

3.1 网站内容文案的常见类型

　　网络平台特别是商务型网站中内容文案的价值在于传递信息，尤其是商品和品牌的价值信息。一篇优秀的文案可以让用户对商品的认知从无到有，从而为后续的市场推广、商品销售创造良好的氛围。不同类型的文案的写作方法及应用场景都是不同的，了解文案的类型，知道在什么情况下使用哪种类型的文案，是网络编辑在撰写网站内容文案时的必修课。

3.1.1 商品文案

　　网络平台特别是商务型网站最重要的功能就是销售商品，而商品文案就是为了描述商品的详细信息而写作的文案，商品方案包括商品的主图文案、商品的详情页文案和商品的促销文案等，下面分别进行介绍。

1. 主图文案

主图文案是商品在网站中的主要表现形式，主图文案分为以下两种形式。

- **图片形式** | 图片形式的主图文案是以 JPG、GIF、Flash 等格式的图片形式呈现的。用户在浏览网站时，通过主图文案中的图片和文字来了解商品，图片展示的是商品的真实情况，文字是对商品的简要说明，且大多数文案中只有简单的商品名称，没有具体的介绍性文字。这种形式的主图文案通常出现在各种品牌商品的官方网站中，图 3-1 所示为某家居网站中的主图文案。

图3-1 | 图片形式的主图文案

- **标题形式** | 标题形式的主图文案也是图片和文字的结合，但是主要以文字标题为

主。文字标题不仅需要包含与用户搜索意向相匹配的关键字，还要在符合网络平台对商品标题限制的条件下，合理地将关键字与其他词汇组合起来，使其形成语句连贯、关键字词突出、信息完整的标题内容，以吸引用户对商品产生兴趣。这种形式的主图文案通常出现在大型的商务网站中，图3-2所示为淘宝网中的男士卫衣的标题形式的主图文案，标题文案中标红的文字为与用户搜索关键字相匹配的词语。

图3-2 | 标题形式的主图文案

专家指导

　　创作标题形式的主图文案时，不需要华丽的辞藻和夸张的修辞，而是要在综合考虑用户搜索需求的基础上，按照商务型网站搜索引擎的搜索规则来进行写作，以实用性为主。

2. 详情页文案

　　详情页文案就是在网站中对商品的具体功能、特点等情况的详细描述文案，也被称为商品描述文案。用户在购物时会通过详情页文案中的图片和文字来具体了解商品，并决定是否购买。创作详情页文案的要求通常是图片美观、文字简洁。

　　在商务型网站中，通常点击主图文案就能打开商品的详情页文案，其对商品的功能、性能、规格、参数、使用方法等信息进行了详细说明和解释。详情页文案主要围绕商品信息展开，文案内容一般较多，并贯穿于整个商品展示页面，网络编辑在创作时需要注意描述语言的风格统一和用词准确。图3-3所示为京东商城中的一款抽油烟机商品的部分详情页文案，该文案说明了商品的清洗功能组成、主要卖点、性能参数、触控面板等信息，让用户在对这款商品的主要功能有所了解后产生购买欲望。

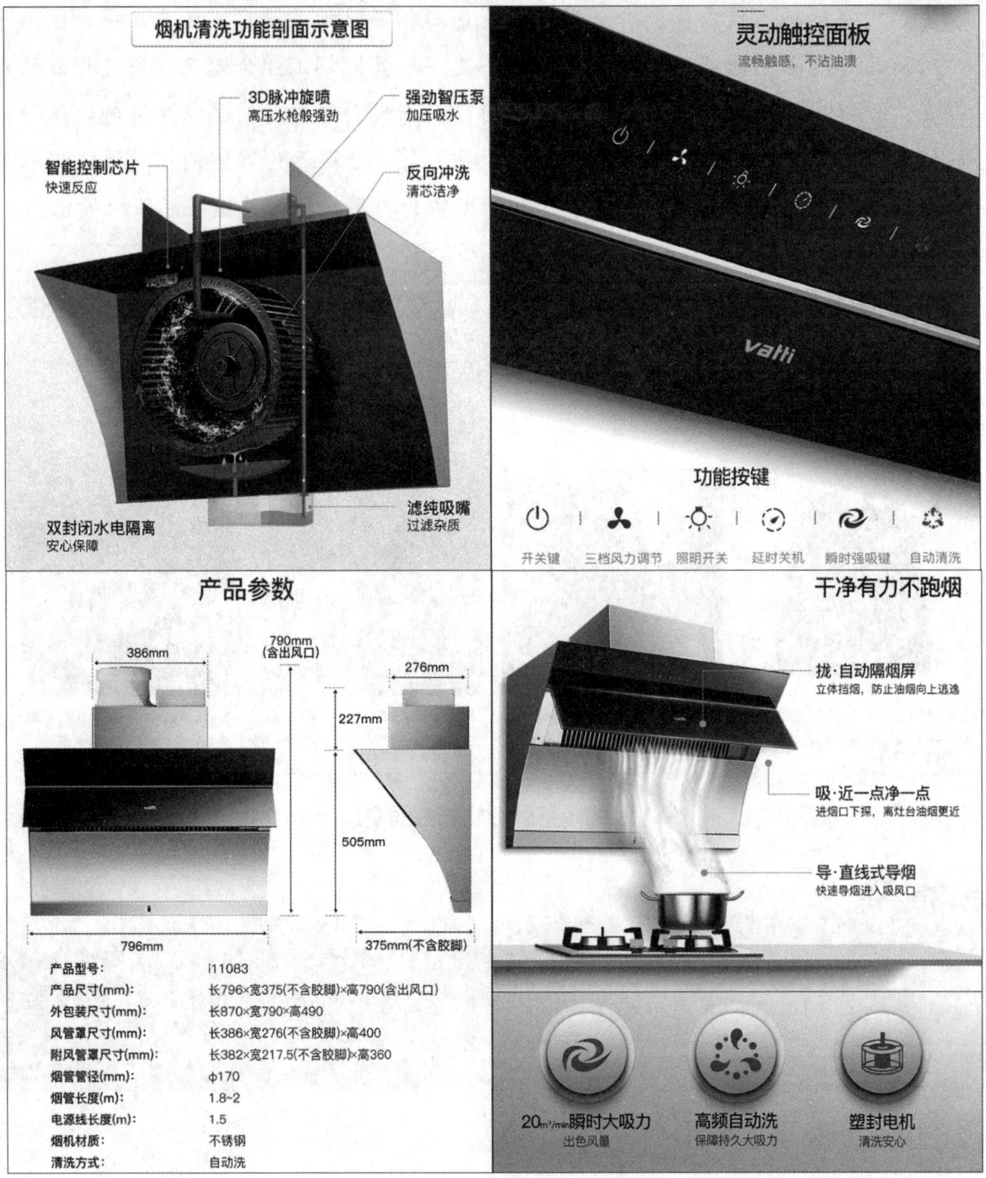

图3-3｜抽油烟机详情页文案

　　需要注意的是，商品详情页中的图片、文字描述、版面位置安排，都可能影响商品的转化率，所以网络编辑在创作过程中需要精心设计。比如商品背后的故事，与其他商品相比的独特之处，用户对商品的需求是什么，有多少用户使用过，以及使用过的用户对该商品的评价等，都是可能促成用户转化的因素，网络编辑只有对商品详情页进行仔细的设计，撰写详细且优秀的文案描述，才能让潜在的用户心动并最终买单。

3. 促销文案

　　商务型网站常常会通过促销广告来吸引用户，目的是刺激用户产生购买商品的欲望，增加商品的浏览量与销量，这些广告就是商品促销文案。商品促销文案的重点是促销，文案常以口号的形式号召用户参与购物。因此，文案的用语相对简洁，内容简短，以突出展示商品卖点、优惠价格、促销力度等内容为主。商品促销文案通常以海报的形式出现在网站的主页中，如图3-4所示，点击即可进入商品的详情页。

图3-4 商品促销文案海报

商品促销文案也可能包含在详情页中，图3-5所示为一款电饭锅详情页中的促销文案，包括促销海报和商品卖点两个部分，首先通过促销海报向用户展示促销信息，不仅有价格的优惠，还有售后的优惠，这样就增加了商品的关联营销力度和其他商品的跳转率；其次，文案展示了选择该商品的6大理由，引发用户想要一探究竟的欲望，增加用户在详情页中的停留时间，从而使用户继续浏览商品的详情页信息，最终达到促进销售的目的。

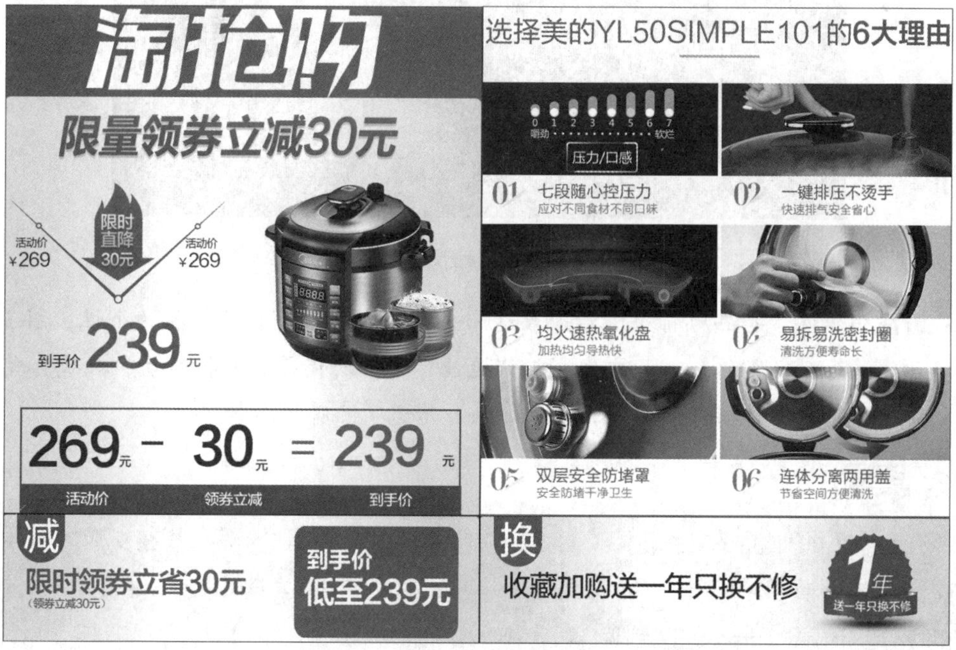

图3-5 商品详情页中的促销文案

3.1.2 品牌文案

品牌文案其实是一种细化的文案类型，其主要功能是通过宣传企业的品牌来促进商品的销售。如果文案内容不够出众，就无法达到宣传品牌的目的，所以品牌文案对于品牌在用户心目中的形象是至关重要的。

此外，品牌文案是展示企业品牌精神和品牌个性的载体，也是让用户对品牌产生信任的有效手段。优秀的品牌文案能让用户直接从文案内容中了解品牌定位、商品属性和用户类型，例如，可口可乐的品牌定位就是青春、健康、有活力，因此可口可乐的品牌文案都是围绕着这个定位展开的，而它的用户也是正值青春年华的、有活力的年轻用户群体。对于网络编辑来说，创作和编辑品牌文案时需要做到以下两点。

- **风格清晰**｜品牌文案需要清晰地展现出品牌的风格，为用户塑造一个清晰的企业形象，准确覆盖和把握用户的类型和心态变化，同时清楚表达商品的功能属性。图3-6所示为某房地产的品牌文案，其清晰地为用户营造出温馨的家的感觉，并时刻提醒用户有质量的生活多么重要，以谦卑而亲切的姿态，向用户描绘该品牌的价值观。

图3-6｜展现品牌风格的文案

- **鲜活有个性**｜将品牌特征鲜活地表达出来，让文字也有自己独特的个性，图3-7所示的某运动品牌的一系列文案，很好地诠释了其所倡导的坚持运动、挑战自我的品牌个性，具有传播价值的同时，也融入并传递了品牌的精神。

专家指导

在创作和编辑品牌文案时，网络编辑需要对品牌有深刻的理解，在文案内容中加入生动的故事情节、形象化的品牌形象，并辅以生动的表达方式和优秀的创意，这样才能创作出一篇独一无二的品牌文案。

图3-7 | 展示品牌个性的文案

3.1.3 网络推广文案

企业为了推广并宣传商品、品牌或服务，往往要通过各种网络渠道和网络平台，如目前较为主流的微博、微信、资讯类网站和社群等，针对这些网络平台创作并发布的文案通常被称为网络推广文案。根据不同的平台，网络推广文案的写作方法和表现形式也会有所不同，但其写作目标都是通过具有吸引力的内容来吸引用户，提高用户对话题的关注度，并引导用户积极参与话题讨论，在无形中将商品的特性和功能诉求详细地告诉用户，激发用户的关注和购买。图 3-8 所示为微博推广文案示例，将品牌、商品与热点融合起来，凭借节日本身的热度来宣传商品，这是网络推广文案常用的一种创作手法。

3.1.4 资讯文案

随着互联网交易的快速发展，网络用户的行为习惯也逐渐发生了变化，从最初的被动获得企业提供的信息，到如今主动通过网络平台

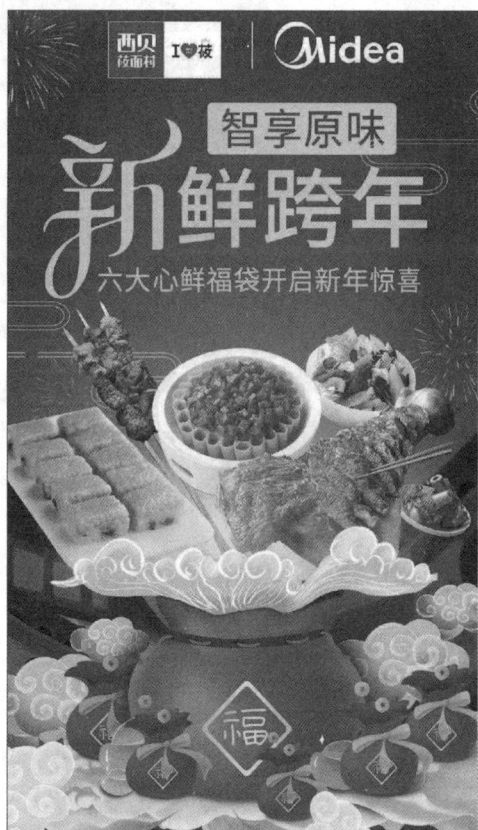

图3-8 | 微博借势推广文案

获取信息。在这种情形下，生硬的网络推广文案对用户的影响力在逐渐变小，内容资讯逐渐兴起并成为影响用户购买行为的主要因素之一。

网站的资讯文案是网站进行宣传营销的一种营销策略，将图片、文字、视频和音乐等元素以内容资讯的形式呈现出来，使其成为用户可以消费的资讯，淘宝头条和京东快报就是典型的内容营销方式。资讯文案以文章的形式将需要营销的信息转化为为用户提供的有价值的服务，从而吸引用户点击、阅读，引起用户的购买兴趣并使之付诸行动。采用资讯的表达方式又使企业与用户之间建立起了强有力的互动，为企业品牌与形象的建立提供了更有效的途径。图3-9所示为淘宝头条、京东快报和苏宁头条的首页，网络编辑可以通过这些平台创作并发布资讯文案，用于向用户推荐各种购物资讯或分享购物、使用心得，通过高质量的内容赢得用户的青睐，进而聚集粉丝以提升转化率。

图3-9｜网站中的资讯文案

3.1.5　软文

软文也被称为软广告，指企业通过网络编辑的策划，在网络平台中发布的软性的可以提升企业品牌形象和知名度，或者可以促进商品销售的宣传性、阐释性的文章，包括特定的新闻报道、深度文章、付费短文广告和案例分析等。软文的精妙之处就在于"软"，追求的是春风化雨、润物无声的传播效果，图3-10所示为一篇网上比较著名的情感型软文，文章讲述了一个感人的情感故事，文章在最后才展示出了商品信息，将该文章结尾的商品相关内容修改一下，也适用于推销其他的商品。

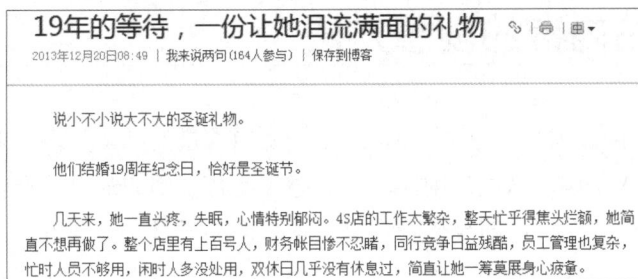

19年的等待，一份让她泪流满面的礼物

2013年12月20日08:49 | 我来说两句(164人参与) | 保存到博客

说小不小说大不大的圣诞礼物。

他们结婚19周年纪念日，恰好是圣诞节。

几天来，她一直头疼，失眠，心情特别郁闷。4S店的工作太繁杂，整天忙乎得焦头烂额，她简直不想再做了。整个店里有上百号人，财务帐目惨不忍睹，同行竞争日益残酷，员工管理也复杂，忙时人员不够用，闲时人多没处用，双休日几乎没有休息过，简直让她一筹莫展身心疲惫。

图3-10 | 网站中的软文

3.1.6 其他文案

由于新媒体和移动互联网技术的广泛应用，网站中的文案不仅局限于网站平台，还可以通过新媒体渠道进行传播，如微信公众号、朋友圈、微博和 App 等。由于移动设备屏幕尺寸的限制，移动端的文案可能以图片、动画或视频的形式发布，这就使得文案的类型可以按照内容形式进行划分，如纯文字文案、图片文案、动画文案和视频文案等。图 3-11 所示为发布在淘宝网手机客户端的视频文案，这种文案类型是在新媒体环境下诞生的，它汇集了文字、图片和多媒体技术，可以利用文字和图片场景，以及一定的音效和视频刺激用户产生情感和欲望，并起到影响人心从而影响传播效果的结果。

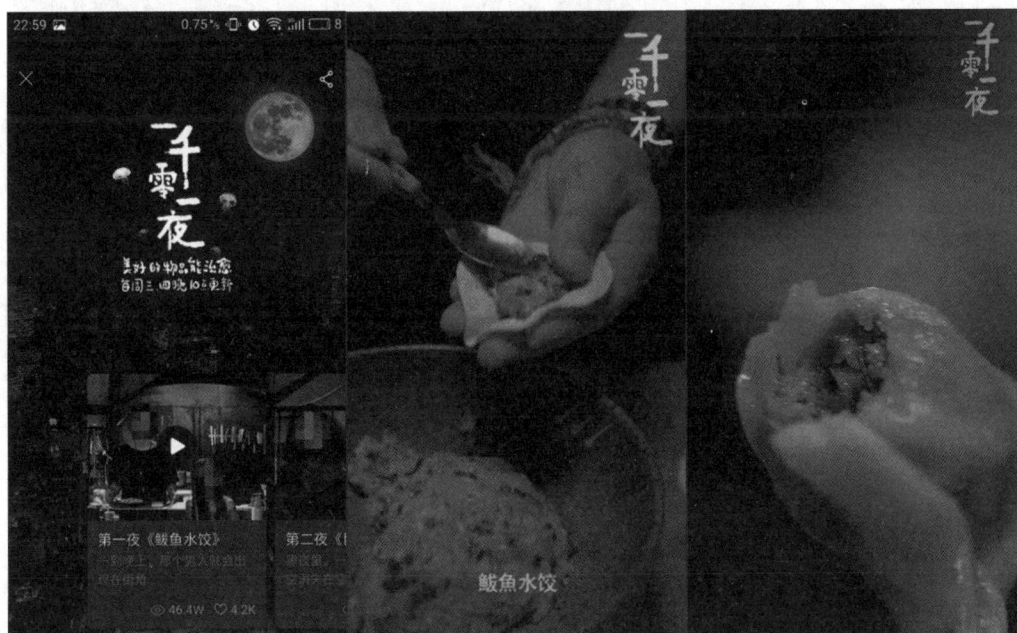

图3-11 | 网站移动端的视频文案

3.2 网站内容的创意方法

网络编辑在创作和编辑网站内容前，通常需要做大量的准备工作，如对商品、市场和用户群体等进行深入了解，这也是创作内容文案中比较基础的知识储备。但是，网络编辑在创作和编辑网站内容时，可能会受到商品卖点、商品质量、外观设计、装饰包装等多种因素的影响，要想消除这些影响，将创作的思维方式固定下来，快速、高效地创作内容文案，就需要网络编辑了解文案内容创意的几种基本方法。

3.2.1 利用发散性思维进行要点延伸

利用发散性思维进行要点延伸就是将商品特点以单点方式排列开来，再针对单点展开叙述，丰富内容文案的素材、观点，为网站内容提供资料来源。这种方法要求将商品的特点展开，对商品有深入的使用体验和商品认知。具体来说，就是将商品卖点进行展开和内容的扩充，将卖点详细、扼要地描述出来，如图 3-12 所示。

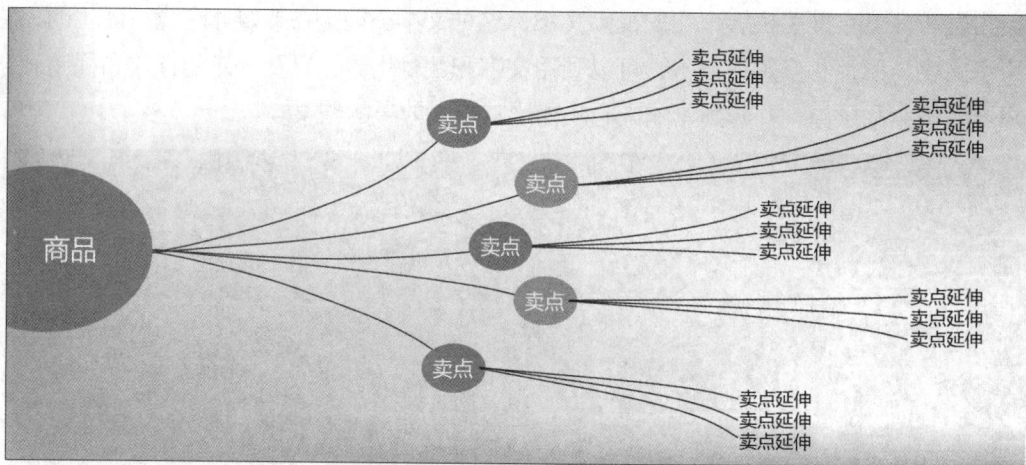

图3-12 | 要点延伸

3.2.2 九宫格创意思考

九宫格创意思考是一种强迫创意产生的简单练习法，很多人用这种方法来构思内容文案或演讲 PPT 的结构等。九宫格思考法的操作步骤如下。

- **步骤 1** | 拿一张白纸，先画一个正方形，然后用笔将其分割成九宫格，将进行的主题（商品名称等）写在正中间的格子内。
- **步骤 2** | 将与主题相关的联想任意写在旁边的 8 个格子内，尽量用直觉思考，不用刻意寻求"正确"答案。

- **步骤3** | 尽量扩充8个格子的内容，同时反复思考、自我辩证，必须在规定的时间内做完，先前写下的内容也可以修改。

图3-13所示为对"散养禽蛋"展开的创意思考形成的九宫格。

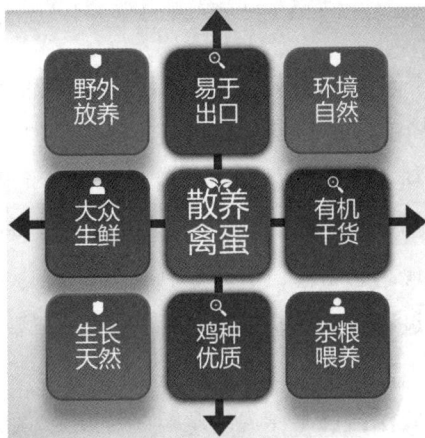

图3-13 | 创意九宫格

1. 如何填写九宫格

九宫格有助于思维的扩散，用九宫格思考法创作文案内容时，要把商品或创作对象的名称写在正中间的格子内，再将由该主题所引发的各种想法或其优点写在其余8个方格内，具体可以采取下面两种填写方法。

- **依顺时针方向填写** | 按照顺时针方向将自己所想到的要点填进方格中，在这个过程中创作者可以了解到自己内心的渴望程度。
- **从四面八方填写** | 将自己所想到的要点填进任意一格，不用考虑这些要点之间的关系。

2. 九宫格创意的注意事项

除正中间的方格外，如果其他8个方格填不满，可能是一时没想到，创作者需要把思维拓展开来；如果这8个方格不够填，可以多填两张九宫格，然后再去粗取精，整理成一张九宫格。

填完九宫格后，还需要检查一下，检查事项包括这些要点是不是必要的，是否需要删除一些，是否有一两个点混杂在一起，是否有些点不够明确，还需要重新修改一下。这也是九宫格思考法的一个好处，它可以让文案创作者没有限制地修改，直到满意为止，而且九宫格中的每一单项还可以再进行细分，再延伸出另一张九宫格，便可以根据所有的九宫格创作出非常详细的文案内容。

另外，需要注意的是，九宫格中的内容并不需要都表现在文案中，而是应该根据文案的类型进行选择。例如，在品牌文案或推广文案中，能让用户记忆的卖点最多不要超过3

个，而在销售文案或长文案中，就需要尽可能地展示出商品的所有卖点和优势，这些都需要根据文案的类型，对九宫格中的内容进行筛选。

3.2.3 五步创意法

五步创意法是由美国的广告大师詹姆斯·韦伯·扬总结出来的，顾名思义，可以分为5个步骤来完成创意。下面简单介绍五步创意法在文案创意中的应用步骤。

- **第1步，收集原始资料**｜原始资料分为一般资料和特定资料，一般资料是指人们日常生活中所见所闻的令人感兴趣的事实，特定资料是与商品或服务有关的各种资料。要获得有效的、理想的创意，原始资料必须丰富。

- **第2步，内心消化的过程**｜即思考和检查原始资料，这一步需要网络编辑对所收集的资料进行理解，为文案内容的创意做准备。

- **第3步，放弃拼图，放松自己**｜指网络编辑不需要思考任何有关联的问题，让一切顺其自然，简而言之，就是将问题置于潜意识中。

- **第4步，创意出现**｜如果上述3个步骤网络编辑都认真且尽心尽力去做了，那么，创意会在没有任何先兆的情况下突然闪现，换言之，创意往往是在竭尽心力，停止有意识的思考后，经过一段停止搜寻的休息与放松后出现的。

- **第5步，修正创意**｜一个新的构想不一定很成熟、很完善，它通常需要经过加工或改造才能适合现实的情况。

3.2.4 利用头脑风暴法不断联想

内容文案可以为商品和品牌赋予一层新的外衣，让用户能愉快地接受这些事物，而创意则在内容文案的成功中起到了重要的作用。创意是文案最重要的元素，而头脑风暴法则是一种最有效、最常用的文案创意方法。头脑风暴法是一种创造能力的集体训练法，鼓励人们打破常规思维，无拘束地思考问题，从而可以在短时间内批量产生灵感，甚至出现大量意想不到的收获。

1. 围绕主题进行联想

运用头脑风暴法创作文案时，需要审读主题，并围绕主题进行联想，思考时可以天马行空，但是不能跳出主题所构建的范围。具体的方法是寻找该事物不同的特点和不同思考方向，为每个特点和方向罗列相应的两三个关键字，不同的特点或方向可以再次细分并重建新的思路。

图 3-14 所示的创意组合表格中，共有 16 种创意组合。在对表格中的关键字进行搭配时，首先对同一个特点方向的关键字进行搭配，就会出现不同场景下的关键字组合，其次

随意组合不同特点与不同方向的关键字，再对搭配出来的关键字进行画面联想。

方向/特点	特点1	特点2	特点3	特点4
方向A	1A	2A	3A	4A
方向B	1B	2B	3B	4B
方向C	1C	2C	3C	4C
方向D	1D	2D	3D	4D

图3-14｜创意组合表格

2. 通过外部刺激进行联想创意

运用头脑风暴法进行文案创意时，还可以通过听歌、变换地域位置和记录等方式来获得灵感和联想。

- **听歌**｜运用头脑风暴法有时需要借助外部刺激，例如，听一些歌曲，让歌声成为灵感的来源，逐渐形成听到音乐就会习惯性地迸发源源不断的灵感的刺激。
- **变换地域位置**｜不同的位置和环境会带给大脑不同的刺激，例如，家中环境舒适，在家中运用头脑风暴法很容易创作出风格温馨的文案。
- **经常记录**｜很多时候创意和灵感来源于生活中的点滴，在生活中看到或听到一些有意思的事物时应及时记录，使其成为一个新素材，同时要细心观察各种事物，有什么关键点都去联想和挖掘一下用户需求，这些都能为文案创作提供新的灵感源泉。

3.3 设计内容文案的标题

好的标题不但可以吸引用户的注意力，提高文案和网络平台的流量，也是一篇优秀文案的必备要素，下面将介绍如何设计文案的标题。

3.3.1 确立正确的标题创作规则

标题是网站内容文案的核心要素之一，一个好的标题能够瞬间为文案定下基调，渲染出感情，引起用户的阅读欲望，提升用户点击率。为了吸引用户的注意，很多网络编辑将文案创作的主要精力放在了标题上，这也不可避免地造成了"标题党"泛滥、文案正文内容质量低下等问题，很大程度上降低了用户的信任度。因此，在创作文案标题的过程中，网络编辑不但要避开标题党等误区，还需要树立正确的创作规则。

1. 文案标题的创作误区

在设计内容文案的标题时，有以下几种创作误区。

- **标题党**｜标题党是一种利用各种手段来吸引用户的注意，达到提高点击率目的的标题创作方式。标题党有两种类型，一种具有很强的幽默性和娱乐性，即通过标题达到善意搞笑的目的；另一种则具有一定的危害性，即通过标题达到增加访问量和点击率，以及某些不便告人的目的，而且标题与文案内容完全不相符，既浪费了用户的时间，欺骗了用户的感情，还会因为欺骗而错过真正有价值的信息，造成"狼来了"的悲剧。

- **标新立异**｜标新立异是指网络编辑为了吸引用户注意，故意在标题中使用与众不同或者与往常不同的表达方式，例如，使用生僻词、专业性很强的词汇，以及内涵丰富的密集型词句等。

- **重复冗长**｜文案内容都需要精练，标题更不能重复冗长，又长又重复的标题，不但不能吸引用户的注意，还会引起用户的反感和抵触情绪。

- **过度剧透**｜标题的作用是从不同的侧面体现创作者的写作意图、文章的主旨及核心，如果在标题中把文案的所有内容都呈现给了用户，用户已经接收了完整的信息，就不会点击查看详细内容了。

2. 文案标题的创作规则

网站内容文案的标题应该做到让有价值的信息无阻碍地传播，所以，网络编辑在创作文案标题时，应该树立明确的价值观并遵守以下创作规则。

（1）基本规则——真实

网站内容文案标题的基本原则就是真实，这也符合内容文案的特点和网络编辑职业道德的要求。真实是指标题所表达的意思与文案内容完全一致，只有真实才能得到用户的信任，并与用户建立真正牢固的关系。

（2）表现规则——通俗易懂

在尊重事实的基础上，标题创作要追求更佳通俗易懂的表达方式，尽可能降低用户的阅读门槛，缩短用户点击决策的时间。不同的网站有独特的标题创作定位，有的追求高雅经典，有的追求品质格调，有的追求商业利益……但对于普通用户来说，雅俗共赏、既有品质又平易近人的标题才是最能让人接受的。创作文案标题需要先让用户容易接受，用户只有接受了，才有可能进一步查看并接受文案的具体内容。

（3）内容规则——精准的信息量

信息量是指体现主题和内容的词汇，通常包括商品标签（名称、性能等）、矛盾冲突点和数据等，网络编辑通过从中提炼出能够表现主题内容的信息量，将其组合成为标题，给予用户最直观的内容感受，并吸引用户的注意，例如，"两种颜色，某某超短裙，如何做到月销十万件？"这个标题能够向用户展示精准的信息量，包括矛盾冲突点（两种颜色和月销十万件）、标签（某某超短裙、两种颜色）和数据（十万件）。

（4）创作规则——有温度的情感

情感的存在使人们的生活丰富多彩，在网络虚拟化的时代，真实温暖的情感更容易给予用户心灵的触动。统计数据显示，情感类文案在网络中的传播率要高于其他类型的文案。文案的标题如果能突出情感，将内容主题用合理的感情表达出来，能带给用户一丝温暖，就很容易得到关注，带来较大的流量。

3.3.2 创作标题的常用方法

无论文案内容多么有说服力，或者商品有多么精美，品牌有多么著名，如果无法吸引用户的注意力，那么文案就无法成功，能够赢得注意力的标题是爆款文案的关键要素。作为一名网络编辑，写好文案标题通常有以下一些常用的方法。

1. 明确用户的需要

用户在阅读文案标题时，最大的期许和疑问就是文案内容最终能为自己带来什么样的好处，文案中的商品或品牌能否满足自己的需要。所以，网络编辑在设计文案标题时，最好直接把用户所期许的那个结果展示出来。也可以这样理解，文案的终极目标并不是销售商品或宣传品牌，而是满足用户的需要，只要文案标题能让用户感受到这一点，就能吸引关注并产生流量。例如，用户购买太阳镜是为了为眼睛遮挡阳光，"遮阳"才是用户的需要，太阳镜只是帮助用户实现这个结果的桥梁，所以，太阳镜的营销文案就需要以"遮阳"作为标题的主要内容。图 3-15 所示的净肤面膜文案，在标题上明确告诉用户想要的结果，面膜可以净化毛孔、细致肌肤，如果用户有清洁和隐匿毛孔、细腻肤质的需要，就会点击查看详细内容，并容易产生购买行为。

图3-15 | 在标题中明确用户的需要

在设计文案标题时，最有效的标题写作方式就是直接向用户承诺购买商品的利益，或者直接说明某品牌或服务的好处，以及介绍如何解决某种问题等。直截了当，直奔主题，毫不拖泥带水，这种写作方法通常围绕商品本身的功能或特性展开，同时结合用户情况，明确用户的需要，以引起用户共鸣。

专家指导

结果型标题更能满足用户的需要，其创作公式为：怎么做 + 可以得到什么好处，如"无法拒绝的美味 ×××，通过舌尖让您翩翩起舞""如何通过 ××× 让厨房洁净如新"等，在标题中明确给出用户实际得到的好处，以吸引用户的注意力。

2. 在标题中体现"卖点"

在大多数网站中，文案的标题通常就是搜索的关键字，用户都是通过标题来查找文案所推广的商品或品牌的。因此，创作文案时，需要直接在标题中展示商品的"卖点"。毫无疑问，卖点就相当于亮点，也就是商品特色，能够给用户留下深刻的印象。有很多的商品是靠一个核心卖点成为热销品的，一个卖点甚至足以成就一个品牌的兴盛，所以，寻找到恰当的卖点，并将其体现在标题中，是商品畅销、建立品牌的重要因素。很多商品和品牌会在内容文案的标题中直接展示卖点，图 3-16 所示为某品牌插座的文案，在其标题中就有"安全"这个核心卖点。又如油烟机的商品文案标题中通常有"大吸力"这个核心卖点，海飞丝洗发水商品文案标题中通常有"去屑"这个核心卖点，立白洗衣液的商品文案标题中通常有"不伤手"这个核心卖点等。

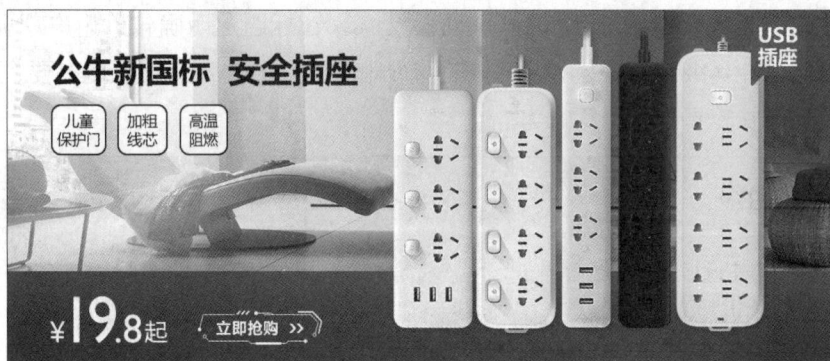

图3-16 | 在标题中体现商品的卖点

专家指导

撰写卖点型的标题，原则上要简洁，重点和卖点要突出，写作公式为"品牌名称 + 商品名称 + 商品的核心卖点"。另外，需要注意的是，品牌名称和商品名称最好都出现在标题中，因为根据数据统计，绝大多数用户只看文案标题不看内容，如果标题中没有名称，用户即便认真看完了标题，也不会对品牌和商品留下印象。

3. 打开用户的"好奇心缺口"

每个人都有好奇心，都会对自己不了解、不认识的事物进行探究，能引起用户好奇心的标题通常都是好标题。文案标题最能引起用户好奇心的原因是"短"，短是指文案标题不要将商品或品牌描述得太全面，不要让用户通过标题就能窥其全貌。用户一旦产生了好奇心，就想知道答案，或许答案只是一则 20 页文案中第 9 页中间的一句话，或许要得到这个答案则需要购买文案中涉及的商品，而且商品很昂贵，但是用户太好奇了，必须要得到答案，所以只有购买该商品。

这类标题通常也被称为悬念式标题，是指在标题中设立一个悬念，诱发用户追根究底的心理，进而继续浏览文案正文内容。这类标题利用好奇心来引发用户的注意力，通常会出现在商品或品牌的推广或营销文案中，悬念式标题在创作时要注意以下几点。

- **悬念的设置** │ 要将事实与悬念的线索融会贯通，即标题要明确，并能展现事件的主体。
- **标题内容要新** │ 悬念式标题中提及的事件一定要是最近发生的，是能让用户感到既熟悉又新鲜的事件。
- **标题要简明** │ 悬念的设置要含蓄、简明而单一，不要使用太过暴露的文字来提示读者，也不能隐藏得太深，故弄玄虚。

图 3-17 所示为某房地产企业发布的海报文案，其标题的主要内容就是"摩比斯环""摩比斯空间"，却并没有说明这两个标题是什么意思，为用户留下了悬念。一些好奇心较重的用户就想要知道答案，于是就会去搜索这两个词语的含义，从而将标题内容和品牌进行联想，并持续关注该活动海报和品牌的宣传。

图3-17 │ 通过标题引起用户的好奇心

4. 出乎意料，令人惊讶

如何吸引用户关注文案中宣传的商品或品牌？如何在叙述过程中维持用户的兴趣？这些都是网络编辑在文案标题创作中的疑问。常用的方法就是打破用户的期待，令人惊讶，一旦标题实现这一点，就会为文案带来极大的关注量。例如，"一袋爆米花对身体的危害程度相当于摄入一整天的油腻食物！"这样的标题可以出奇制胜，利用用户的惊讶来提升关注度和点击率。出乎意料式的标题通常只能带来短时间的关注提升，如果要获得持久的关注，还需要激发用户的兴趣和好奇，这就需要进一步对标题进行说明，例如，"×××爆米花是一种不含油脂的健康爆米花！"

设计出乎意料式的标题有以下几种方法。

- **逆向思维** | 例如，××× 汤圆，不好吃的我们不卖。
- **打破常规语言形式** | 例如，情人节到了，给 ××× 项链买一个老婆吧。
- **故意设置迷雾** | 例如，23 小时后，本商品停止销售。
- **反用俗语，打破人们的惯常思维和心理预期** | 例如，××× 皮鞋，舒服得让你天天想走路。

5. 在标题中显示特定的标签

标签可以看成是社会全体成员共同约定的用来表示某种意义的符号或标记，来源于规定或者约定俗成，标签形式简单、种类繁多、用途广泛，具有很强的艺术魅力。文案标题中使用标签通常是为了吸引用户的注意，促进商品销量和品牌推广。使用特别的标签不仅能够获得用户的好感，还能在内容文案传播时，更容易让人记忆。

使用标签的文案标题公式为：事情 / 商品 / 品牌＋标签。

例如：

- 飓风湖畔人家国际社区，五环路飞燕立交桥东一公里。
- 飓风湖畔人家国际社区，深林湖湿地公园西一公里。

上述两个文案标题出自一家房地产企业网站的同一个楼盘的宣传文案，不同之处是地理位置的标签，前一个标题利用"环城路"和"立交桥"作为标签，突显出交通便利；后一个利用"湿地公园"作为标签，突显出居住环境的优越性。两个文案标题都选取了具有特定标志的标签，都能够带来很好的传播效果。

6. 利用提问加强与用户的联系

提问式标题通过提出问题来引起用户的注意，进而提高文案的关注度，并引导用户在浏览过程中产生思考和共鸣，达到网站内容文案推广的目的。提问式标题可以是反问、设问，也可以是疑问，甚至有时可以采用明知故问的方式来表述内容文案的主题。

会提问才是提问式标题的关键，提问式标题往往具有较强的沟通能力，因为是直接对用户提出了问题，相当于直接和用户对话，而人们在面对提问时，通常会不自觉地主动思考。当然，提问也要讲究方法，必须有问才问，否则就变成了画蛇添足，反而起不到应有的作用。一个好的提问式标题应具备以下3个特点。

- 主题明确，观点突出。
- 简洁明了，直入主题，击中问题的要害。
- 能给读者带来思考，引起读者共鸣。

下面是几种比较常见的提问式的文案标题。

- 当一个员工生病，你的公司要多久才能复原？
- 即便独自在家，你是否有关好浴室门的习惯？
- 你做 PPT 时有以下苦恼吗？

▌3.3.3 热门网站内容的标题设计技巧示例

创作文案标题不仅需要天赋，还需要通过多次练习来提升熟练度和积累写作经验。如果写出了 100 个备选标题，在其中选出合适标题的概率就非常大，这个道理跟广泛撒网、重点打捞是一样的。下面就展示一些热门的文案标题设计示例，读者可以根据这些示例进行创作模仿。

- **在标题里提出疑问**｜×××驱蚊液的效果能持续多久？
- **使用"如何……"句型**｜如何发邮件请求帮助，并获得超高回复率？
- **结合时事**｜先挣它一个亿，跟王健林学定人生目标的不完全指南。
- **使用新名词**｜分子美容新商品，×××美白面膜。
- **引述见证**｜超过 1.8 万份体验礼盒试用反馈报告证明，我们的商品至今没有产生过过敏刺激等不良反应！
- **传递新消息，并且运用"新推出""引进"或"宣布"这类词汇**｜各大传统化妆品巨头宣布进军微商圈！ ×××推出微商子品牌。
- **使用数字**｜ 100% 阿克苏长绒棉，全年日照 3000 小时以上。
- **给用户建议，告诉用户应该采取哪些行动**｜收藏并转发到朋友圈，你会获得×××一个月的使用权。
- **利用销量引导用户**｜小魔盒创始人曾辉口述：我把一款专业线传统美容商品做到三千万的秘密！
- **动词＋所得利益**｜学会这些标题设计技巧，你就可以在文案圈混了！
- **强调你能提供的服务**｜即日起，我们的新款袜子提供微信预购，就如同订杂志一样简单。
- **讲故事，描述一段过程**｜我坐在计算机前时，他们还在群里讨论今晚的培训课程，然而当我开始回忆……

- **提出推荐性的意见**｜夏天必须关注的彩妆品牌。
- **双关语＋网络热词**｜当商品和品牌一起"学猫叫"，一起"喵喵喵"，遭遇的不仅是"蠢蠢的死法"，连最悲催的"营销推广"也变得"萌萌哒"。
- **说明好处**｜从困难变容易，×××电动吸尘器，轻松清理家庭垃圾。
- **做比较**｜只需要支付×××一半的价格，就能够解决您的皮肤粗糙干燥暗黄等问题。
- **用能够让用户脑中浮现画面的词汇**｜未洗净的果皮表面会为您的身体健康"投下剧毒"。
- **直接点出服务内容**｜O2O吸粉Wi-Fi路由神器，所有经销商都免费赠送。
- **名人效应**｜米兰达·可儿最喜欢的口红，不是你想的那一支！
- **承诺要公开秘密**｜走近"传说中"月销10万件的"纯棉T恤"。
- **具体说明**｜驰骋下，劳斯莱斯的最大噪音来自电子钟。
- **锁定特定类型用户**｜时尚美少女必败的神器。
- **加入时间元素**｜×××面膜，半小时也能做美容。
- **加入地域元素**｜埋汰衣服没地儿放，咋整？弄（音为"neng"）个篮子帮你整！
- **强调省钱、折扣或价值**｜价值1666元的全新×××手机体验礼盒，现在只需要1元就可以得到！
- **提供能够取代竞争对手商品及服务的其他选择**｜没地方存货？没时间发货给自己的客户？没事，我们帮你工厂直接代发！
- **向用户传递简单易学的速成信息**｜7步教你玩转标题设计！
- **提出一项挑战**｜你的手机经得起热量测试吗？
- **强调有保证**｜我们承诺：我们的商品保证1年内不出任何问题，否则退费。
- **罗列价格**｜一整箱味道工坊牛肉干，只需要99元！
- **提出看似矛盾的说法**｜×××食品，绝对不含防腐剂，但可以3个月不变质。
- **提供用户无法在其他地方得到的独家好处**｜鲜为人知的烹饪秘密武器，让您轻松制作舌尖上的美食。
- **营造珍贵资源被用户独家抢占的感觉**｜独家！世界500强员工薪资探秘！
- **提出用户关心的事**｜为什么大部分从网上买的衣服便宜但不耐穿？我们提供突破之道。
- **不妨用"听起来难以置信……"句型**｜听起来难以置信，但我们刚上市的新商品，不久的未来可能改变整个行业的格局。
- **带给用户希望和未来**｜让您年轻20岁！
- **运用"为什么""原因""理由"来写标题**｜制作公司在拍摄重要的电视广告时，偏好采用×××牌灯光设备的7大理由。

- **汇总整理归类**｜【盘点】重磅推荐！来自 2019 年度最受欢迎的 ××× 商品榜单。
- **强调买就送**｜免费送给您——现在订购，就送价值 888 元的免费好礼。

3.4 文案内容的创作和编辑技巧

根据很多经典的文案案例可以得出这样一个结论，对商务网站而言，文案其实是商品或品牌战略的终端艺术展示，优秀的文案离不开网络编辑对企业定位的理解、对品牌营销的创新、对商品的用心体验、对用户的感同身受。因此，要想用最快的方式、直接的语言来向用户传递这些信息，就需要掌握一些基本的创作和编辑技巧。

3.4.1 文案内容创作的切入点

切入点就是解决某个问题应该最先着手的地方，对于网络编辑来说，在创作文案内容时，最先应该找到文案内容的"牵动全身的点"。另一种观点是，文眼就是内容的切入点；通常所说的"牵一发而动全身"的那"一发"，画龙点睛的那个"睛"，就是切入点。寻找文案内容创作的切入点主要有以下几种方式。

1. 利用新闻获取关注

以新闻故事为切入点创作文案，不仅关注了新闻，还反映了商品同新闻一样的超前意识。借助新闻作为切入点创作文案时需要注意以下几点。

- **了解新闻的生命周期**｜新闻事件都有一定的存在周期，利用新闻创作文案的最佳发布时机是从新闻发生到媒体记者挖掘更多的信息这段时间里，文案很容易被关注新闻的用户接受，反之，用户看到文案时想不起新闻，网络编辑创作文案的目标就无法达成。
- **做好获取新闻的前期准备**｜网络编辑在创作和编辑文案内容时，必须学会第一时间抓取到新闻，并找到与文案内容契合的创作点，而且，尽量选择使用搜索量高的新闻事件和关键字来进行创作。
- **快速、准确地创造出文案内容**｜由于新闻的时效性，在做上述准备工作时，要做到快速，不要因太过于追求完美而耽误首次响应的时间，影响文案的效果。
- **做好线上线下传播**｜文案创作完成后还需要合理选择宣传渠道，这也是决定文案是否能成功的最后一步，尽量选择与新闻联系紧密的新媒体平台，如微博和微信等。

2. 利用热点话题宣传商品或品牌

热点指的是比较受广大群众关注或者欢迎的事件或者信息，或指某时期引人注目的地方或问题，热点通常能吸引大量的关注，为文案内容传播提供一个数量较多的目标基础。如果一个热点事件一直被大量的人群注意，那么网络编辑创作的与此有关的文案就很容易得到传播，能在 8 个小时内抓住热点写出的文案传播速度则会更快。图 3-18 所示为借助奥运会热点创作的商品或品牌文案，借助热点创作文案有以下几点注意事项。

图3-18｜利用热点创作的文案

- **掌握热点的时效性**｜热点通常具有时效期，过了时效期的热点也就没有什么借助的必要了。对于利用热点作为切入点创作的文案，最好是在话题出来的前三天内就进行营销，以获得大量的关注度。
- **找到文案内容与热点的结合点**｜根据热点创作文案最重要的就是把内容与热点话题联系起来，两者之间要有一定的契合度，只有这样才能获得更好的营销效果。
- **对热点进行创新和转换**｜创作热点文案时，不能一味复制套用，要学会抓住话题的关键点并进行创新和转换。

3. 进行逆向思维

逆向思维就是把事情颠倒过来，从相反的方面或因素去思考问题或提出解决办法的一种思路。网络编辑在使用逆向思维创作文案时，需要提出与众不同的诉求点，使文案标新立异、出奇制胜。图 3-19 所示的汽车文案"Think Small"，利用的就是逆向思维，因为汽车市场的主流需求就是车身越来越长、空间越来越大，而这款汽车却以"想想还是小的好"表明自己的立场，反其道而行之，颠覆了普通用户的价值观。不但迅速扭转了用户对于小型汽车的认识，改变了用户的立场，而且还从另外一个方面激发了用户的消费欲望，并为该品牌汽车赢得了足够的市场份额。

图3-19｜利用逆向思维创作的文案

应用逆向思维创作文案可以从以下几个方面入手。

- **质量**｜商品的质量体现了商品所具有的特征和特性，以及满足用户全面需求的程度。运用正向思维创作的文案通常会尽情地展示商品的优点，这种广告式的文案容易让用户产生反感。如果运用逆向思维创作文案，则通常将商品的"不足之处"巧妙相告，在某种程度上会更容易博得用户的好感和理解。

- **价格**｜价格对用户购买商品的影响是很大的，同类商品中价格低的商品，更容易得到用户的关注。运用逆向思维创作的文案就是针对不同消费水平的用户，向他们保证可以享受到超越该消费水平的商品，如打折、促销等就是这个目的。

- **特质**｜特质是商品本身所特有的内在的独特销售卖点，运用逆向思维则是在文案创作中发掘商品与众不同的特征和性质，推出与主流不同的营销策略，寻找新的卖点，这样就能在商品同质化严重的市场中获得有利地位。

- **性别和年龄阶段**｜有很多商品是利用性别和年龄阶段进行消费人群划分的，但如果反其道而行之，可能会收到意外的效果。例如，女性化妆品海报文案使用帅气的男性作为代言人，更容易吸引女性用户，因为据调查显示，男性代言女性化妆品之所以会吸引女性用户，首要原因是该代言人是她们喜欢的男星，他代言的商品自然更容易受到女性用户的关注与喜爱。

4. 制造冲突，吸引关注

如果文案的切入点都是新闻和热点事件，用户看多了也会产生"审美疲劳"，偶尔制造一些意外的冲突，才能刺激到用户，并获得一定的关注度。从另一个方面来说，普通用户的日常消费、选择、生活，其实都是在不停地解决各种冲突，如家庭和事业之间的冲突，爱情和金钱之间的冲突，上班和玩乐之间的冲突，美食和肥胖之间的冲突……谁能替人们解决冲突，谁就能成为人们的消费理由。例如，在著名的"今年过节不收礼，收礼还收脑白金"文案中就制造了一个冲突，这个冲突的结果就是文案容易被用户接收，文案宣传的商品在销售上取得成功，达到了文案宣传的效果。

5. 真实才能创作最好的文案

真实是指内容真实和情感真实，创作文案时只有在"真实"的内容中注入情感，才能打动用户，引起用户的关注。创作文案不能凭空想象，应该植根于生活的体验，如果没有真情实感，只是为了写而写，从网上复制内容，是无法写出优秀文案的。

在竞争激烈的社会中，每个人的心中都有自己的"伊甸园"，每个人心灵深处都有柔软的一面，最好的文案都是能够触及用户内心，引起共鸣的。对于普通用户来说，情感上的触动可以使其克服其他因素，产生销售行为。因此，网络编辑撰写文案时，需要将真实的商品与情感通过文案联系起来，这样才能抓住用户的内心，完成商品交易。

3.4.2 正文内容的写作技巧

网络编辑创作文案的目的是用内容影响用户的认知和行为，传达主题，实现推广或营销。每个人有不同的文案写作方法，或幽默、或专业、或煽情、或激动……文案创作需要通过这些技巧来吸引用户，实现商品销售的转化。

1. 简单直接地向用户传递主题信息

这是一个快速消费的时代，修饰过度的页面，拐弯抹角的文案，会大量消磨用户领悟内容含义和目的的耐心，简单直接才符合用户的浏览习惯，也是正文写作的重要法则。这一点对于商品营销文案特别重要，因为这类文案大部分是介绍商品或品牌的详情，用户需要依靠文案了解商品的信息，但用户的耐心有限，如果文案表达不直接，用户在了解商品时需要花费太多时间去猜测文案中表达的意思，就会丧失购买的冲动，企业就会丢失潜在用户，所以文案越简单直接，用户对商品越容易产生深刻印象。图 3-20 所示为某扫地机器人的详情页文案，简单又直接地展示了该商品的性能，即"低噪音，依旧大吸力"。

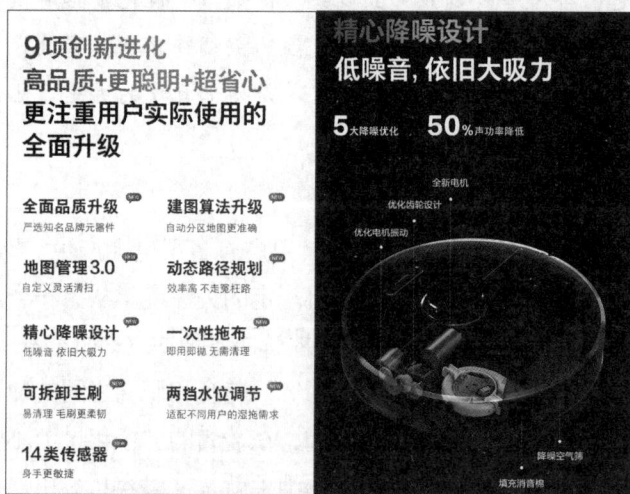

图3-20 | 文案中简单直接的正文内容

2. 制造悬念来吸引用户

悬念式的文案可以借助悬念引爆用户关注，使商品在市场中的利益达到最大。简单来说，悬念就是从设疑到推疑后解疑的策略构思过程，制造悬念就是要学会"卖关子"。网络编辑在创作文案内容时，可以提炼一到两个核心、特别的卖点作为悬念来吸引用户。

例如，可口可乐的某宣传文案中，通过设计故事情节的方式，指出可乐秘密配方的疑点，然后指出该配方是一张被锁在某地下金库的纸条，钥匙由 3 个人保管并且这 3 个人不能同坐一架飞机。接着从各个方面推导这个秘密，有的员工为了获得这个配方甚至被 FBI 送进了联邦监狱，最后可口可乐公司解释根本不存在配方。该方案从设疑到推疑后解疑的策略过程，巧妙地推动了整个故事情节，在故事发展到最高潮时揭开真相，既宣传了品牌，也极大促进了商品的销量。

3. 让利用户

营销文案经常会在正文注明促销的内容，给予用户各种促销让利，以刺激用户在最短时间内进行消费，从而提升商品或相关商品的整体销量。例如，很多商务型网站的文案会直接在正文中注明优惠活动的各项条款和时间，促使用户消费行为的产生，图 3-21 所示为某料理机的让利优惠活动的文案内容。

图3-21 | 文案中让利用户的正文内容

4. 利用感情来打动用户

"言有尽而意无穷"是古诗词的最高语言描述的境界。网络编辑在创作文案内容时，也应尽可能精练语言，抓住用户的内心需要，这样才能达到最好的营销效果。所以，文案的正文写作应利用简单的遣词造句，直击用户的痛点，无论文案的风格是怀旧风还是文艺风，只要将文案赋予感情，就能触及用户的内心深处，引发共鸣。

5. 利用个性化来迎合目标用户

随着"90后""00后"逐渐成为网络消费的主体人群，文案的目标群体也发生了变化，为适应这类群体的消费需求，企业在商品、渠道和营销方面都要做出转变。网络编辑在针对这类消费人群进行文案创作时，要抓住他们的消费特点，如移动互联、差异化（具有展现个性的消费需求）、宅生活（追求高度便捷的消费方式）、超前消费、娱乐至上等；同时要使用轻松、愉悦的写作风格，运用押韵、对仗、双关、拟人、比喻等表现方式，增强文案的个性化特点。

图3-22所示为某运动品牌的文案，该品牌定位的群体是时尚、独立和喜欢运动、经典的年轻用户，所以，该品牌文案向用户展示出与众不同的运动风格，既有个性又不失经典，这种融于文案中的热血拼搏精神，读起来总是令人心潮澎湃，按捺不住购买商品的冲动。

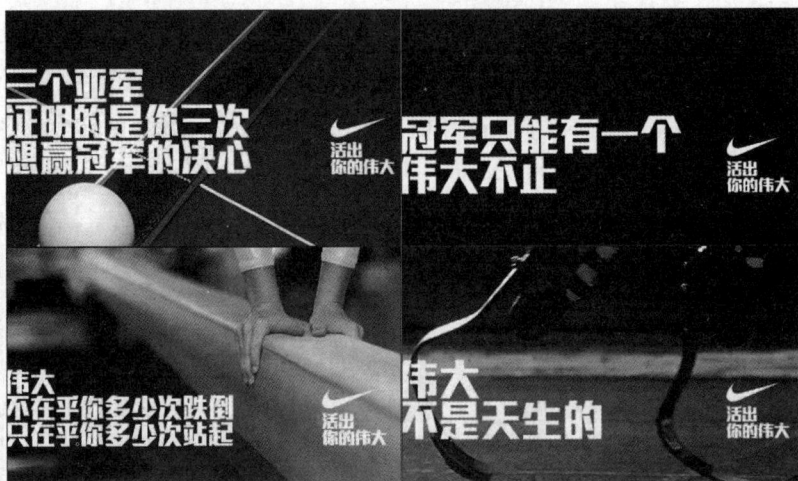

图3-22 | 个性化的文案内容

6. 通过幽默感解除用户的戒心

在这个信息爆炸的年代，人们每天都被迫接受大量劣质内容，网络编辑要想通过文案获得关注，就需要树立正确的内容写作方式。诙谐幽默就是一种解除用户戒心的有效途径，幽默的文案内容可以帮助编辑吸引用户的注意力，并实现转化，让目标用户变成商品的消费者。

▌3.4.3　内容开头的写作技巧

文案内容的开头不仅是编辑创作文案内容思路的起点，还是吸引用户继续浏览内容的关键。内容开头通常指的是标题后正文的第一句话或者第一段话，如果文案的开头写得好，成功吸引了用户的注意力，那么，不但能为接下来的文案内容奠定良好的基础，也能带给用户一种美的享受，或者打动用户的内心，引发其购买商品的意愿。

1. 引起好奇 + 创造共鸣

当用户被文案的标题吸引，想要进一步阅读内容时，文案开头能否进一步抓住用户的眼球就显得格外重要。根据数据统计，即使文案的正文写得不好，但只要浏览了文案的开头部分内容，还是有约 3% 的用户会坚持浏览完所有正文内容，由此可见，文案开头的重要性和标题是一样的。网络编辑在创作文案开头时，可以以商品或品牌为出发点进行陈述，从用户的利益出发，抓住其注意力，并引发好奇心。

网络编辑在创作文案开头时常用的方法是"引起好奇 + 创造共鸣"。下面展示了 3 个文案的开头部分的内容。

我昨天还不知道为什么他要放弃年薪 20 万的工作，陪老婆在淘宝卖衣服，直到昨天晚上的一席谈话！……

8 年前，我开了第一家网店，现在，我在全国有 36 家加盟店，我需要的不仅是钱！……

吃快餐、挤地铁、玩手机、找便宜的出租房，这就是我们这种上班族的日常生活，难道这就是我们的命吗？……

不难看出，以上 3 个文案内容的开头采用的都是"引起好奇 + 创造共鸣"的写作思路。一位广告界的前辈曾经说过："标题的作用是让人阅读正文第一句话，第一句话的作用是让人阅读第二句话，后面的以此类推。"因此，对于网络编辑来说，要像创作标题那样去进行文案开头的写作，这样才能引起用户的好奇，引发共鸣，促使用户完成整个文案的阅读。

2. 引用权威

权威不仅指权威人士，还包括某个行业的调查数据、分析报告、趋势研究等权威资料。首先，产生权威效应的文案容易被用户重视，权威效应会使用户服从权威；其次，用户认为权威人物、事物或数据资料的要求往往和社会规范相一致，认同和追随权威会得到各方面的赞许。例如，某外卖网站的宣传文案在开头就直接指出与该网站合作的商家超过 50 万家，并且该网站和著名的某"权威"的评价平台是合作关系，这就是权威的数据加权威的第三方，这样的网站就容易获得用户的信任。

3. 继续阐述标题的内容

如果文案的标题已经写得足够好，足够吸引用户，那么网络编辑就可以在文案开头继续阐述标题的内容，这种文案开头的写作方法通常是直截了当，直奔主题的，会毫不拖泥带水地展示商品或品牌的好处和优势，或者介绍解决某种问题的方法等。这种写作手法是围绕商品本身的功能或特性来展开，主要用于商品宣传或者营销文案中，特别是一些科技商品类或生活用品类的商品。文案从标题到正文，都将围绕商品本身进行描述，详细说明该商品的相关特性和服务。

图 3-23 所示的文案中，开头为"性能全开，极度畅快"，在继续阐述标题"性能实力派"的同时，吸引用户进一步查看具体的性能和商品描述。

图3-23 ｜ 继续阐述标题的文案开头

4. 拟人化

拟人化就是将文案内容写成戏剧性对白或编辑的陈述，并将商品虚拟化成人物，向用户展现其内心活动。拟人化的独白式语言通常会带给用户一种正在亲身经历此种感受或故事的感觉，比较容易被用户接受。而且，拟人化的内心独白被认为是内心活动的真实反映，不掺杂虚伪的感情，所以能给予用户以情真意切、直诉肺腑的印象，引起用户的共鸣，获得用户的信任。

例如，某款核桃的商品宣传文案开头就以拟人化的手法讲述了核桃的"心情"："虽然我脸皮薄，但我内心丰富。"语气动人，如叙家常，令人感到十分亲切，容易让用户在认可的同时产生购买的行为。

5. 以悬念故事开头

不论文案的主题和写作目的是什么，以悬念故事开头的文案，通常都是把吸引用户的注意力放在了第一位。网络编辑在创作悬念故事开头的文案时，可以通过截取戏剧化场面、利用用户的情感或者八卦心理等方式制造悬念，也可以提出问题，诱导用户跟随文案的思路阅读下去。以悬念故事开头的创作虽然与小说有些相似，但文案的开头应该比小说更加精练，需要字字雕琢，同时需要有真正的商品卖点。

6. 以新闻报道的方式开头

现在大部分的用户已经习惯通过网站来获取各种新闻，以新闻报道的方式来撰写文案的开头，可以增加文案的可信度，引导用户的消费习惯。网络编辑在写作时，需要以媒体的方式、新闻的手法对某一商品、事件或品牌进行报道，这样，用户在阅读开头时，就会自然将其作为新闻来进行信息接收，信任文案的真实性。

7. 直接与用户进行交流

商务型网站的营销活动更注重结果，讲究效率，有着明确的目标和动机，因此，网站中的文案开头必须要具有吸引用户关注的效果。通常情况下，写作文案的开头时要尽可能站在用户的角度来介绍商品和功能、激发其购买兴趣，最直接的方式就是与用户进行交流。例如，在足球世界杯期间，某洗衣机品牌创作的文案就直接抛出两个问题"熬夜看球赛？没空洗衣服？"然后在文案开头写道："都交给我吧！×××洗衣机帮你解决所有问题！"站在用户的角度回答了问题，既幽默，又说明了商品的特点。

8. 使用具有诱惑性的短句

"诱惑性"的文案开头就是将用户视为无意关注者，对文案表达形式进行创新，选择新颖的内容，以"诱惑性"为导向，创作能够吸引用户注意、点击和深入参与的文案。"诱惑性"主要体现在以下3个方面。

- **利益** | 例如，"抢到888，就得500元""说句话，赢大奖""免费笔记本等你来拿"等都是点击率较高的文案短句。
- **情感** | 例如，某征婚网站的文案第一句话就是"明天我要嫁给你啦"，以"爱情"为"诱饵"，吸引用户点击，效果非常好。
- **趣味** | 指文案语言读起来充满情趣，或是让用户感觉到阅读的方式有意思。例如，"我刚在吃老婆饼，吃着就哭了，连饼都有老婆，我却没有……"

3.4.4 内容结尾的写作技巧

文案内容的结尾同样会对流量和销售产生较大的影响，首先，结尾是文案内容的重要组成部分，是整篇文案的总结、提炼、升华，同时还能呼应开头；其次，结尾是触动用户情感的关键一步，是否可以打动用户，促使其下定购买的决心，往往就是看结尾是否写得出色。文案内容的结尾通常分为语言描述和直接关注两种类型。

1. 语言描述类结尾的写作技巧

语言描述类结尾通常应用于网站的推广文案、商品或品牌宣传软文等类型的文案中，由于文案内容篇幅较长，在结尾处需要通过语言描述，对整篇文案的内容做一个总结。语言描述类文案结尾的写作特点就是将营销信息植入娱乐化、知识性的内容中，看似用较大的篇幅去描写一件与品牌或商品毫不相关的事，只有到行文结尾处才揭晓商业目的。下面就介绍语言描述类结尾的几种写作技巧。

- **呼应开头** | 如果文案篇幅较长且正文的吸引力不足，用户就不会完成内容浏览，这时就需要提升对文案开头和结尾的创作要求。如果开头直接展示了文案的主题，就需要在结尾处呼应开头内容，使得文案内容完整，结构更紧密，加深用户的印象。

- **升华主题**｜通过结尾提升文案主题的意义，在正文具备的论点基础上，结尾再提出升华主题的论点，这样可以让文案的正文内容结构更紧致，并且更容易打动用户，引起其购买的冲动。例如，一篇保护动物的文案，在结尾处将保护动物的主题上升到保护家人、保护生存环境的高度，很容易引起用户的共鸣。

- **揭晓谜底**｜制造悬念的文案结尾通常只有一种写法，就是揭晓谜底，在经过标题、开头和正文的层层铺垫后，展示出文案的最终目的。

- **神奇转折**｜用户通常对于广告营销存在一定的抵触，因此，网络编辑可以以故事形式创作文案内容，到了结尾时却急转直下，以一种让人意想不到的方式来揭示主题。这种结尾方式能够给用户以新奇的体验，使用户对商品或品牌的印象更加深刻。

- **抒情议论**｜抒情议论的结尾方式，有着强烈的艺术感染力，能够表达编辑对于主题的情绪，激起用户情感的波澜，引发共鸣。

- **余味无穷**｜通过在结尾处留白，给用户留下一个自由发挥想象的空间，加深其对文案主题的思考和理解，更容易获得用户的喜欢和关注。

2. 直接关注类结尾的写作技巧

直接关注类的结尾通常应用于海报类和宣传推广类等网站文案内容中，由于这些文案的篇幅较短，所以为了加深用户对商品或品牌的了解，需要在文案结尾直接展示企业品牌、相关的二维码，或者商品的售后服务和问答等内容，如图 3-24 所示。

图3-24｜展示企业品牌的文案结尾

3.4.5 为内容设置关键字

关键字是网络搜索的主要工具，是表达文案主题内容的重要"桥梁"，正确合理地添加关键字能提高文案的曝光率。虽然，文案的内容中也可以设置关键字，但对于商务型网站的文案来说，在标题中添加关键字才能起到更好的营销和推广作用。

1. 选取关键字

商务型网站中所有的文案标题都应包含关键字，而且这些关键字应该与用户的搜索习惯相匹配，最好使用用户常用的热搜词语，这样可以使文案具有较高的热度和流量，可以让商品或品牌获得更多的展示机会。

获取关键字的方法有很多种，比较常用的是利用各种网站的数据分析工具，快速获得与自身商品类目相关的关键字，并下载为 Excel 等格式文件，然后进行更加详细的数据分析。常用的数据分析工具有淘宝网的生意参谋、京东商城的数据罗盘等。

【案例】利用生意参谋选取关键字

- **第1步**│进入淘宝卖家中心，在"营销中心"栏中单击"生意参谋"超链接，打开"生意参谋"主页面，在顶部导航栏中单击"流量"选项卡，在打开的页面左侧单击"选词助手"选项卡。

- **第2步**│单击"行业相关搜索词"选项卡，在搜索文本框中输入关键字"凉被"，单击"查看"按钮，如图 3-25 所示，然后显示相关关键字的搜索情况。

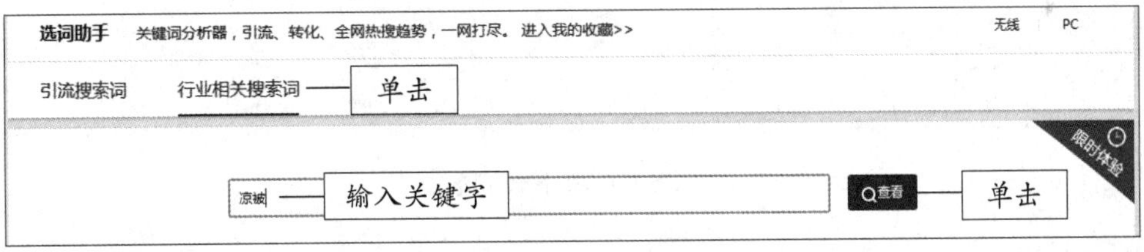

图3-25│输入搜索关键字

- **第3步**│在搜索结果上方单"日期"按钮，在打开的下拉列表中选择"最近7天选项"选项；单击"指标"按钮，在打开的下拉列表中勾选相应的复选框，可以设置需要显示的指标，设置完成后单击"确定"按钮，如图 3-26 所示。

- **第4步**│此时将根据设置的日期与指标来显示搜索结果，单击"下载"按钮，在打开的对话框中单击"确定"按钮，如图 3-27 所示。

- **第5步**│打开"新建下载任务"对话框，设置文件保存的名称和位置后，单击"下载"按钮。下载完成后打开该 Excel 文件即可查看并进行数据分析，如图 3-28 所示。

通过对下载的关键字数据进行分析，在综合考虑企业自身实力的条件下选择相应的关键字即可。以图 3-28 所示中的数据为例进行分析即可发现，"凉被"商品的相关关键字主要以针对适用场合、材质、品牌等内容为主，再加以其他方面的辅助关键字，如厚薄、图案、促销价格等，从这些关键字中选出与自身商品匹配的关键字信息即可获得关键字词库。

图3-26｜设置日期与指标

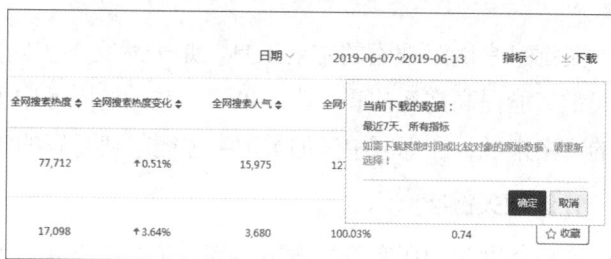

图3-27｜下载数据

图3-28｜查看下载的数据

专家指导

如果企业的资金实力雄厚，具有一定的知名度，可选择品牌词与热度较高、点击占比和点击率较高的关键字进行组合；如果商家本身竞争力较小，可以在保证满足搜索人群需要的前提下，选择具有一定热度用于描述商品属性的关键字进行组合搭配。

2. 排除无效关键字

通过各种渠道能够收集很多的关键字，其中可能包含一些无效关键字。所谓无效关键字，就是指无法带来点击率的词语，即没有搜索价值和流量的词语。无效关键字的产生主要有以下两种原因。

- 由于关键字都是基于对市场行情的分析而选择的比较有搜索人气的词语，这些词语中可能存在因为市场行情变化而发生人气或流量变化的情况，使这些原本具有热度和搜索量的关键字变成了假词或抄词。

- 搜索或选择的关键字与当前市场环境的热搜词不匹配，没有排名，无法提升权重或搜索量。

在创作和编辑网站文案内容时，需要排除一些无效的关键字。一般来说，有排名但没有曝光的关键字可判断为无效关键字，直接删掉即可。当然，也会出现有曝光但没有点击率的情况，这种情况不能判断关键字就一定无效，也可能是关键字不相关、主图不够吸引人、价格不合适等诸多原因引起的。要正确判断关键字是否有效，就要着重从关键字的点击率和转化率两个方面进行，通常点击率和转化率越高，关键字就越有效。

3.4.6 在内容中应用超链接

超链接是指从一个网页指向另一个网页，或者相同网页上的不同目标，包括一张图片、一个电子邮件地址、一个文件，甚至是一个应用程序的链接关系。商务型网站中的所有文案都可以链接到商品或品牌的详情页文案所在的网页，并在该网页中展示品牌或商品的各种性能参数或内容细节。

1. 超链接的形式

超链接的形式主要有 3 种：一个字或一段文本、一个按钮、一张图片。当鼠标指针移动到超链接上时，将变成小手形状👆（移动互联网中没有这个特征）。

- **文本形式的超链接**｜通常网站中文本超链接的颜色为灰色，将鼠标指针移动到其上时显示为红色，也可以根据界面设计风格等各方面的因素重新设置颜色。
- **按钮形式的超链接**｜商务型网站中的每一个按钮都是超链接。
- **图片形式的超链接**｜这种形式的超链接可以是单独的一张图片，也可以是文字、按钮组成一张图片，但整个图片通常只是一个超链接，如图 3-29 所示。

图3-29｜图片形式的超链接

2. 打开方式

打开超链接的方式有主要有以下 4 种。

- **在当前页面刷新跳转**｜单击超链接后，在当前页面直接跳转到目标网页或内容对象，当前页面中的内容被关闭。
- **在新标签页面打开链接**｜单击超链接后，将打开新的网页显示目标网页或内容对象，当前页面中的内容仍然在网页中显示。
- **提示用 App 打开**｜单击超链接后，网页中将提示需要使用专门的程序或 App 才能跳转到指定的网页。
- **扫描二维码打开**｜移动互联网中常用的一种超链接打开方式，需要使用手机等智能终端设备扫描二维码，然后打开目标网页或内容对象。

3. 超链接的类型

按照链接路径的不同可以将超链接分为内部、锚点和外部 3 种链接类型。

- **锚点链接**｜超链接的学名为"锚点"，网站中有内容烦琐的网页，单击锚点不仅能指向文档，还能指向页面中的特定段落，类似于书籍的目录页码或章回提示。
- **外部链接**｜外部链接被称为"反向链接"或"导入链接"，是指通过其他网站链接到本网站的链接，或本网站指向其他网站的友情链接，图 3-30 所示为京东商城中的外部链接。

图3-30｜外部链接

- **内部链接**｜与外部链接（即"反向链接"）相反，内部链接是指同一网站域名下的内容页面之间的互相链接，如频道、栏目、内容页之间的链接，以及站内关键词之间的链接，内部链接也可以称之为"站内链接"，对内部链接的优化其实就是对网站的站内链接的优化。

另外，超链接还可以分为动态和静态两种类型，普通的超链接都是静态链接，而动态超链接是指可以动态变化的超链接，例如，将鼠标指针移动到某个文字超链接上时，文字就会显示动画效果，或者图片形式的超链接产生颜色变化等效果。

3.5 为网站内容设计精美的图片

用户在浏览商务型网站时，通常不愿意阅读大段的文本内容，因此，网站内容很多都是通过图片来展示的，这就需要网络编辑为网站设计很多精美的图片。

3.5.1 图片的使用规则

网站建设中对于图片的使用有一些不成文的规定或行业标准，这些要求就是图片的特定使用规则，主要包括以下几点。

- **清晰**｜为网站设计的图片一定要尽量清晰，不清晰的图片会影响网站的浏览效果，也会严重影响用户体验。
- **尺寸适当**｜不同的网站页面需求不同，对图片的尺寸要求也会有所不同，但是不论是哪类网站，图片都要做到与所在页面尺寸相匹配。
- **有意义**｜网站中选择的图片通常会突出内容主题，与网站内容有关联，这样的网页会更容易被搜索引擎抓取，帮助提升网站的可信度。
- **有可信度、精准、有图片描述**｜网站在页面中使用图片时应为图片添加一些有可信度、精准和针对当前图片的相关描述，如为图片添加说明文字等。

3.5.2 设计封面图

商务型网站中的封面图其实就是商品主图或者品牌文案图，用户单击图片就可以直接进入对应的商品详情页或品牌宣传网页。封面图就像是一个人的颜值，颜值高不高关系到别人对他的印象好坏，并在一定程度上决定了别人是否愿意和他交流。因此，如果商品的封面图具备美感、亲和力、个性，或者是与众不同的特点，用户就会不知不觉点击并查看商品详情。

为网站设计封面图时，需要注意以下3点。

- **整洁有序**｜整洁有序是指图片中的内容排列整齐有条理，用户可以快速地分清主次。商品和文字都要有自己固定的位置，有条不紊地呈现在图片中。
- **有代入感**｜代入感就是能用图片表达的内容，就尽量不要用文字加以形容，通过图片自然而然地让用户联想到触觉、味觉上的感受和日常的使用场景。
- **有卖点**｜创作文案通常都需要通过内容展现商品的卖点，但是如果能够直接在主图中通过画面表现出商品的卖点，就会更容易获得用户的关注。例如，要为某沙发设计封面图，可以在图中设计一只大象坐在沙发上，周围放置一堆棉花，表现出大象躺在棉花堆里的感受，通过画面传达出了商品的卖点"极其舒适"，用户一看就很容易对商品感兴趣。

图3-31所示为某品牌电视的封面图，其设计就符合整洁有序和有代入感两个特点。首先，商品图像清晰，给人美观大方的感觉，而且图中突出了商品的主体，左侧文本的字号大小合适，画面看起来干净清爽，让人眼前一亮，其次，文字和图片很好地结合在了一起，让用户能够感受到高清画质带来的视觉效果。

图3-31｜商品封面图

3.5.3 设计信息长图

信息长图通常是指商品详情页中的图片，详情页是商务型网站中决定点击率、跳转率和转化率的一个重要内容，详情页中的图片会影响用户对商品详细信息的需求和态度，并在很大程度上决定商品的成交量。

1. 图片样式

图片往往比文字更直观，更有吸引力，所以在设计详情页图片时，首先要保证图片的全面性，包括实拍图、细节图和展示图等各种类型，从而让用户更全面地了解商品。详情页图片有以下几种常见的样式。

- **促销活动图片**｜为了吸引用户，现在很多的商务型网站，特别是商品店铺，都会在详情页中添加1~2个促销活动的图片，这样做能够提升转化率。
- **场景效果图片**｜添加使用效果、商品和场景的配合展示图片，能够给予用户联想的空间，满足用户对拥有商品后的场景的视觉想象。
- **商品图片**｜指多个角度的商品实物图，图片必须清晰、主题突出，明确商品的特点。
- **卖点图片**｜用于展示商品的卖点，包括功能、优势等，可以结合场景效果图片和商品图片进行展示，这类图片通常也是详情页中最重要的。
- **材质、工艺、细节图片**｜展示商品的材质、工艺、细节、做工、品牌标签等细节。
- **尺寸说明图片**｜用户购买商品会比较关注商品尺寸，为了让用户放心购买，详情页中必须有商品的尺寸说明，而且最好使用一些生活中常见的物品作为参照来展示商品的大小。
- **质检合格图片**｜详情页中要有质量检测、合格证等图片，证明商品质量可靠，进一步坚定用户购买的信心。
- **防损包装盒、品牌形象图片**｜可以加上包装箱、赠品和品牌形象等图片，向用户展示该品牌的雄厚实力，让用户放心购买。

- **关联营销图片** | 指具有一些连带关系的商品或是新品的图片，添加这类图片可以最大限度地带动网站其他商品的销售，还可以加深访问深度和延长用户停留时间。

2. 设计技巧

详情页中的图片尺寸通常宽度为380~1200px，高度为1~1500px，文件大小1MB以内。另外，图片数量应控制在20张以内，图片格式为JPG、PNG格式。网络编辑在工作中除了要了解详情页图片的设计规格外，还应掌握以下几点设计技巧。

- 图片中展示的商品尽量贴合实际，让用户可以通过图片解除没有接触实物而产生的顾虑，例如，为了强调商品的体积小，图片中可以用硬币等小体积实物进行对比。
- 图片风格与所卖商品风格一致，相互配合。
- 细节图一定要包含多个角度的图片，特别是材质的细节图。例如，晚礼服就需要在不同的光线条件下特别是晚上各种灯光下的细节效果图。
- 对比图、参照图可以多一些，如同类型商品的价格和价值的对比。

3.6 为网站内容设计用户互动

在网站创建的前期，网络编辑工作的重点是吸引用户和多渠道引流，当网站的用户积累到一定数量后，则要把工作重心放在留存用户上，提升老用户的复购率，稳定提升销量。与用户建立良好的互动关系是网站内容设计的重要工作，可以拉近与用户之间的距离，同时保持与用户之间的交流与沟通，有效增强用户的黏性。

3.6.1 会员制

会员制是网站最常用的用户互动方式，不仅能有效吸引用户注册，更重要的是收集相关信息，开展用户数据分析工作，深入了解用户需求，并推动商品升级。另外，会员制可以保持老用户的活跃度，例如，日常的会员优惠活动、电话或信息回访等都是与会员用户交流与沟通的手段，它能让用户感受到企业的关注与重视，提升用户体验。

网站中最常见的会员制用户互动方式就是用户登录，为了简化用户的注册登录流程，网站需要精简注册和登录信息，同时，会员登录版块除了可以在内容页中出现以外，还可以添加在首页导航栏中，企业可以根据自己的需求选择其中一种展示方式。

3.6.2 在线客服

在线客服也被称为网上前台，它是网站向用户与网站内部员工提供即时沟通的页面通信技术。在线客服是网站必备的用户互动方式，在线客服的类型通常有 QQ、淘宝旺旺、阿里旺旺和 Skype 等。在线状态通常会设置成工作时间在线，如果网络编辑为了讨好用户，将在线状态设置成"一直在线"，那么用户一旦得不到回应，就会对网站失去信心，从而降低点击率和转化率。

很多商务型网站为了避免不必要的麻烦，通常将在线客服和会员制结合起来使用，只有注册会员才能获得更加完善的在线客服服务，而普通用户只能获得自助式的在线客服，图 3-32 所示为淘宝网中的用户自助在线服务。

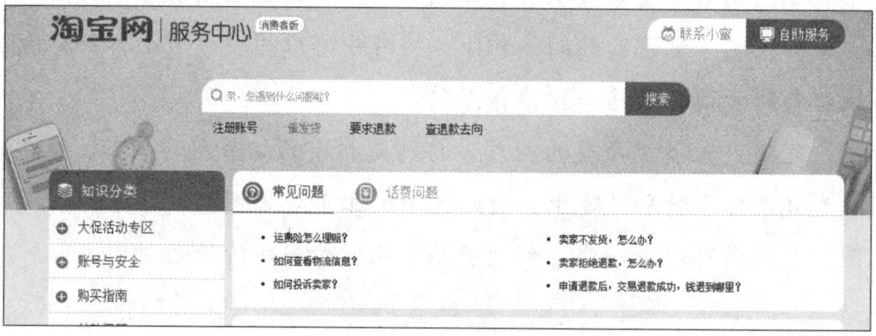

图3-32｜在线客服

3.6.3　建立用户社群

企业如果需要与用户建立更紧密的联系，可以利用新媒体平台来建立用户社群，如微信和微博等。建立用户社群不仅拉近了与用户的距离，也能在用户之间形成口碑传播，让商品达到更好的宣传和推广效果。

建立用户社群后可以在群里不时发送商品优惠消息，让用户随时关注商品和品牌，不断提升用户的复购率和销量。对于网站来说，利用新媒体平台建立用户社群有以下两种比较常见的方式。

- **扫描二维码**｜现在大部分的网站都会设计 PC 端网站和手机网站两个系统，而且两个系统中的内容是同步的，用户可以通过扫描二维码的方式直接在手机上浏览企业的网站，方便用户的同时还可以提高企业网站的流量。另外，还可以让用户扫描二维码关注企业的官方微信或微博，与企业进行互动。
- **分享网站**｜网站可以通过"分享网站"方式将网站分享到微信、微博、空间和豆瓣网等多种社交平台，在做好网站的宣传推广的同时，也可以增强与用户的互动。

3.6.4　在线投票

在线投票是网站中一种比较高级的互动交流方式，举行在线投票活动的目的是激发用户的参与欲望、收集用户的兴趣或意见、了解其真实的内心需求，这样对网站建设有很大的帮助。在线投票通常可以通过各种在线投票系统进行设计，网络编辑需要通过该投票系统设计投票的方式、内容和相关项目，然后将在线投票链接到网站中。

此处，还有一种与在线投票类似的用户互动交流方式——在线问卷，就是将传统的问卷调查方式智能化和在线化。网站通过向用户提供在线问卷的形式，获得用户对于商品、品牌或行业的看法和期望，了解用户的购物需求。同样，在线问卷也是通过专业的问卷网站系统进行设计的，如问卷网、腾讯问卷等。

▌3.6.5 网站留言板

网站的留言板不仅能收集用户的反馈信息，也是网络编辑和用户之间沟通的桥梁。网站留言板的设计不再局限于只是用户评论的地方，可以建成一个商品交流的社区，用户可以在其中询问商品信息、记录商品使用心得、向别的用户提问等。企业可以通过网站留言板营造浓厚的交流氛围，增加用户对网站的亲切感，将良好的品牌形象传播给用户。

对于网络编辑来说，设计留言板是为了吸引更多人踊跃参与和交流，因此留言板要支持多种信息方式的发送，如文字、图片和视频等，以丰富用户发表言论的形式，让用户乐于分享见解，提出建议，这样才能促进网站的发展。

3.7 发布网站内容的技巧

在创作和编辑完网站内容后，就需要将其发布到网络，发布就是将内容上传到网站中。这一操作虽然很简单，但是如果适当地使用一些技巧，可能会提升网站的排名，也会对提高网站的权重起到一定的作用。发布网站内容的技巧主要有以下几点。

- **每一个页面的标题和描述要有所不同**｜网站中的每一个商品对应的是一个页面，这些网页的标题不能相同，否则不容易被搜索引擎抓取。
- **内容发布的频率**｜网站中文案内容发布的数量不能在短时间内迅速提升，这样搜索引擎会认为网站不正常，并影响网站的排名和录入等。
- **内容发布的时间**｜一般的文案内容的发布时间通常为周一至周五的9:00至23:00，因为这个时间段用户对于商品的搜索和使用较为频繁，而且在这段时间里，网络编辑都会在线工作，在发布内容后更利于共享和传播。热点文案内容的最佳发布时间为某个节假日或者特殊节日的23:00到7:00，因为这个时间段发布的内容容易和第二天头版头条的热点事件相呼应，更容易得到用户的关注，宣传效果更加明显。
- **内容发布的速度**｜网站内容的发布速度通常会影响内容输出的效果，例如，发布一个新商品打折的文案，其打折营销活动通常是有时间限制的，如果发布时间晚于打折时间，就会严重影响商品的推广效果。所以在进行文案发布时，往往要考虑发布的时间，确保能够及时、成功地发布。

- **内容发布要恪守规则**｜在发布内容时必须恪守一些规则，例如，不能造假，商品性能参数要真实等。只有发布高质量的内容才能提升网站的用户体验，增加用户对网站的黏度，才能让访问网站的用户信任这个网站。

3.8 更新和维护网站内容

网络编辑通常需要将新的文字信息、图片等资料发布到网站，并通过与用户交流等方式保证网站内容的实时性和正确性。因此，更新和维护网站内容也是网络编辑的日常工作之一，这项工作将关系到网站是否能够持续地吸引用户访问。

3.8.1 更新网站页面内容

更新网站页面内容是指通过网站后台系统在网站页面发布新内容，比如公司推出了一款新的商品，网络编辑将该商品的相关信息从网站后台进行发布，让用户能够看到该商品的图片、文字介绍，甚至是宣传视频。

更新网站页面内容是一项比较简单的工作，通常网站都会配置一个相应的后台系统，其中的每一项功能都与网站中的内容模块一一对应，网络编辑只需使用系统认可的账户登录后台，进入对应的功能模块，在其中添加和编辑内容即可，图3-33所示为某企业网站"新闻"模块的内容更新界面，图3-34所示为网站后台更新商品内容信息的界面。

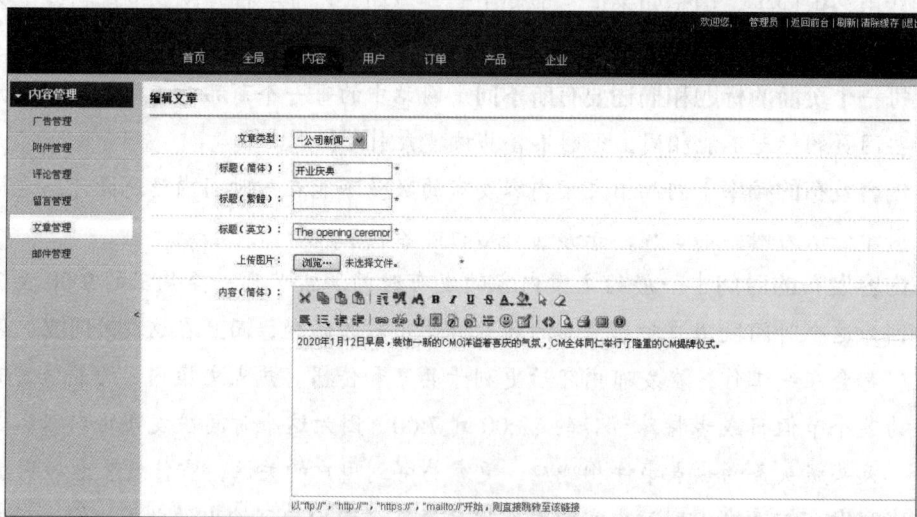

图3-33｜更新网站内容

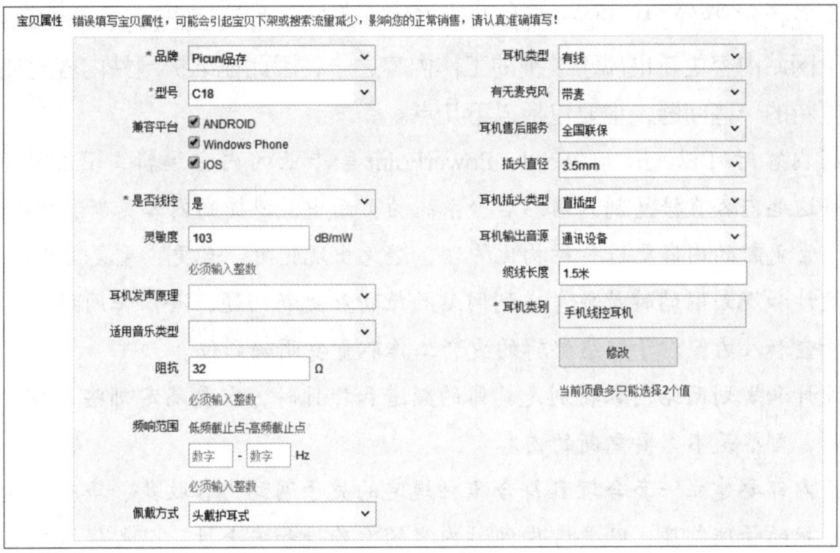

图3-34 | 更新商品内容信息

3.8.2 维护网站内容

维护网站内容是一项系统的工程，通常可以委托专业的人员进行，也可以由网络编辑来进行维护，主要包括以下几项维护内容。

- **对用户的电子邮件进行维护** | 很多网站都提供联系方式，通常是网站专用的电子邮件地址，一旦有电子邮件发送到该邮箱中，就需要网络编辑进行及时答复。另外，网站专用邮箱通常会设置自动回复功能，以便于假期或无法及时回复电子邮件时，将自动回复邮件即时发送到用户邮箱中。

- **对网站在线用户回复系统进行维护** | 在线用户回复系统是目前网络平台的主要交流工具，主要用于在线回答用户提问，维护的主要工作就是设置各种自动回复的问题和答案，按照用户关心的内容设置问题和答复顺序，并保证系统的正常运作。

- **对论坛进行维护** | 论坛是一个比较自由的空间，商务型网站的论坛主要用来讨论相关的商品及商品使用技术问题，不能涉及其他方面的非法言论。网络编辑需要监控论坛中用户的发言，及时发现并删除不健康的言论，避免影响到企业及网站的正常运行。

- **对留言板进行维护** | 留言板的维护工作主要是尽可能快地答复问题和记录用户有用的意见和建议，并反馈给企业相关部门进行切实的改进。

- **对投票调查进行维护** | 网站内容中也包括一些投票调查的栏目，这些栏目可以了解用户的喜好或意见，并将其作为有用数据反馈给网站后台进行数据统计与分析。对于这项内容的维护主要是及时统计调查结果和经常更换调查内容两个方面。

总的来说，维护网站内容是一项长期的工作，对于网站的正常运行有非常重要的作用。通常情况下网站内容更新也属于维护的工作内容之一，因此在维护网站内容时还需要注意网站内容更新的一些问题，主要包括以下几点。

- 更新内容时可以先使用 Word、PowerPoint 等专业的内容编辑工具把内容编辑好，再将这些内容直接复制到网站后台系统的页面中，以提高内容更新和维护的效率。
- 对经常更新的内容要进行结构化管理，避免出现错更、乱更、重复更新等问题。
- 在设计和规划网站时就要考虑到网站的维护和更新问题，要保证网站后续维护所需的资金和人力，对于网络编辑的更新工作职责要明确到位。
- 在设计和规划网站内容特别是具体的频道和栏目时，需要确定哪些是经常要更新的内容，哪些是不需要更新的内容。
- 企业内部要建立一套合理且符合各种规定的关于网站内容收集、审查、发布、更新和维护的管理制度，既要考虑网站内容的准确性和安全性，又要保证内容更新的及时性及更新频率。

3.9 本章实训

为了帮助读者掌握创作与编辑网站内容的相关知识，下面将以两个实训为例进行巩固练习。

3.9.1 创作和编辑商品促销文案

本实训要求读者利用创意的方法，以及标题、内容和图片创作设计的方法，创作关于运动鞋的促销文案。

1. 实训要求

（1）利用九宫格和头脑风暴法创作出商品的主要卖点。

（2）根据卖点进行文案标题和内容的创作。

（3）根据标题和内容，从网上下载合适的运动鞋图片。

2. 实训步骤

（1）创作商品卖点。首先利用九宫格撰写出运动鞋的主要卖点，然后利用头脑风暴法对这些卖点进行扩散，先围绕运动鞋这一主题进行联想，然后确定文案的风格，并在网上搜索关于运动鞋的文案进行参考，本例将以"专业"和"长跑"作为卖点。

（2）创作文案标题。首先明确购买运动鞋的用户对于商品的要求，设计标题时最好在其中直接体现商品的卖点，可以分别采用不同的标题创作方式，创作出多个文案标题。

（3）创作文案内容。由于要求创作的是促销文案，因此在创作文案内容时，最好通过优惠活动来吸引用户注意，当然也可以使用制造悬念、情感、幽默等多种方式创作多个文案内容。

（4）制作文案图片。从网上下载几张运动鞋的图片，然后将创作好的文案标题和内容放置到其中，注意这些文字的字体和颜色，以及空间位置等，尽量做到简单整洁，突出重点和卖点，图 3-35 所示为利用热点进行促销的运动鞋参考文案。

图3-35 | 运动鞋促销文案

3.9.2 创作和编辑详情页内容

为前面创作的运动鞋文案设计相关的详情页内容，并制作详情页的相关图片和文案。

1. 实训要求

（1）在网络中搜集相关运动鞋的详情页资料，进行对比和分析后，确定本次详情页需要制作的项目内容。

（2）根据确定的项目内容搜集图片。

（3）为对应项目的图片创作文案。

2. 实训步骤

（1）制作商品卖点图片。根据前面设计的商品卖点，制作两张商品卖点的图片，并在其中输入品牌文案内容。

（2）制作质检合格图片。通过获奖证书等图片证明商品的真实性，最多两张。

（3）制作商品细节图片。通过运动鞋的各种细节图片，说明商品的卖点，如耐用、可靠、包裹舒适、稳固支撑、轻盈回弹等，数量控制在 6 张以内。

（4）制作商品细节图片。利用图片说明商品的各种性能参数，如颜色、尺码对照、制作材质等，最多 3 张图片。

（5）制作包装图片。制作商品的包装、售后服务和物流配送的图片，最多3张。

思考与练习

（1）简述常见的文案类型，并举例说明。

（2）在网上搜索一些网站宣传文案，并对文案进行类型划分。

（3）请分别为"手机""水杯""耳机"和"多肉植物"创建九宫格。

（4）根据第（3）题创建的九宫格，分别为这几样商品设计文案标题，每一件商品至少创作3个文案标题。

（5）分别为第（3）题中的几件商品创作一张主图文案，注意文案中必须有关键字，参考效果如图3-36所示。

图3-36｜主图文案

（6）分别为第（3）题中的几件商品创作商品详情页，注意每种商品的详情页中的图片样式要有区别，不能完全相同。

第 **4** 章

策划网站专题活动

学习目标

| 了解网站专题活动策划

| 学习撰写网站专题活动策划方案

学习内容

| 专题活动的目的和主题

| 撰写和审查专题活动策划方案

| 设计网站活动专题页

| 网站专题活动策划的技巧

| "双11"专题活动策划方案

| 情人节专题页设计方案

4.1 了解网站专题活动策划

网站的专题活动就是围绕某个重要节日、重大事件或热点话题等内容，在一定时间跨度内，将涉及商品、品牌、网站的各种信息，以文字、图片、声音或视频等多种表现形式，进行全方位、多角度、连续性、深入地立体展示，让用户更多地了解商品、品牌或网站，最终提升网站知名度或提升网站商品销量的活动，淘宝网的"双11"全球购物狂欢节主题活动界面如图4-1所示。

图4-1｜淘宝网的"双11"全球购物狂欢节专题活动界面

大多数网站的专题活动在本质上是一种网站进行营销推广的重要形式，也是一种对网站中的相关商品进行包装促销的活动形式，同时也是一种能够体现网站内容特色与销售意图的内容整合手段。网站的专题活动可以将各种分散的信息进行有机的整合，将过去、现在及未来可能发生的互有联系的信息联成一体，构成一张信息网。网站的专题活动还可以利用网络所具有的延时性特点，使信息发挥的效应得以长久延续。

通常情况下，网站的专题活动能够吸引比平时更多数量的用户关注，并在一定程度上提高网站的浏览率和知名度，从而实现更多的商品销售。例如，淘宝网、京东商城这些商务型网站都会根据热点事件、节假日等为主要内容策划相关专题，以此来吸引更多的用户购买商品，或者达到增强网站社会影响力的目的。因此，对于网络编辑来说，掌握策划网站专题活动的方法，对于网站和自身今后的发展都至关重要。

4.1.1 明确专题活动的目的

网站的每一个专题活动都有其举行的意义和预期的效果。网络编辑在撰写专题活动策划前，一定要认真思考这个专题活动的目的、目标、作用和预期效果是什么。只有认真考虑好这些问题，才能为确定专题活动的方向打下良好的基础。网站专题活动策划涉及的是一个主题、一个事件、一个活动，这些就是重要的关键"点"，专题策划目的在于将松散的信息通过这些"点"串起来，整合成为一个比较统一的资讯群体，实现最有效的阅读连贯性，从而提高影响力度。简单地说，专题活动的目的就是通过一个主题、一个事件、一个活动，利用多种信息吸引用户的注意，然后整合多种商品，集中向用户推广和营销。

因此，在做网站的专题活动策划准备时，网络编辑需要摆正心态、群策群力、集结智慧，以积极的心态去构思，以饱满的状态去撰写策划方案。这样，才能将商品的卖点或品牌的优势通过专题策划展现出来，吸引用户、形成转化，并完成销售的目标。同时，专题活动策划的准备时间相对较长，因为一个专题活动不可能靠临时的信息收集分析就能策划出来，需要网络编辑经过一段时间的思考，认真去跟踪分析商品销售数据、行业营销特征和品牌热度话题等信息和资讯。经过精心准备的专题活动策划，才会有具体的数据分析基础，才会有明确的方向和目标。

策划网站的专题活动需要考虑以下几个方面。

- **发生的过去式** | 指活动发生的背景或曾经发生的相关活动事件，如"双11"专题活动已经做了很多年，每年都要策划该专题活动，就有很多以往的内容可供参考。
- **动态的连续性** | 指专题活动或类似活动正在发生、持续性发生，不同时期的发展阶段不同，如"双11"专题活动在前期要进行活动预热，活动开展后还要进行返场等，不同时期需要策划不同的活动。
- **影响的持续性** | 指专题活动会产生长期影响，甚至对未来整个行业或产业产生影响。
- **活动的前瞻性** | 指这个专题互动及这个活动涉及的行业或产业未来的发展趋势，可以对用户的消费行为起到指导作用。
- **商品的关联性** | 指商品要与主题相关联，起到支撑主题的作用。

▎4.1.2 确定专题活动的主题

网站专题活动的主题是指围绕即将开展的活动而提炼的主要内容，通常活动名称就是主题的概括，专题活动就是围绕着设定的主题开展的一系列活动。大多数网站专题活动的主题分为新品促销、品牌建设、节日促销和季末清仓几大类型，根据具体的活动内容还可以衍生出很多种形式的主题，下面将介绍几种常见的专题活动主题。

- **周年庆** | 周年庆通常是比较有影响力的企业或品牌进行的营销推广专题活动，最早来自线下商场的活动推广，通过抽奖或送礼品的形式，给予少数用户一定金额的奖励，由于时间的限制（一年一次），具有"机会难得"的性质，所以通常会吸引大量的用户参与，专题活动期间的消费额也会成倍增长。
- **旅行** | 快节奏、高压力的都市生活使很多用户需要通过旅行去解脱闭塞、舒缓身心，所以每到春季踏青、夏季避暑、秋季爬山、冬季滑雪的时候，旅行网站都会策划鼓励用户出行的专题方案。各种相关的品牌或商品会通过专题方案，给有旅行计划的用户提个醒，或者有相关品牌或商品消费需求的用户也会被适时唤醒，购买这些相

关的商品，如运动装备、烧烤用具、渔具、泳装、汽车用品等。

- **毕业季与开学季**｜学生这个用户群体的消费能力强，而且他们消费的商品涵盖多种品类，因此可以以暂别考试和结束娱乐的日子作为主题策划专题活动，学生在产生认同感的同时，还会产生大量的消费行为，这也是很多网站每年都要开展的专题活动类型，专题活动页面示例如图 4-2 所示。

图4-2｜毕业季和开学季主题的专题活动页面

- **热门影视作品**｜收视火爆的影视作品通常有比较长的热度周期，利用这个热点跟进策划专题活动也是一个不错的方法，利用正值火热的各种热词，合理地把营销商品和影视作品相结合，这种方式非常适合影视作品商业化的时代。
- **季节变更**｜季节变更是专题活动的常用主题，也是网站促销时常采用的一种方案。例如，进入秋季前，既可以推出秋季新款商品，又可以将只适合夏季使用的商品打折出售，同时属于新品促销和季末清仓两种主题类型，专题活动页面示例如图 4-3 所示。

图4-3｜季节变更主题的专题活动页面

- **体育盛会** | 一些大型的体育盛事，如奥运会、欧洲杯和世界杯等，具有周期长的特点，借助这类主题，可以策划一系列如备货、选款和关联促销等营销专题活动。
- **节假日** | 这是一种以节假日为载体，通过对节庆活动的安排和节庆内容的设置，来达到宣传品牌或获得经济收入的目的的一种专题活动，也是网站中最常用的一种活动主题，专题活动页面示例如图4-4所示。

图4-4 | 节假日主题的专题活动页面

▋ 4.1.3 撰写专题活动策划方案

专题活动是网站在短期内提高销量和市场占有率的有效行为，撰写一份创意突出且具有良好的可执行性和可操作性的专题活动策划方案，能有效提高品牌的知名度和网站商品的销量。

1. 撰写专题活动策划方案的要点

网络编辑在撰写专题活动策划方案时，需要注意以下几个要点。

- **主题简单明确** | 撰写的专题活动方案需要把主题的内容传递给用户，通常的做法是在标题中直接展示活动的主题，并向用户表达活动的营销思想。
- **直接展示用户所能获得的利益** | 专题活动要直接向用户展示其能从中获得的收益，如果是优惠促销，就直接告诉用户优惠额度；如果是商品介绍，则应该展示商品的最大卖点，只有这样才能引起用户的购买欲望，促使其产生消费行为。
- **具有良好的可执行性** | 成功的专题活动需要一些合适的商品、一份好的策划方案和一支执行力强的运营团队，只有具备可操作性，策划方案才能转化为专题活动。

- **客观分析**│专题活动策划方案需要建立在对市场的客观分析和调查的基础上，网络编辑只有通过对整个市场局势的分析，才能更清晰地认识商品面对的问题，这些内容都需要在文案中体现出来。

2. 策划方案的参考格式

专题活动策划方案的格式会依据网站的类型和专题主题而有所区别，但通常会有一个基本的格式，如下所示。

标题：……

副标题：……

策划小组：……

活动时间：……年……月……日

专题主题：……（要求：简洁，具有概括性，并在这个部分说明活动策划的总负责人、人员的组织配置、活动对象、相应权责及时间地点，也可以在这部分说明紧急事件的应变程序等）

关键字：……（只能是词，不能是单句或者复句）

创意说明：……（说明专题立意基础和作用等，内容尽量短小精练，表现方式简单明了，让人一看就懂，可以适当加入一些图表）

编者按：……（围绕专题主题，以精练简洁的语言阐述整个专题的基本思路和深层次内容，专题活动的核心构成或策划的独特之处，及由此产生的意义，包括经济效益、社会效益和媒体效应等）

活动内容：……（详细的活动内容说明）

专题页设计：……（简单说明专题页中各板块的框架结构，结构的设计创意应当符合专题的主题内容等）

实施步骤：……（说明具体步骤及计划书，包括时间、人员、费用、操作等，制作详细的计划表，并对后期效果进行预测）

结束语：……（以高度概括且有思想性的语言，对专题活动主题进行升华，对未来进行展望，并对本策划出现的问题进行总结和汇报，可与成功案例进行对比）

4.1.4 审查专题活动策划方案

完成专题活动的策划方案后，网络编辑应先自行检查一遍，确认无误以后，立即上报审查，审查工作通常会根据专题活动策划方案的质量给出好、中、差3种评判。

- **好**│立意清楚，可操作性强，符合网站的定位，材料齐全，设计创意明确，组织分类准确，选题选材出色。
- **中**│立意基本清楚，具备一定的可操作性，基本符合网站的定位，设计创意有效，组织分类标准，选题选材一般，材料有限。但是该专题主题具备一定的潜力，需要进一步加强与优化材料、创意、分类和选题。

- **差**｜不符合版面特点、内容不健康、材料脱离主题、不符合网站的定位、创意不足等，即使修改也无法形成一个有效的专题。

4.1.5 设计网站专题页面

网站专题活动通常会设计专门的专题页面，这是一种针对专题活动而制作的网页，页面中的内容全部围绕指定的专题来规划或扩展，内容源自专题主题的相关信息，包括文案、图片、视频等。网站专题页面相对于普通网页具有以下优势。

- **时效性强**｜提供最新报道且随时更新。
- **方便、灵活**｜阅读信息方便、检索灵活。
- **自由发布**｜围绕专题进行报道，随时都可以发布，且可以在任何板块中发布。
- **与用户的互动性强**｜专题页面可以通过播客、维客、论坛、博客、电子邮件、网络调查、微信、微博等多种媒体平台与用户互动。
- **表现形式多样**｜专题页面可以使用文字、图片、图表、音频、视频、Flash 动画、动漫、电子书、电子报、滚动条、搜索引擎等多种数字化传播形式。

1. 网站专题页设计的原则

网站专题活动页面通常采用单页形式，类似于在一张纸上进行创作和设计。单页最早出现在平面设计的折页、宣传单和海报中。网站中的单页设计不仅拥有平面设计中的所有设计规律，更具有互联网设计的特点。例如，可以利用滚动和 H5 技术增加网站与用户的交互，也可以让用户像阅读故事一样浏览网页内容。单页主要出现在一些促销类的活动页面、商品介绍页面或店铺首页等网页中。

在设计网站专题页时，为了让首屏到次屏再到内容区间的视觉更加连贯和流畅，就要充分利用好局部对比和整体关系。这就需要利用"冰糖葫芦"原则进行页面设计，将专题页中的各个元素内容和"糖葫芦"相对应。

- **点**｜专题页中的点对应"冰糖葫芦"中的单个"糖葫芦"，也是指切入点，用于切入主题，表现主体和元素，点出故事创意和专题内容。
- **线**｜专题页中的线对应"冰糖葫芦"中的"木棍"，用于连接和引导故事情节，连接整体元素，连接所有的点，使整体流畅和连贯。
- **面**｜专题页中的面对应整个"冰糖葫芦"，用于整体风格的设计，指整个页面的完成度，强调的是从头到尾，从首屏到次屏再到内容区，再到最底部，从局部到整体的一种视觉联系。

图 4-5 所示为某旅游网站的"5 大热门主题游"专题页面，画面以蓝天、白云和大海

为主体，各种具体的旅游内容相互联系，形成了一个天空之城的画面，吸引住用户的视线，形成独特的页面效果；然后将具体的旅游景点的特色项目如爬山、骑马、看海、避暑和赏花作为页面表现的切入点，巧妙地将所销售旅游项目的具体山水画面包装起来，通过热气球的方式进行线条串联，并巧妙地融入蓝天白云中，突显了热门旅游的效果。

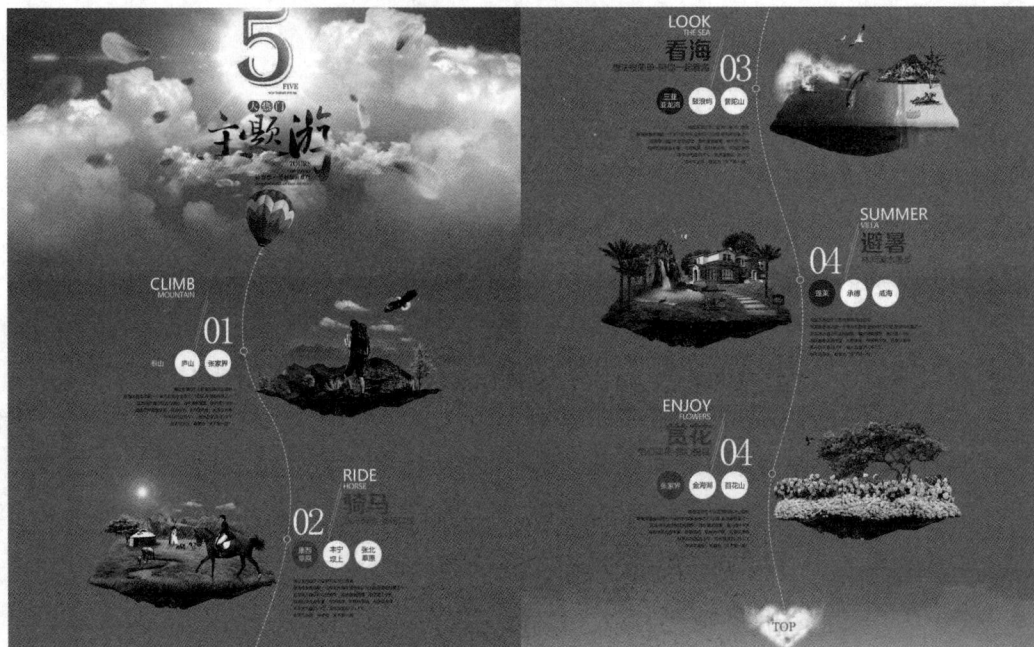

图4-5｜旅游网站的专题页设计

2. 网站专题页设计的技巧

网络编辑在设计网站专题页时，可以使用以下一些技巧。

- **首屏和次屏要有联系**｜首屏是指网页最上部分的标题，下面的各种内容组合在一起就是次屏，设计的专题页需要让首屏视觉和下面的次屏内容有联系，最好不要让首屏与次屏在设计上有明显的颜色条分隔、形式分隔、线分隔等。图4-5中的专题页中，首屏的蓝天和次屏的热气球就有联系，产生坐热气球旅游的视觉效果。

- **要有起承上启下作用的元素**｜承上启下是指页面中要有一个贯穿整体的主要元素，去构成整个专题页面的视觉焦点，这个元素就是线，图4-5中的热气球飞过的路线在该专题页中就起到了承上启下的作用。

- **背景颜色要单一，慎用色块**｜尽量不要用色块为页面内容分区，整体的单页设计大多采用单一颜色的背景。

- **创造页面的整体感**｜页面设计中重复使用某种元素是为了更好地体现由点到面的整体感，所以排版、字体选择、按钮样式、色彩等方面都要尽量保持一致性。

- **控制屏与屏间高度，并使用留白**｜专题页需要把所有信息和元素集中表现在整个页面中，要适当控制每屏间的高度，并保持屏与屏之间的可呼吸性和留白，给用户放松和喘息的空间，使用留白时要保持整体视觉的连接，避免出现视觉断点。

- **注重整体形式和创意**｜专题页设计的最大特点就是强调对整体形式感的表达，所以整个页面的效果要别具特色和充满创意，让用户跟随整体的设计去体验完整的页面信息。图4-6所示的"520"专题活动页面，把礼结创意作为主元素贯穿整体设计，从而把分类商品的显示用礼结联系起来。

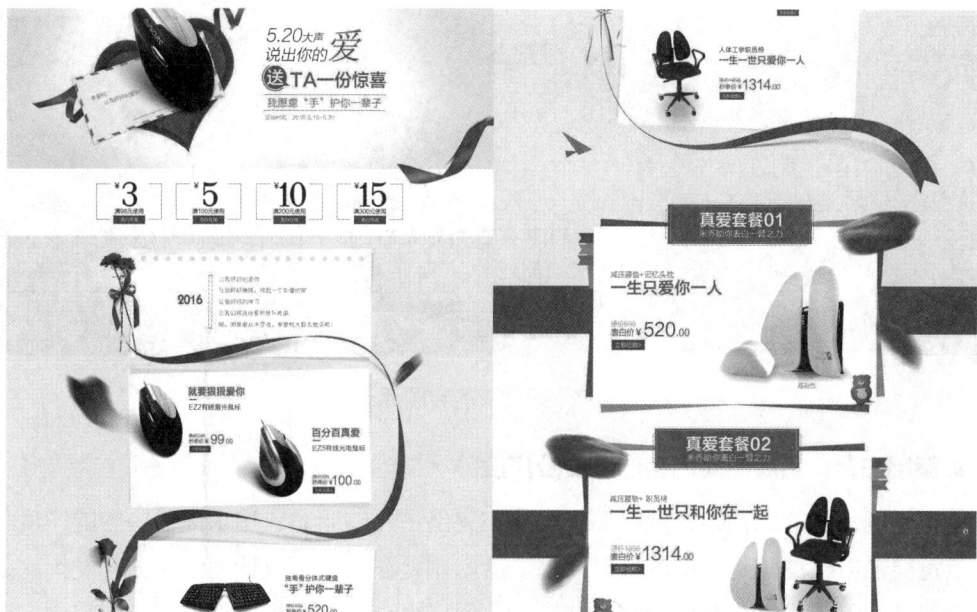

图4-6｜"520"专题活动页面

- **整体设计故事化**｜在设计专题页时，可以设定一个故事，让活动主题更新颖，给用户带来情感上的认同，图4-6所示的专题页就是利用红心、鲜花和礼结等元素，渲染该专题的气氛，让用户把对自己爱人的感情融入其中，鼓励用户购买商品给爱人惊喜。故事化让专题活动更有人情味。

专家指导

　　一般来说，专题互动页的制作由网络编辑、运营推广和商品等各个部门协作完成，在测试和确认无误的情况下，即可按照设定的时间发布到网站。

4.1.6　网站专题活动策划的技巧

　　网站的专题活动策划对网络编辑在内容创作和策划思维上都有比较高的要求，所以网络编辑需要掌握一定的专题活动策划技巧。

1. 选题要有创意

网络编辑在策划网站专题活动时，要做到观察敏锐及时，并追求主题的新颖性和创意性。专题活动的主题通常是重大事件、重要的节日和社会热点问题等，很容易产生同质化竞争，因此，网络编辑需要从不同的角度与内容入手进行策划，以更好地发挥网站的资源优势。图4-7所示为妇女节的专题活动，以和商品"约惠"、爱自己、为自己购买商品为主题，区别于其他网站妇女节的专题，从而获得了大量的用户关注。

图4-7｜妇女节的专题活动

2. 突出主题，拓展商品内容的深度及广度

策划专题活动的过程中，网络编辑需要在突出主题的同时，追求商品内容的广度和深度，尽可能全方位覆盖网站中的所有商品。这就需要在专题页设计上既能充分发挥网络的技术优势，又能使网页在布局上简洁清爽，方便用户浏览，还可以拓展商品内容的广度和深度，尽可能多地链接多种类型的商品。这种"一网打尽"式的策划布局，能使用户感受到"一站式消费"的快感，牢牢抓住用户的眼球。

3. 扩大与用户的互动

网络编辑在策划网站专题活动时应主动强化互动，使用户能够参与其中，以提升专题活动的影响力，可以采用网络视频、专题社区论坛、微信公众号抽奖等方式，将微博、微信、短信、访谈和论坛等多种互动方式整合起来，扩大用户的互动范围。另外，在设计专题页时，可以采用滚屏动画或者H5的形式，使用户的整体体验更像是在看一场精心安排的演出，并能参与其中，让用户在观看画面的同时购买商品。

4.2　撰写网站专题活动策划方案

网站专题活动通常包括线上和线下两个部分，网络编辑撰写的网站专题活动策划方案只需要注重线上部分，线下部分主要由运营推广部门负责。线上部分也分为两种类型，一种是专题活动策划方案，另一种则是设计专题页面。下面将以"双11"专题活动策划方案和情人节专题页面的设计思路为例进行介绍。

4.2.1 "双11"专题活动策划方案

标　　题: "双11"专题活动策划方案

活动时间: 11月1日至11月21日

专题背景: 网上购物已经成为现在大多数用户的主要购物形式。2009年，淘宝网为了宣传淘宝商城品牌，策划在十一月举办一个嘉年华式的网上购物节，但找不到活动的主题，而十一月又没有传统的节日，只有被网友称为"光棍节"的11月11日，于是就以'双11'，没事干就多买点儿东西"为主题，策划了一个新的消费节点。第一个"双11"虽然只有24个品牌参加，但整个网络平台的交易额是当时日常交易的10倍左右，大家都没有想到这种专题活动的力量那么大。后来，"双11"成为网络购物消费节的代名词，甚至对非网购人群、线下商城也产生了一定影响。而在如今的网络购物和消费的环境中，如果没有相关的促销活动的带动，即便是品牌网站或官方网店，也很难守住中小型网店价格战的冲击，销售数据就会很不乐观。所以，即将到来的"双11"，无疑又为一场电子商务大战拉开了帷幕，在这样的情形下，各网上购物网站和网上店铺开始运作相关专题活动的策划和安排工作。

专题主题: 这次活动以满就减、满就送、全场5折起为主要促销形式，突出"双11"购物狂欢节活动的主题。

活动目标: 在"双11"交易促销之时，利用各类营销手段，吸引用户的注意，提高网店的流量，增加店内的销售额，最终提升本店的销售业绩，并在用户心中留下良好的印象。

具体目标: 1000万元的销售额，或者20000单。

主要促销方式: 主要使用以下几种促销方式。

- **直接打折** | 原价600元，现在打5折，300元销售，这种打折的方式是最简单明了的，用户也很容易接受，如果条件允许，还可以实行全店商品几折起的整店促销方式，或者实行拍下后直接改价的办法，这些都是用户较为容易接受的促销方式。

- **买一送一** | 全场任意选择两件商品，以价格高的商品的价格作为成交的金额，如果用户选择得当，就能享受接近5折的优惠。

- **两件包邮** | 购买了一件商品后，再买一件商品就可以享受包邮的服务，这必然会促使用户再次购买。虽然这种促销方式的折扣力度不大，但是很多用户还是愿意买单。

- **满就送** | 通常的形式是满一定的数额就送现金优惠券，如满100元送10元优惠券，满200元送20元优惠券等，如果商品不符合优惠的条件，则需要再购买一件商品进行消费金额的累加才能享受优惠券的折扣。

- **满就减**｜通常形式是满一定的数额就减少付款金额，如满300元减50元，即用户的消费金额只要达到优惠条件，就能少支付一定的金额，也相当于满就送的另外一种方式。

- **返现**｜用户购买某些指定商品，或者消费的金额达到指定的数额，网站就会返还一定比例的现金给用户，类似于购物网站平时所进行的积分返现活动，但在专题活动中采用这种促销方式会限定用户的名额，如前100名才能返现等。

- **搭配套餐**｜这是一种受用户欢迎的促销方式，也是专题活动中最常见的促销方式之一，通常是用某种热销商品搭配冷门商品，或者以价格高的商品搭配价格低的商品的方式进行组合销售，这种促销方式可以拉动网站商品的销量。

- **抽奖**｜通常只要参加了专题活动的用户都可以参加抽奖，也可以设定消费金额，达到标准的用户才可以抽奖，而且"双11"专题的主办方淘宝网等大型网站都会举办抽奖活动，中小型网站或网店可以通过赠送礼品的方式辅助参与抽奖。

- **新媒体营销**｜利用各种新媒体平台进行专题活动的宣传推广，从这些平台进行引流，一方面让老用户拉新用户，参与专题活动；另一方面将用户引流到购物或商品交易网站下单购买，既宣传了商品和品牌，又积累了一定的粉丝数量，为以后再次购买奠定了用户基础。

实施步骤一：售前的准备工作

- **选择商品**｜专题活动需要挑选具有优势的商品，通常分为不同的类型和板块，如热卖商品、网站推荐、新品上市、潮流风尚、折扣优惠等。当然，要保证所售商品的质量，优质的商品才会带来更多的回头客，更多的好评，更低的退换货率，以及减少客服和库房的工作量，降低运费成本。

- **促销方式**｜确定并做好网店商品的促销方式，搭配好推荐套餐，例如，健康精致生活套餐——榨汁机+咖啡机组合，爱妻温情套餐——电动牙刷+美容仪+按摩椅组合等。其他的促销方式也需要继续进行，包括收藏有礼、好评送金、关注送券等，另外，本次"双11"专题最重要的是"领取优惠券，满就送"活动，且每天全场消费达到1000元的前10名用户可以免费获得榨汁机一台。需要注意的是，优惠券的使用只限购买原价商品，聚划算商品不参加"双11"专题活动。

- **宣传推广**｜从国庆节专题活动结束之日起，便可进行"双11"专题活动的预热宣传推广及制订"双11"专题的详细宣传推广方案。

- **备足货源**｜通常"双11"活动中商品的销量比较大，为了保证活动的正常进行，实现销售目标，应该提前把货源备足，特别是爆款商品和促销的商品，甚至是赠品和物流所要使用到的包装耗材都要准备充分，如纸箱、塑料袋、快递单、缓冲充气袋、胶带、不干胶、美工刀和打印耗材等。

- **控制库存**｜在"双11"活动开始前进行一次库房盘点工作，做到账物相符，即系统库存和实际库存相符，避免出现超卖少卖现象。

- **整理库房**｜由于"双11"活动可能导致短时间内订单数量剧增，为了提高出货的效率，减少订单延迟的现象，在进行库房盘点工作的同时，进行库房货物的整理工作，保证货位货物摆放整齐，备货存放位置明确，保证订单出货的准确。

- **预留物流场地**｜"双11"活动期间的订单包裹会比平时多很多，所以需要提前规划好物流的工作场地，做到人员位置合理，包裹摆放整齐，以提高整体工作效率。

- **人员的协同工作**｜由于"双11"活动期间的工作量大且繁重，需要合理分配各部门的工作人员，各部门之间也要做到相互配合。不但要调动自己的积极性，还要在完成自己工作的同时，尽可能去配合相关部门一起完成工作，只有这样才能高效率地完成工作。另外，管理人员要发挥好协调的作用。

- **人员培训**｜要对"双11"活动期间的各项工作的工作人员进行岗位培训，特别是客服人员，客服人员需要做好和用户之间的FAQ（疑难解答）。而且，由于活动中可能出现繁重的工作量，每个客服人员可能需要同时面对几个、几十个，甚至上百个用户的提问，管理人员需要提前做好用户的分流工作，尽量根据客服人员的资历为其安排不同数量的用户，从而提高工作效率。

- **连接工作**｜由于"双11"活动期间的工作量很大，各部门之间需要精诚合作，做好连接工作，包括部门与部门之间的连接，部门内部的连接，库房和物流之间的连接，客服人员和用户之间的连接等，特别是库房和物流之间的连接一定要清清楚楚，避免出现丢单、错单和落单等现象。

- **工作保障**｜做好各项检查工作，保证"双11"期间网站和网店能够正常工作，包括检查网络设备，生活用电、用水、用气，空调和计算机等是否能正常工作，不能在"双11"期间出现物业停电、停水，网络瘫痪，系统崩溃等情况。另外，还需要检查灭火器、空调和电梯等是否可正常使用，保证网店和工作人员的安全。

- **饮食饮水**｜为了提高工作效率，需要保证工作人员的饮食饮水问题，提前为工作人员定制好"双11"活动期间的饭菜和饮用水，除了升级中餐标准外，在活动期间还应提供早饭和晚饭，并为上夜班的同事提供夜宵，在休息区域全程提供免费的咖啡、果汁等饮料，犒劳辛苦工作的工作人员，这样大家工作起来才更卖力。

实施步骤二：预售期的主要工作

"双11"专题活动开始前的时间都可以称为预售期，这一期间的主要任务是促进网店积累收藏量，鼓励用户加购商品（将商品加入购物车）并领取优惠券。

- 对网店的首页进行适当装修，通过"双11"预售海报等方式宣传专题活动。

- 通过满减满折、套餐搭配或者买N免一、第二件半价等活动来带动新品和"双11"主推或专供商品的宣传，吸引用户将商品加入购物车，或者提前购买。

- 使用购物车红包、大额优惠券、赠品礼包提高转化率。

- 使用无门槛优惠券、单品折扣、跨店红包等促销方式，让用户感受到网店的优惠力度，并吸引新的用户收藏网店。
- 使用新品寻宝、抽奖免单、拼团、秒杀等促销方式来引爆新品，突破零单。

实施步骤三：预热期的主要工作

预热期包含在预售期间，通常是"双11"活动开始的前十天，工作目标是宣传专题活动，提升网店的关注度，吸引用户收藏关注，为大促的引爆进行预热。

- **设计预热活动**｜包括预热活动海报，预热专题页面，营销活动板块、营销元素的强化，目的是营造"双11"氛围，强调"预定""提前收藏"，或者与"'双11'同价位""比'双11'更便宜"等主题。
- **设计预热专题页**｜可在设计"双11"专题页的同时设计一个预热专题页，展示"双11"的商品清单，既方便用户提前收藏，也可以根据收藏情况预测商品的热度，为"双11"商品排列顺序做预判，"双11"预热专题页设计如图4-8所示。

图4-8｜"双11"预热专题页设计

- **设计公告模块**｜公告模块的作用是统一告知引导，给用户提供清晰便捷的"双11"购物指引，如购物攻略、自助购物流程、充值提示和活动倒计时等。
- **设计底部分类回流入口**｜网店各页面底部必须要放分类回流，引导用户浏览更多商品页面，包括专题页顶部的活动入口，底部的各种商品分类等。

实施步骤四：活动当天的主要工作

（1）设计专题页的注意事项

活动前做好专题页的设计和检查工作，包括价格、链接、商品细节属性等，尽量避免出错。建议制作多种版本（售中、售后，热销、推广、商品）的页面，以便及时替换专题页。另外，在专题页面发布前还要做好专题页面的设计效果和专业性、完整性的检查工作，检查每个页面底部是否放置了回流分类导航等，如图4-9所示。

图4-9 | "双11"专题页设计

（2）更新各销售节点的实时资讯

- "双11"专题活动当天分成三个时间段：疯抢期（0:00~3:00），理性期（8:00~20:00），扫尾期（20:00~24:00）。

- 疯抢期可能会出现部分限量商品及推荐商品快速售罄的情况，也有可能次推的商品销量明显加大，需要提前做好预案，做好商品调整，尽量曝光货量大的款式。

- 通过优化专题页中的文案以减轻售前客服压力，如直接在专题页商品板块中加入"5分钟内付款有效""立即下单才能享受优惠"等内容；遇到咨询较多的问题，以公告的形式统一回复。

- 实时公布销售数据，刺激用户抢购商品。

- 要实时检查库存情况，一旦售罄立即更换商品或者标记"售罄"，避免出现无效链接，并渲染紧张气氛。一定要做好专题页面的及时调整，把转化效益最大化。

- 在扫尾期设置倒计时、库存告急等公告，渲染销售气氛，指引用户急速下单。

- 在微信和微博等其他新媒体推广渠道发布专题活动相关信息，针对已收藏网店的用户，展示网店专题活动的进展详情，提供更好的用户互动。

（3）跟进工作

在"双 11"活动当天，比较忙碌和辛苦的通常是客服人员和库房人员，因此各部门都要积极配合和协调好这两个岗位人员的工作，尽量鼓舞工作人员的士气。在条件允许的情况下，专门为客服和库房的工作人员提供食物、饮用水等，让他们能把注意力都集中到工作中。

实施步骤五：余热期的主要工作

余热期通常是指 11 月 11 日以后的几天时间，在这段时期，还会有用户陆续访问网站，因此，网站可以根据前一天商品的销售情况，重新策划主题，并对"双 11"专题页中的主推商品等板块进行重新排版，最好制作新的促销海报和温馨提示公告，告知用户"双 11"销售数据、库存情况、发货情况等，打造良好的售后体验。

余热期还需要面对大量销售商品的物流跟踪、用户反馈等问题，需要客服人员耐心、细心地解答问题，处理好用户的问题会减少大量不必要的退换货。另外，如果有用户退换货，一定要把问题标识清晰，以方便库房分拣，同时库房需要统计退换货的商品，将残次品上报给采购部门并及时进行处理。

对于网络编辑来说，专题活动中的很多工作都不需要亲自参与，只需要完成策划方案和进行专题页设计这两项任务，特别是专题页设计工作，直接关系到能否帮助网站或网店提高整个"双 11"专题活动的转化率。内容编辑需要在活动前期重点做主推款、潜力款优化；预热期要制作好商品素材、公告模块等宣传推广文案和海报；活动当天要为各个促销节点准备不同的主题；余热期要注意打造良好的售后体验。当然，这一切都需要在策划文案中做好详细的计划。

4.2.2　情人节专题页的设计思路

设计专题页是为实现销售目标而服务的，所以在设计前要明确活动主题方向和活动目的，因为活动主题决定了文案主题设定，而文案主题设定决定了专题页的设计风格。下面将以设计情人节专题页为例，介绍专题页的设计思路。

1. 定位专题页的用户群体

专题活动不可能满足所有用户的喜好，因此需要进行用户定位来精准地找到那些愿意买单的用户，从而提高转化率。情人节专题活动可以从以下几个角度进行用户定位。

- **从年龄角度定位** | 例如，年轻人的定位是清新、疯狂、文艺等，中年人的定位是稳重、追求品质感等，老年人的定位则是朴实、温馨或令人动容等，针对这些用户定位就可以在专题页中有针对性地推荐适合的商品。

- **从消费能力的角度定位** | 用户的消费能力决定了专题页的设计风格，例如，节俭持家的用户喜欢简单直接的低价促销类的专题活动，追求一定的生活品质但消费能力

不太高的年轻人喜欢文艺小清新的专题活动，追求高品质生活且经济实力雄厚的用户则喜欢奢华高贵的专题活动。

- **从情感的角度定位**｜情感能够激发用户的心理活动和行为，用户总是更愿意为那些能打动自己的瞬间买单。在专题页制作前，可以根据悲伤、平淡、甜蜜、温馨和感动等情感定位用户群体，设计符合用户情感需要的专题页。

- **从恋爱状态的角度定位**｜用户有恋爱中、单身中、暗恋中和失恋中等多种状态，可以针对不同恋爱状态的用户群体设计专题页，例如，图4-10所示的单身状态和热恋状态对比的专题页，就是从恋爱状态的角度定位用户群体进行专题页设计：单身状态的用户应该对自己好一点儿，要购买食品来满足自己的需要；恋爱状态的用户则需要购买食品来宠爱另一半。

图4-10｜根据不同恋爱状态的用户定位设计的情人节专题页

2. 确定专题页的风格

在确定了专题页的用户人群后，就需要确定专题页的风格，比较适合情人节专题页的风格主要有以下几种。

- **简洁时尚**｜适合有一定审美品位的用户。
- **文艺小清新**｜适合追求品质的年轻用户。
- **可爱手绘**｜适合年龄偏小或天真纯洁的女性用户。
- **粗犷个性**｜适合追求特立独行的用户。
- **可爱搞怪**｜适合喜欢搞怪的小情侣用户。
- **温馨沉稳**｜适合有一些生活阅历的用户。
- **奢华高贵**｜适合有一定经济实力的用户。

3. 撰写专题页的主题文案

用户定位和风格确定后，就需要撰写专题页的主题文案，下面将根据情人节专题页文案的常见主题类型，罗列一些主题文案内容供大家参考。

- **贴合商品路线的主题文案**｜给你甜"秘密"、为爱"吃"狂、为她清空这辆车、世界上"嘴"甜的事情就是遇到你、你的口红都被我承包了、1314都在钱包里面等。
- **情感路线的主题文案**｜愿有情人永生执手相望、爱你一生一世、愿得一人心白首不相离、特别的爱献给特别的你、陪伴是最甜蜜的告白、爱你不止这一天等。
- **宣扬立场的独立的主题文案**｜宠爱自己、做自己的美丽情人、爱人先爱己等。
- **出谋划策性质的主题文案**｜情人节大胆说爱你、浪漫情人节约会法则、至臻心意送给我珍视的人、情人节脱单计划、99朵玫瑰花99句我爱你等。
- **对比性质的主题文案**｜单身购vs情侣购、独身主义vs恋爱主义等。
- **文艺风格的主题文案**｜你来了我的心就满了、我的两个心愿——你在身边、在你身边，自从遇见你人生苦短甜长、从爱上你的那天起甜蜜得很轻易等。
- **低价促销路线的主题文案**｜约"惠"2019、浪漫不打折、情人节"价"给你等。

4. 设计专题页的版式结构

一个完整的活动专题页结构，从上到下包含首屏Banner部分和次屏楼层部分，下面就分别介绍这两个部分的组成结构和版式特色。

（1）首屏Banner部分

首屏Banner部分包括标题、主题元素、场景画面和主题色彩等，这些结构必须符合情人节的用户定位特点，展现情人节的风格并围绕撰写的主题文案进行设计。下面将分别举例说明常见的情人节首屏Banner部分的结构设计。

- **标题**｜标题设计主要是通过不同的样式和字体表现出专题页的风格和主题，如用丝带的造型或质感设计的标题就能展现现代又浪漫的风格；为标题设计有粗有细的字体则显得比较优雅；简笔画样式的标题会呈现随意感，展现可爱又有亲和力的风格；使用细长字体的标题则可以体现女性的柔美；使用粗犷手写体的标题则显得比较新潮和个性；既有力度又不失韵律感的毛笔字适合食品类专题页标题；使用比较粗的英文字体会显得标题比较时尚；用花草拼接的字体则会体现标题的小清新风格等。
- **主题元素**｜首屏Banner部分通常会添加一些符合专题页风格的主题元素，情人节的主题元素包括巧克力、丝带、蝴蝶结、糖果、鲜花、戒指、爱心、千纸鹤、情书和蜡烛等，比较常用的是爱心和丝带。
- **场景画面**｜场景画面是一些比较温馨和感动的场景，用在首屏Banner部分烘托专题页的气氛，引导用户融入场景产生共鸣。情人节常用的场景画面包括手牵手、亲吻、倚靠肩膀、比心、手捧花、骑单车搂腰、表白、穿着婚纱的样子等。
- **色彩搭配**｜情人节专题页首屏Banner部分的色彩搭配可以使用代表浪漫的紫色，代表热烈喜庆的红色，代表温馨的金色或棕色，代表可爱甜蜜的粉色，以及代表女性的玫红色系和代表男性的蓝色系等。

（2）次屏楼层部分

次屏楼层部分是指专题页中各种商品展示的内容，通常分为以下3个板块。

- **优惠折扣** | 通常位于次屏楼层部分的最上方，有时可能会在最下方，用于展示专题活动的各种促销方式，以及活动内容提示等。

- **商品推荐** | 根据商品内容进行分层，图4-11所示的商品推荐就分为"心心相印"的情侣组合和"甜蜜礼盒"的经典搭配两个层次。

- **分类回流** | 对所有商品进行分类，用户可以通过该分类进入商品的详情页。

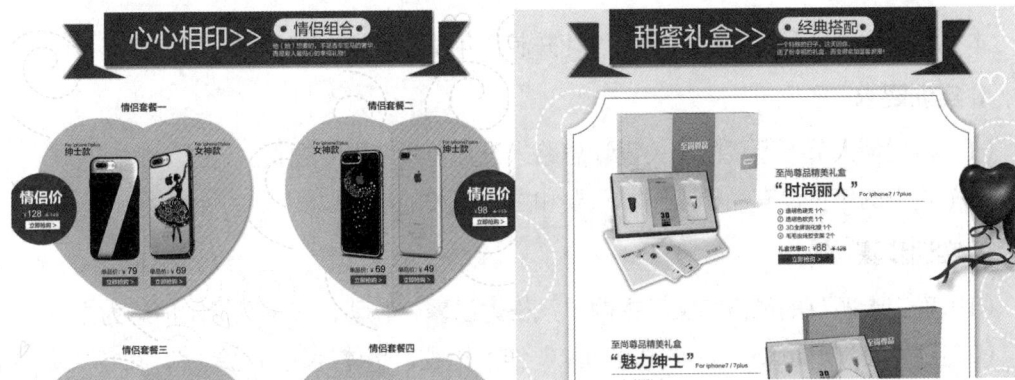

图4-11 | 某手机壳商品情人节专题页的商品推荐分层

4.3 本章实训

为帮助读者掌握策划网站专题活动的相关知识，下面将通过两个实训进行巩固练习。

4.3.1 撰写七夕节专题活动策划方案

本实训需要读者利用本章所学的专题活动策划的知识，撰写一个七夕节策划文案。

1. 实训要求

（1）专题活动的目标是帮助服装网店销售夏季新品。

（2）策划方案只涉及活动背景、活动主题、促销方式和活动内容。

2. 实训步骤

（1）撰写活动背景。介绍七夕节的由来，以及电商利用七夕节进行促销的原因。

（2）明确主题。为专题活动选择一个主题方向，可以多创作几个主题文案供选择。

（3）活动前期准备工作。着重介绍店面装修、商品描述、促销活动、特价商品、套餐搭配和淘金币赠送等方面的活动准备。

（4）促销方式。介绍专题活动使用的促销方式，包括满就送、满就减、特价等，最重要的是将商品价格设置成和七夕有关，例如，单品价格在 30 元左右，可以将两件搭配成情侣装促销，情侣装价格设定为 52.0 元，代表我爱你。

（5）活动内容。从节前 3 天到节后 3 天，一共 7 天的时间，分为预热期、活动期和余热期，活动当天分为上午、下午和晚上 3 个阶段，撰写每个时间段内的主要工作计划。

4.3.2 设计年货节专题页

本实训需要读者利用本章所学，设计并制作年货节专题页。

1. 实训要求

（1）根据情人节专题页的相关设计思路来设计年货节的专题页。

（2）这里的年货没有品种限制，只要和主题相关的都可以。

2. 实训步骤

（1）确定专题页的风格和文案主题。风格为温馨、感动，文案以抒发情感为主。

（2）制作首屏 Banner。以"为爱回家"作为标题，字体样式为毛笔字，在年代数字上结合当年的生肖，背景为回家的火车，要体现出温馨的场景氛围。色彩以传统红色为主，分为 9 个楼层，主题元素包括火车、灯笼、鞭炮、年夜饭、窗花、生肖和福娃等。

（3）制作次屏楼层。1 楼为满减和领红包的促销方式；2 楼为春联促销，显示几副春联的上联，如果用户能够对上，就可以获得礼物；3 楼为热销商品；4~8 楼分别为"美丽女人""健康男人""快乐父母""成长青少年""精美礼盒"商品专场；9 楼为一张火车票返回家乡的场景画面设计。这里的 9 层楼以传统宫殿楼层的样式制作，每层楼的窗户打开即为一个具体的商品介绍，并在每层楼中使用具体的商品图片展示该楼层的主题特色，例如，6 楼使用一对老年夫妇温馨快乐的图片来渲染"快乐父母"的气氛。

思考与练习

（1）撰写一份"3·8"妇女节的专题活动策划方案。

（2）以"5·1 零食囤吃季"为主题设计零食网店的专题页。

（3）以"迎接冬奥，全面健身"为主题设计运动商品网站的专题页。

（4）以"展现优雅的自己"为主题设计女性服饰的专题页。

（5）以"亮出 S 形曲线"为主题设计运动服饰商品的专题页。

（6）以"吃货都挺好"为主题设计生鲜食品网站的专题页。

第 5 章

创作与编辑新媒体内容

学习目标

| 了解新媒体的相关基础知识

| 了解网络编辑的新媒体工作内容

| 熟悉创作新媒体文案的方法

| 掌握创作新媒体文案的技巧

学习内容

| 新媒体的概念和常见类型

| 策划和生成新媒体内容

| 优化和运营新媒体内容

| 创作新媒体文案的准备工作

| 策划新媒体文案的主题

| 常见新媒体文案的创作和编辑技巧

5.1　了解新媒体

除了网站外，各种新媒体平台也是网络平台的重要组成部分，因此，网络编辑还应该了解新媒体，具备创作和编辑新媒体内容的相关技能。下面就从新媒体的概念和类型两个方面来介绍新媒体的相关知识。

5.1.1　新媒体的概念

"新媒体"这一概念最早出现在 20 世纪 60 年代，当时主要是指电子媒体中的创新性应用。80 年代，伴随计算机技术的发展，"New Media"（新媒体）一词被引入中国并得到广泛普及。90 年代后期，随着中国全面接入互联网，新媒体与互联网开始紧密地联系起来。进入 21 世纪以后，随着手机通信技术的不断飞跃，功能手机向智能手机迅速转变，移动互联网开始介入新媒体的应用领域。

在不同的历史阶段，"新媒体"这个概念具有不同的意义，也在不断地发生演变。在不同的使用环境中，定义"新媒体"概念的角度不同，对应的含义也有所不同。目前可以从以下几个角度来定义"新媒体"这个概念。

- **传播介质的角度** ｜最早的"新媒体"一词是指新的介质，从传播介质的角度来看，"新媒体"仍然可以称为"新媒介"。在现代社会中，对于传播介质，人们似乎更偏向使用"新媒体"这个词，因为这个词比"新媒介"更符合人们的表达预期，比如通常将互联网中的传播介质称为"网络媒体"而不是"网络媒介"，将手机这种传播介质称为"手机媒体"而不是"手机媒介"。

- **传播形式和方法的角度** ｜新媒体传播的形式和方法也比传统媒体更加新颖，从早期的新闻组和电子公告牌系统（Bulletin Board System，BBS），到后来的 WWW、电子邮件、搜索引擎等，再到现在的博客、社会性网络服务（Social Networking Services，SNS，包括社交软件和社交网站）、微博、微信、应用程序（Application，App，通常指安装在移动设备中的应用程序）。所以，站在传播形式与方法的角度来看，与互联网紧密联系在一起的新媒体也就处于不断的变化中。

- **传播机构的角度** ｜除了从传播介质和形式方面来定义新媒体外，通常所说的新媒体也可以看成是基于新媒体渠道、平台提供信息服务的传播机构，特别是大众传播的机构，比如基于微博和微信等平台提供信息服务的腾讯公司等。站在传播机构的角度，新媒体主要是指基于新媒体渠道与平台提供信息和服务的机构。

- **平台的角度** ｜平台是指一种基础的可用于衍生其他产品的环境，这种环境可只用于产生其他的产品，也可在产生其他产品后发展成为衍生产品生存的环境。网络中新媒体的属性不仅局限于"媒体"，而是逐渐成为"平台"。因为很多新媒体不仅能够进行信息的传播，而且还能作为一个社交平台帮助人们进行工作和生活信息的相互传递，或者作为一个经营平台，满足人们的各种物质和精神的需要，甚至可作为一个交换平台，帮助人们交换各种物品。

综上所述，目前比较流行的对新媒体的定义是：新媒体是一个宽泛的概念，它是一种利用数字技术、网络技术，通过互联网、宽带局域网、无线通信网、卫星等渠道，以及计算机、手机、数字电视机等终端，向用户提供信息和娱乐服务的传播形态。

5.1.2 认识新媒体的常见类型

新媒体的类型很多，按不同的方式可以划分为不同的类型，每一种分类方式都有自己的分类依据。例如，按传播途径的不同，可以将新媒体分为基于互联网的新媒体、基于数字广播网络的新媒体、基于无线网络的新媒体和基于融合网络的新媒体4种类型；按传播媒介的不同，通常可将新媒体分为网络新媒体、手机新媒体、数字电视媒体和其他新媒体4种类型。在人们的日常生活和工作中，新媒体主要包括以下一些类型。

1. 微博

微博是"微型博客"的简称，也是目前全球最受欢迎、使用最多的博客形式。博客则是一种通常由个人管理、不定期张贴新的文章的网站，其中的文章以倒序方式由新到旧按张贴时间排列，内容主要是个人日记；当然，也有很大一部分博客专注在特定的课题上，提供评论或新闻。博客中通常结合了文字、图像、其他博客或网站的链接及其他与主题相关的媒体等，读者可以以互动的方式留下意见或进行评论。博客是新媒体中的第一代自媒体，是新媒体的重要代表之一。微博更注重时效性和随意性，更能表达用户每时每刻的想法和最新动态。由于微博是博客的微型化，所以微博的类型和博客相同。著名的微博有新浪微博、腾讯微博、网易微博和搜狐微博等。中国移动的新浪官方微博如图 5-1 所示。

图5-1 | 中国移动的新浪官方微博

2. 微信

微信是一款社交工具，它不仅可以通过网络快速发送文字、图片、语音、视频，还支持群聊、分享、扫一扫、查找附近的人等功能，而且跨越了运营商、硬件和软件、社交网络等多种壁垒，实现了现实与虚拟世界的无缝连接，使移动终端成为新的社交节点。微信使个人移动终端的功能得到发挥，将人际传播和大众传播融为一体，成就了一种全新的传播类型。所以，人们通常将微信定义为一款新型的，依托于移动互联网和个人移动终端技术，具有社交功能、信息分享功能和信息接收功能的新媒体平台。

微信作为新媒体平台，还有一项重要的传播手段——微信公众平台。政府、单位、媒体机构、企业、名人等都可以建立独立的微信公众平台，通过注册微信公众号（订阅号或服务号）在上面进行各种宣传或营销推广。例如，商家通过基于微信公众平台对接的微信会员云营销系统展示商家微官网、微会员、微推送、微支付、微活动，已经成为一种主流的线上线下微信互动营销方式。而各地方交通警察部门基于微信公众平台的微信公众号，则可以进行各种与交通管理相关的业务的查询、办理和处理，如图5-2所示。

图5-2｜交警部门微信公众号平台

3. QQ

QQ是腾讯公司推出的一款即时通信软件。QQ支持在线聊天、视频通话、点对点断点续传文件、共享文件、网络硬盘、自定义面板和QQ邮箱等多种功能，并可与多种通信终端相连，包括计算机、手机和移动设备等。

QQ除了基本的即时信息通信功能外，还可以建QQ群，功能类似于小型社群，天南地北的一群人犹如坐在一起讨论并发表见解；还可以通过QQ空间书写日志、写说说，上传用户的个人图片、听音乐，通过多种方式展现自己，功能类似于博客和微博。除此之外，QQ还有许多衍生产品，如QQ游戏、QQ音乐、QQ吧等，能满足人们工作和生活的大部分需求。

4. 网络直播

网络直播就是借助互联网的优势，利用相关直播软件将即时的现场环境发布到互联网上，再由互联网技术快速、清晰地呈现在用户面前。网络直播作为新媒体的一种传播方式，具有时效性强、传播快捷、互动性强的独特优势，同时它也是一种新兴的网络社交方式，因此进行网络直播的平台也成为一种崭新的社交媒体。

广义的网络直播包括电视节目的网络直播和网络视频直播两种类型，其中电视节目网络直播是基于互联网的技术优势，利用视讯方式进行直播，其直播渠道包括 PC 端和手机等移动设备端；网络视频直播是一种直播网站自给自足的节目内容，基于现场架设的独立信号，通过上传至网络供用户观看。目前，网络视频直播已经发展得较为成熟，尤其是可以与用户进行直接信息交流的网络互动直播，其互动性更强，且能够随时随地进行直播，是目前新媒体中炙手可热的传播形式。网络互动直播又分为以下 3 种类型。

- **娱乐类直播**｜娱乐类直播是当前市场上用户数量最大的一个类别，明星、剧组、网红的入驻，保证了直播平台的粉丝基数，这种直播类型最大的特点就是能满足粉丝与偶像零距离接触的意愿。
- **游戏直播**｜知名游戏主播在直播平台上通过对游戏的直播讲解吸引粉丝。游戏直播其实是最早的直播类型，其核心是能够带来大量粉丝的主播。
- **购物类直播**｜购物类直播也被称为消费类直播，类似于电视购物。这类直播以网红主播展示并讲解商品为亮点，使用户能更加直观地感受商品，以激发用户的消费欲望，从而达到出售商品的目的。

5. 短视频

短视频是一种视频长度以秒计数，主要依托于移动智能终端实现快速拍摄与美化编辑，可在各种社交媒体平台上实时分享和无缝对接的一种新型视频形式。短视频既可以代替图文作为信息的传播介质，比如新闻时事，也可以单独作为一种娱乐内容，比如短视频里面的个人秀或者生活中的片段。短视频既可以包含丰富的视听信息，又不占用用户太多的时间，是目前比较便捷的传播形式。短视频创造的诸多热门话题，成为一种社会现象，打破了视频传播的常规思维，逐步在新媒体行业中占据一席之地。

目前，短视频社区类应用程序越来越多，各大社交平台也通过内置短视频功能来吸引用户。从国外 Instagram、Vine、Snapchat 的风靡，到国内快手、抖音的崛起，短视频具有以下 4 个传播特点。

- **内容生成相对容易**｜短视频的制作门槛低，使用手机等非专业拍摄设备就能实现制作与编辑。短视频的时长一般在 10 秒左右，不需要大量的拍摄时间和后期编辑。

此外，可以使用现成的滤镜和特效，让用户参与到创作中，成为视频中的主角，激发用户自身的传播积极性，促进用户分享。

- **传播速度快**｜手机等移动客户端是视频传播的主要途径，短视频时长短、流量小、观看方便，而且即拍即传，能够在互联网中迅速传播。

- **具有强烈的社交属性**｜短视频的传播渠道主要为社交媒体平台，从某个角度讲，短视频逐渐成为人与人之间传递信息的载体，其功能类似于图片在传播中起到的作用，并且更具有画面感，也更真实、可信。

- **点对点传播**｜短视频依托于移动端，具有传播和分享的优势。短视频使信息以一种实时的、有声音、有图像的方式，在人与人之间普及开来，这种改变使视频成为点对点传播的一种媒介形式，并且逐渐成为人们的网络社交习惯。

6. 移动新闻客户端

移动新闻客户端是一种传统报业与移动互联网结合得更加紧密的媒体形式。移动新闻客户端通常定义为依靠移动互联网资源，以文字、图像、影像、声音等多种语言符号传播新闻信息为内容，以智能手机、平板电脑等移动终端作为接收设备的全媒体、数字媒介。目前常见的移动新闻客户端主要有以下4种类型。

- **综合门户**｜综合门户是网络中各大综合门户网站推出的移动新闻客户端，如新浪移动新闻客户端、腾讯移动新闻客户端等。

- **传统媒体**｜传统媒体是各种传统的新闻媒体推出的移动新闻客户端，如央视移动新闻客户端和其他地方媒体的移动新闻客户端等。这类移动新闻客户端的优势在于传统媒体本身就具备强大的品牌号召力，拥有独家的原创内容。

- **聚合媒体**｜聚合媒体是指通过各种网络技术，将分散的内容加以整合，并通过多样化、个性化的方式推送给用户，使用户通过一站式的访问，获取所需的各种信息，如百度新闻、今日头条、网易云阅读和一点资讯等。

- **垂直媒体**｜垂直媒体是指科技、体育、娱乐等众多行业或领域的专业媒体推出的移动新闻客户端，如科技领域的中关村在线、汽车领域的汽车之家等，如图5-3所示。

7. 数字电视

新媒体中的数字电视是指基于网络技术的数字电视系统，包括IPTV、车载移动电视、楼宇电视、户外显示屏系统等。数字电视可以边走边看、随时随地收看，极大地满足了快节奏社会中人们对于信息的需求。除了具有传统媒体的宣传和欣赏功能外，还可以承担城市应急预警、交通、食品卫生、商品质量等政府安全信息发布的重任。

- **IPTV**｜IPTV即交互式网络电视，它是一种集互联网、多媒体、通信等技术于一体，利用宽带网向家庭用户提供包括数字电视在内的多种交互式服务的新技术。用户可

图5-3｜垂直媒体的移动新闻客户端

以通过计算机、网络机顶盒＋普通电视机或者移动终端3种方式享用电视服务。

- **车载移动电视**｜车载移动电视是一种移动数字电视类型，通常安装在公交车、地铁和出租车等公共交通工具上，通过无线发射、地面接收的方式进行电视节目和信息的传播，它是目前比较常用的数字电视新媒体。
- **楼宇电视**｜楼宇电视是指采用数字电视机为接收终端，以播出电视广告和其他节目为表现手段，将商业楼宇、卖场超市、校园、会所等场所作为传播空间，播放各种信息的新兴电视传播形式，实现了户外楼宇广告媒体的发布。
- **户外显示屏系统**｜户外显示屏系统由计算机专用设备、显示屏幕、视频输入端口、系统软件和网络组成，通常采用巨大的显示屏幕来播放电视广告。

5.2 网络编辑的新媒体工作内容

网络编辑的新媒体工作内容主要分为策划和生成、优化和运营两个部分。策划和生成包括选题策划、素材搜集、内容编辑、内容校对、推送发布等工作；优化和运营则包括监测数据、处理留言、用户调研、用户反馈互动、历史内容的追踪和社区的推广等工作。

5.2.1 策划与生成新媒体内容

网络编辑最基本的新媒体工作内容就是对相关内容进行策划、创作、筛选、整理和发布。下面具体介绍各环节的工作内容。

1. 选题策划

在生成新媒体内容之前，应先根据内容和企业品牌的定位进行选题策划。选题策划是工作中非常重要的环节，选题的优劣会影响最终生成的内容的质量。

（1）根据热点策划选题

热点就是一段时间内大多数人关注和讨论的新闻事件。媒体行业公认的最好的选题就是蹭热点，而且有很多热点的热度会持续几天、一周甚至半个月，这时抓住机会，根据热点输出内容，就很容易为平台带来巨大的流量。

（2）脱离热点策划选题

没有热点的选题策划就应该遵循受众分享的原理，如果编辑输出的内容能够帮用户完成某些社交任务，用户就会自动分享该内容。另外，选题一定要面向大众，覆盖足够广的用户人群。适合阅读的用户越多，产生分享并完成流量转化的可能性就越大。

（3）容易被用户接受的选题

具备以下几个特点的选题更容易被普通用户接受。

- 有实际的生活场景，代入感很强。
- 打破用户的固有思维，引发好奇心。
- 创造用户需求，让用户更加关心自己。

2. 搜集素材

选题确定后，就可以搜集相关的素材了。素材的种类繁多，包括图片、文章、课件、视频、小说等。网络的全面性导致获取素材的途径很多，可以在门户网站上搜集创作素材，也可以在手机上通过微博、微信和各种 App 搜集素材。在日常工作中看到好的素材内容和有创意的素材，都可以随手收藏，将这些素材资料整理成自己的资料库，就不愁内容创作时没有素材了。

3. 创作内容

接下来需要网络编辑整合资料并撰写文案，包括确认语言风格、进行内容设计、加入流量关键字、行动呼吁和常见问答等几个环节。

（1）定义语言风格

网络编辑撰写的文案都会体现出独特的语言风格，如幽默、专业、平易近人等，其目的是区别引用的内容以及其他同类型的文案，增强用户的阅读体验，并建立企业自己的品牌印象、组织文化和个性。

（2）内容设计

在定义好语言风格后，就可以开始撰写整个文案了。通过了解以下几点注意事项可以快速抓住文案内容设计的重点。

- 罗列项目、强调重点。

- 用标题吸引用户的目光。
- 字号大小适宜、排版干净整齐。
- 通过视觉内容增强用户对内容描述对象的渴求。
- 增加潜在用户的想象力。
- 引导用户的情绪。

专家指导

　　用户在新媒体平台中浏览页面时，实际看到的内容是很少的，所以，网络编辑撰写的文案内容必须能够让用户在很短的时间内看出与竞争对手的文案的差异。

（3）加入流量关键字

　　网络编辑应该在撰写的文案中添加一些关键字，以方便用户通过网络进行搜索。因此，在写好文案内容后，网络编辑可以通过网络调查关键字的流量，尽量将主要的关键字加入到文案的内容中。在添加流量关键字时需要注意以下3点。

- 避免专业性太强的关键字，要能让普通用户接受。
- 将关键字加入文案的标题、次标题和内文中，但不要过度使用。
- 优化文案的主要图片，在图片中添加关键字。

（4）行动呼吁

　　网络编辑撰写的文案必须为用户创造一个立刻行动的理由，并以明确、积极主动的文字呼吁用户采取行动，或者转发共享内容，或者购买产品，或者预订文案的服务，或者关注文案涉及的企业等。总之，就是要推动用户完成事先设定的下一步行动，如现在大多数微信文案都会在开始或者最后放上二维码，这就是一种典型的行动呼吁。

（5）常见问答

　　虽然大多数文案都写得比较详细，但也会漏掉一些用户关心的问题，特别是涉及产品和服务的文案，而网络编辑就需要提前把问题在文案中进行解答。问答的内容通常涉及用户经常提到的疑问，如送货、质量、退货、安全和使用等相关问题。

4. 预览优化

　　撰写完文案后还需要对文案的具体内容进行预览和优化，这里的优化主要是针对标题（包括内容标题和描述性标题）、描述和封面图，这3个项目也被称为新媒体内容的核心优化3要素，如图5-4所示。这些优化项目通常都会直接出现在新媒体的内容列表中，用户通过点击就能跳转到具体的文案页面，因此，标题（权重最高）、封面图（权重次之）和描述3者结合在一起，必须要表达出文案的核心内容，这也是对网络编辑的要求之一。现在很多用手机编辑的文案将标题和描述进行结合，形成了描述性标题和封面图两个优化要素，但无论形式怎么改变，优化都是新媒体网络编辑工作中必不可少的环节。

图5-4｜新媒体内容的核心优化3要素

- **标题**｜一个好的标题能够使文案提升50%的阅读流量。撰写标题有很多方法和技巧，新媒体内容标题的写作与网站标题相似，这里不再赘述。
- **描述**｜新媒体平台通常对描述有字数的限制，所以网络编辑要根据文案的主要内容，表达其核心思想。描述通常有4种类型：一是精练的内容简介，二是文案的第一句话，三是文中最经典的一段内容，四是引用的名人名言。
- **封面图**｜封面图要根据内容定位进行选择，同一系列的文案的封面图最好保持同一个色系或风格。

5. 审查并发布

对文案进行审查是指针对特定时间段所策划并具有特定目的的一组内容进行（一次或多次）审核和编辑修改。审查通常由一个部门或一个工作小组进行，针对内容的定位和要求对文案进行修改。修改完成后，编辑和部门负责人再次对文案进行审查，并按照要求进行一次或多次的修改，直到满意并确定最终内容。审查合格后就可以在新媒体平台中进行发布，要注意发布的频率和稳定性等。下面对平台的选择及发布的稳定性做进一步介绍。

- **选择发布的平台**｜网络编辑不需要在所有的新媒体平台中发布文案，只需选择一个人气和流量较大的平台即可，但应注意根据内容的定位选择与内容行业相关的新媒体平台。另外，要注意新媒体平台在搜索引擎中的权重，尽量选择一些权重高且有新闻信息来源的新媒体平台。
- **发布的稳定性**｜稳定性是指文案发布后不会被删除，能够被平台长期稳定地收录。为保持发布的稳定性，一般是将文案发布到流量大且正规的新媒体平台。

5.2.2　优化与运营新媒体内容

新媒体平台是以用户为中心的网络平台，因此优化与运营新媒体内容的目的就是一切围绕用户并促进产品迭代，最终实现盈利。网络编辑的优化与运营工作包括以下几个方面的内容。

1. 用户调研

用户调研是指通过对一定数量或范围的用户进行深入了解和分析，以确保输出的内容符合这些用户的需求。对用户的调研可以让网络编辑更了解目标用户的生活习惯，从而提供更多有价值的信息，激发创作的灵感，更有针对性地提供有效的内容方案。

（1）用户调研的定位

首先需要明确用户调研的背景，比如什么情况下发起的调研，是否需要调研解决；然后是调研的目的，比如希望从这次调研活动中得到什么结果。对于网络编辑来说，用户调研要聚焦到某个具体的问题，问题越具体，反馈的结果就越有价值。

（2）选择目标用户

选择目标用户即根据用户调研的定位，挑选出大量的目标用户，比如要调研用户的下单转化率，就需要筛选出下单流失的用户。此外，由于网络编辑与用户基本上都是通过网络进行交流的，因此在进行用户调研时还要考虑时间、地点和用户的配合程度。

（3）设计调查问卷或访谈提纲

用户调研的方式通常有两种：一种是设计调查问卷，交由用户填写；另一种是通过访谈的方式直接和用户交流，提出各种问题并让用户回答。

- **设计调查问卷**｜调查问卷的内容包括用户对于输出内容的看法（是否满意）、还需要提供哪些功能和服务、从什么渠道获得的内容、有什么建议、有什么好的解决方案等。
- **设计访谈提纲**｜设计访谈提纲时，先列出用户可能提出的问题和必须回答的问题，再把这些问题串联起来与同事一起进行预演。设计访谈提纲时可以参考图5-5所示的问题。

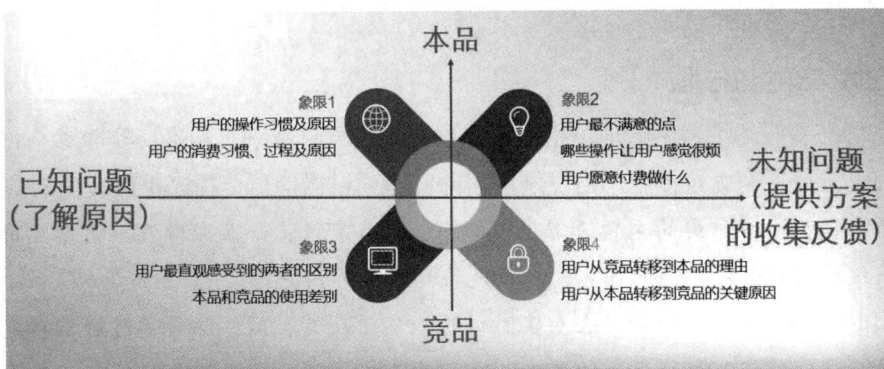

图5-5｜四象限提纲

（4）开始调研

根据设计的调查问卷或访谈提纲与目标用户进行交流，尽量在预定的时间内完成。完成调研后需要将具体的结果以数据或书面的形式提交，并持续进行用户调研活动。

2. 数据复盘分析

数据复盘分析是网络编辑在新媒体内容创作中常用的内容优化和运营的方式，指的是通过对每一次发布和传播的内容进行复盘和数据分析，从中找到适合目标用户的内容编辑方法，并根据数据的分析进行优化，其具体内容如图5-6所示。

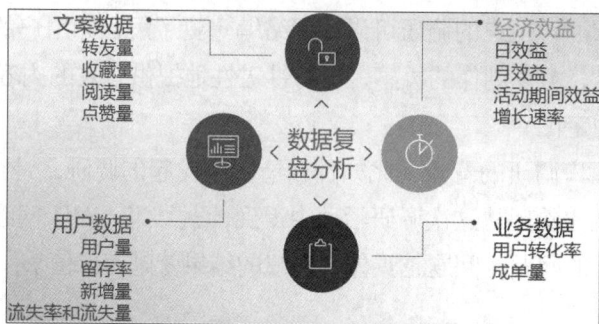

图5-6｜数据复盘分析的内容

3. 利用热点事件吸引用户参与

热点事件通常会为内容带来足够的流量，因为它能满足用户的好奇心与谈资需求。但热点有一定的时效性，对于网络编辑来说，除了让用户传播外，如果能够让用户也参与到热点中，不但可以延长热点的使用周期，还能增强用户的互动性。

4. 在社区中维护核心用户

网络编辑通常会面对核心、普通和潜在3种用户类型。针对不同的用户群体，网络编辑要做的工作就是寻找优质的内容，利用置顶、推荐至首页或频道页、加精华、标红等各种方法，将其推荐给所有用户，然后维护其中的核心用户，让这些核心用户分享和传播这些优质的内容，进而带动整个社区。

5. 在微信群中进行推广

微信群在新媒体传播中的地位越来越重要，微信群具有垂直精准、实时参与、多方互动的特点，几乎所有大规模用户自发刷屏事件都是通过微信群传播来扩散裂变的。

- **垂直精准**｜微信群的主题通常明确单一、垂直有效，如某品牌汽车的车主群等。网络编辑可以针对不同的内容，精准地找到所需的用户群。
- **实时参与**｜微信群的特点在于实时讨论、实时反馈，网络编辑通过微信群发布内容后，通常能实时获得用户的反馈信息，便于在第一时间调整内容。
- **多方互动**｜由于微信群能够进行多对多的讨论，所以更有利于网络编辑与用户之间的互动，并能够针对内容进行很好的沟通反馈，产生更多的自发传播。

6. 用户反馈

新媒体输出的内容是为了满足用户的真实需求，要想获得这个真实需求，倾听用户的声音非常重要，而网络编辑进行内容运营时最重要的工作之一其实就是与用户沟通。从用户处获得反馈的过程，也能增加用户的黏性和对输出内容的信任度。网络编辑获取用户反馈的方式主要有被动接收和主动搜索两种。

- **被动接收**｜被动接收是指网络编辑可以通过各种新媒体的专业用户反馈系统接收用户的信息，比如新浪微博的帮助网页，用户在新浪微博平台遇到问题时会到该网页留言，网络编辑在进行内容运营时，就要注意及时查看并处理该网页上用户的信息。
- **主动搜索**｜大多数用户在遇到问题时，只要该问题不影响正常的操作，都不会主动与客户服务人员联系，而是通过发布微博、朋友圈等方式，在新媒体平台中求助或吐槽。所以，网络编辑需要主动搜索和关注用户遇到的问题，判断是否需要介入沟通等。

5.3 了解新媒体文案

如今，新媒体平台的用户人群与日俱增，已经成为网络上一个巨大的潜在用户来源，摆在网络编辑面前的一个重要问题就是如何通过创作新媒体文案来获得这些用户。下面介绍新媒体文案的相关知识。

5.3.1 新媒体文案的特点

新媒体文案与网站文案有很多相似之处，但也有很多不同的地方。下面先介绍新媒体文案的概念和特点，这些知识是网络编辑必须要了解的内容。

1. 什么是新媒体文案

简单地说，新媒体文案就是创作、编辑并发布在新媒体平台中的文案内容。从文案写作的角度来看，新媒体文案的产生需要从传统媒体进化到新媒体；从文案产生的价值来看，新媒体文案不仅具有普通文案所具有的品牌价值，还具有传播价值。新媒体文案通常需要体现出品牌的核心价值，这个核心价值可以由商品或服务的功能和属性来决定，并为品牌的定位提供内涵说明。

2. 新媒体文案的特点

新媒体文案除了具备一些与网站文案相同的共性特点，例如发布成本较低、传播渠道和形式多样化等，也具有一些独特之处，下面分别进行介绍。

- **更具个性化**｜新媒体平台可以为每一位用户提供文案分享和传播的渠道，网络编辑就能根据品牌和商品的用户群体定位，创作出个性化的文案来满足用户的需求。
- **具有强大的互动能力**｜新媒体平台具有强大的互动性，网络编辑可借助新媒体平台与用户进行实时互动，而新媒体文案作为营销推广的载体，同样具有互动性强的特点。

- **针对的目标人群更准练**｜每一个新媒体平台都拥有特征明显的用户群体，如年级较小的用户群体更多使用 QQ，而成年人和职场人士则更多使用微信。针对不同的用户目标人群发布的文案更容易被其接受并传播。

5.3.2 微信文案的优势

微信文案通常是指利用文字、图片等元素进行创作，能够进一步引导用户进行消费的文案。微信文案具备一些其他新媒体平台文案所不具备的优势，主要包括以下几点。

- **方便的信息推送**｜微信公众号可以经过后台的用户分组和地域划分，完成精准的信息推送，可以群发文字、图片或语音内容，如图 5-7 所示。

图5-7｜微信中的信息推送

- **实时语音交流**｜微信不仅支持文字、图片、表情符号的传达，还支持语音发送。
- **定位精准的用户群体**｜微信用户多为手机用户、白领阶层，相对应的文案也应该针对这些目标用户群体。
- **稳定的人际关系**｜微信本身的用户是真实的、私密的、有价值的，微信文案基于朋友圈进行传播，以朋友、亲戚等人际关系为感情基础。
- **高到达率**｜文案的到达率在很大程度上决定了推广的效果，利用微信群发的每一条文案都能完整无误地发送到手机端，到达率高达 100%。
- **高曝光率**｜曝光率是衡量信息发布效果的重要指标，微信是一款即时通信工具，能随时提醒用户已接收新的未阅读的信息或推送的文案，曝光率高达 100%。

5.3.3 微博文案的特点

微博更注重时效性和随意性，具有及时性、交互性、海量化、碎片化和广播化等传播特点。微博文案则具备以下4个特点。

- **内容精练**｜微博规定单条微博的字数不能超过140个，所以写作的文案不能使用大量的文字，需要短小精干、通俗易懂，让用户能迅速理解文案的主题内容。
- **主题明确**｜相对于微信文案等其他新媒体平台文案，微博文案的主题、用户群体定位和写作目的等更加明确。
- **话题比内容重要**｜微博文案更关注各种热门话题和热点事件，以及日常生活中用户关心的各种话题，网络编辑可以利用这些作为切入点进行文案的写作。
- **快速传播和用户互动**｜微博推广文案通常会在短时间内引起众多用户的转发和快速传播，所以在写作时要把握用户心理，提高用户的参与感和成就感。

5.3.4 直播文案的内容

直播平台的新媒体文案的内容主要包括以下两个部分。

- **内容描述**｜直播平台的新媒体文案最重要就是内容展示，在直播的过程中主播要能清楚地向用户展示内容的特点，解答用户对内容的疑惑，这些都需要提前写作完成，这些内容就是内容描述。
- **直播预告**｜在直播前，网络编辑可以通过预告对直播内容进行清晰的描述和介绍，让用户提前了解直播内容，包括标题、内容简介和预告视频等内容。

5.4 创作和编辑新媒体文案的技巧

新媒体的类型众多，除了文案的基本写作方法外，不同类型的新媒体文案还具有独特的创作和编辑方法，下面分别进行讲解。

5.4.1 微信文案的创作和编辑技巧

微信文案通常由封面图、标题、摘要和正文组成，写作微信文案时需要同时掌握这些内容的写作技巧。

1. 封面图

微信文案的封面图是对文案内容的简要说明和体现，用于快速吸引用户的注意，并引起用户潜在的浏览欲望。封面图主要有以下两种类型。

单图文封面图｜单图文封面图的尺寸较大，展示的图片内容也较为丰富，可以参考海报文案中图片的设计方法，为其添加重要的文字、商品图片或主题诉求等内容。

- **多图文封面图** | 多图文封面图是为了展示多个文案和信息，由于多图文封面图尺寸较小，因此不建议添加文字内容，应尽量保持图片的简单和直观。

2. 标题

微信文案的标题能够直接引起用户的浏览兴趣，其写作可参考第 3 章关于网站文案标题写作的相关内容。除此之外，为了使微信文案的标题更具有辨识度，可在标题前使用竖线"|"将关键性的总结词语放在标题前，让用户看到这几个词语就能知道文案的主要内容；或使用中括号"【】"将不同系列的文案进行区分，这样既能让用户更方便地对每篇文案内容进行区分，也能更好地打造微信文案的个性化风格，如图 5-8 所示。

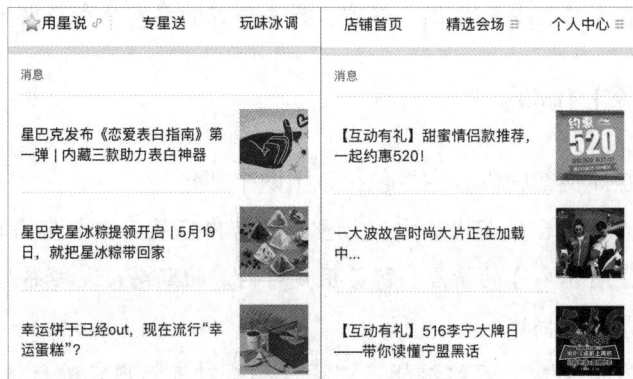

图5-8 | 微信文案中的标题

3. 摘要

摘要是微信文案封面图下面的一段引导性文字，可以引导用户快速了解文案的主要内容，或吸引用户点击浏览具体内容。写作摘要应紧扣文案主题，如果是营销活动文案，可将具体的优惠和打折内容作为摘要来吸引用户；如果是品牌或商品推广文案，可以将品牌精神、商品卖点或用户的优良评价等作为摘要。

4. 正文

微信文案需要通过巧妙的结构组织、图文并茂的语言描述，逐步引导用户信任和接纳其所展示的商品或品牌，从而达到营销推广的目的。微信文案的正文写作通常有以下 3 个技巧。

（1）以商品为核心

微信文案最常用的正文写作方法就是以商品作为贯穿全文的核心思路，在文案开头用一段话引出商品或直接介绍商品，再向用户全面展示商品的功能和卖点。以商品为核心的写作方法又分为各个击破法和核心扩展法两种。

- **各个击破法** | 对商品的具体功能和特点分别进行介绍，这种写法的优势在于总有一个卖点能够打动用户。在写作过程中要注意文字与图片的配合，通过详细的说

明、亮眼的词汇以及直观有趣的图片充分展示商品和服务的卖点，以吸引用户的关注。

- **核心扩展法** | 在文案开头先将核心观点单独列出来，再从能够体现观点的各个方面进行扩展描述，使文案始终围绕一个中心点。使用核心扩展法写作的文案一般不会出现偏题或杂乱无章的问题，对用户的引导作用也更强。

（2）借故事来引导

微信文案可以通过讲述一个感人、有趣故事，让用户充分融入故事情节中，被故事情节打动；最后再在故事结尾处点明商品或品牌。写作这种文案一定要保证故事情节的合理性，并找到与商品或品牌的关联之处，以方便内容植入。

（3）借兴趣点来切入

实用技能、盘点、分享、时事热点、攻略、游戏、健康、猎奇事件等都是用户感兴趣的话题，借助这些内容写作的文案更容易获得用户的关注。网络编辑要根据微信文案的用户定位，结合当下网络的流行趋势、商品卖点和用户喜好，选择文案主题并进行植入。

5.4.2 微博文案的创作和编辑技巧

微博文案注重价值的传递、内容的互动、系统的布局和准确的定位。除了写作网站内容文案时的常用技巧外，微博文案还有以下几个创作技巧。

1. 把握时机

企业需要利用热点写作微博文案，以快速引发热度和关注，因此，网络编辑需要在第一时间找准营销内容与热点事件的关联点，将热点事件的核心点、商品或品牌诉求点、用户的关注点三者结合起来进行创作。另外，通常以热点事件作为切入点写作的微博推广文案，其写作和发布都应该在事件发生后 24 小时内完成。

2. 关联营销

关联营销就是网络编辑不仅为自己的企业和品牌写作文案，还与微博上的其他品牌微博进行关联合作，以此生成一个话题。这样的关联微博文案会形成系列，更容易引起用户持续性的关注与兴趣。在写作关联营销型的文案时，要注意关联对象与文案之间的匹配度，可以通过对关联对象的特点的描述来进行联合，也可以通过修辞手法（比喻、夸张、拟人等）将某一事物的特点与另一事物关联起来，达到出人意料的效果。

专家指导

采用关联营销的方法写作微博文案时，可以通过 @ 功能告知被关联的对象，这个功能可以让关联营销的参与者更好地进行互动和联合营销。

3. 使用视频形式

除了文字和图片外，现在很多微博文案也使用视频的方式进行营销，如图 5-9 所示，视频能够使用户对商品或品牌有更加直观的感受，提升用户的信任度。

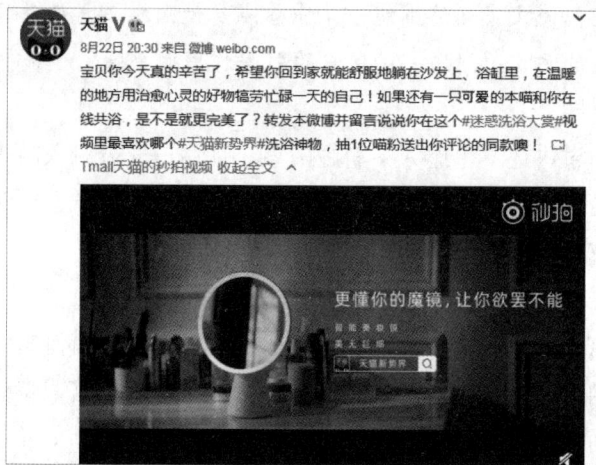

图5-9 | 使用了视频的微博文案

4. 注意导语的作用

导语经常出现在一些内容较多的微博文案中，好的导语可以通过简短的描述快速体现文案的主要内容，抓住用户的注意力，使其对文案内容产生强烈的继续阅读的欲望，并引导用户点击阅读正文内容。导语的写作可参考下面 3 点原则。

　　简洁 | 微博对导语的限制是 44 个字，因此网络编辑应尽量使用简单明了的语言，让用户能够快速理解其所体现的信息。

- **符合主题** | 导语是对正文内容的引导性叙述和抽象概括，要与文案的主题相一致。

- **风格多样化** | 导语需要让用户在阅读后产生融入感和阅读正文的兴趣，因此网络编辑可以通过多种修辞手法来提升文案的趣味性，也可以添加一些时下的流行词汇来拉近与用户之间的距离，尽可能吸引用户的眼球。

5.4.3 直播文案的创作和编辑技巧

直播文案的主要目的是吸引尽可能多的用户来观看直播，所以内容一定要简单明了，直击用户的"痛点"。

1. 标题

直播文案的标题需要控制在 12 个汉字以内，必须包含商品的核心卖点或具体的内容亮点，其目的是让用户第一时间对直播内容产生兴趣，图 5-10 所示为淘宝直播的一些文案标题。下面介绍写作直播文案标题的 5 点技巧。

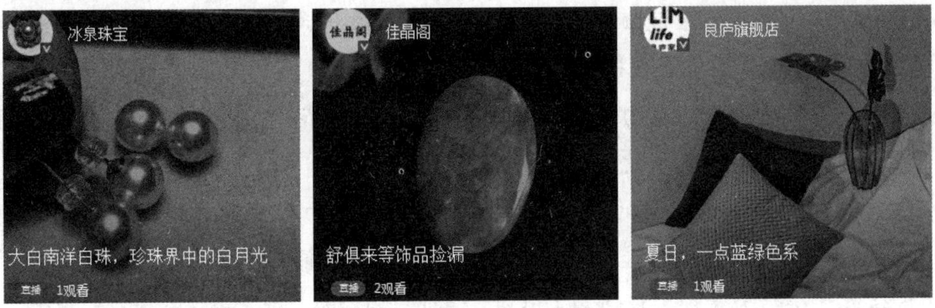

图5-10 | 淘宝直播的文案标题

标题要尽量展示品牌或商品的风格。

- 标题写作中要触及用户的"痛点"。
- 在标题中可以描绘用户的使用场景。
- 文字内容要简单明了。
- 将价格和优惠信息放到标题以外的内容简介中。

2. 内容简介

内容简介是对标题的解释或对直播内容的概括，字数在 140 字以内。直播文案的内容简介要简单、不拖沓，内容可以是直播嘉宾介绍、粉丝福利、特色场景、主播介绍、主打商品故事等，要从能够吸引用户的角度进行写作。

5.4.4 短视频文案的写作技巧

短视频文案是为短视频的内容服务的，目的是向用户全面展示商品的功能和卖点，所以，写作短视频文案必须遵守以下 4 个基本原则。

- **真实原则** | 短视频文案的内容可以有创意的设计，但内容必须建立在真实的信息基础上，这样才能获得用户的信任，促成最终的商品交易或达到品牌推广的效果。
- **成本原则** | 短视频文案的很多内容创意在执行过程中因为技术限制或预算限制等原因根本无法实现。创意转换成文字容易，但要转化成短视频却需要付出非常大的代价，制作成本的提高可能会影响短视频的完成效果。
- **大众原则** | 短视频并不一定存在定位精准的用户群体，因此，要把文案写得通俗易懂，让短视频的拍摄者和观看者都能明白文案所表达的主题和意义。
- **全面原则** | 短视频文案是视频的剧本，所有的台词、各个分镜头，以及针对观众可能提出的问题进行的预设回复等，都需要出现在文案中。

除了以上 4 个写作原则外，写作短视频文案的标题时还需要注意以下 4 点。

- **字数适中** | 对于短视频来说，文案标题的字数太少可能无法准确地展示商品的卖点或文案主题，字数太多则可能会影响用户阅读的耐心，所以标题字数要适中。

- **使用标准的格式**｜短视频标题中的文字是有标准格式的，如数字应该写成阿拉伯数字；写作时尽量用中文表达，减少外语的使用等。
- **使用修辞手法**｜除陈述句外，标题中还可以使用反问、对比、夸张、比喻等修辞手法，以提高标题的表达效果，吸引用户的注意。
- **合理断句**｜短视频面向的是更广泛的用户群体，为了使用户能迅速理解标题的含义，网络编辑要对标题进行合理断句，这样不但能使标题包含更多的内容，将主题内容表述得更为清晰，还可以减少用户的阅读负担。

5.5 本章实训

为了帮助读者掌握创作与编辑新媒体文案内容的相关知识，下面以两个实训为例进行巩固练习。

5.5.1 创作和编辑微信文案

本实训要求读者利用微信文案写作的方法和技巧，以及标题、内容和图片创作设计的方法，创作出"煮蛋器"的促销文案。

1. 实训要求

（1）利用微信文案精准的用户定位和稳定的人际关系这两个优势策划文案内容。

（2）搜索"煮蛋器"的相关文案进行参考，并创作标题和主要内容。

（3）根据标题和内容，从网上下载合适的"煮蛋器"图片。

2. 实训步骤

（1）明确商品的卖点。首先围绕"煮蛋器"这一主题进行联想，然后确定文案的风格，并在网上搜索其他煮蛋器商品的文案进行参考。本例将"单双层容量""不锈钢放心材质""可视上盖""操作简单"作为商品的卖点。

（2）创作文案的标题。明确购买煮蛋器的用户对于商品的要求，设计标题时最好在其中直接体现商品的卖点，可以采用不同的标题创作方式，创作出多个文案标题，比如"早餐小蒸厨，蒸出好吃的早餐"等。

（3）创作文案内容。由于要求创作的是微信文案，因此在创作文案内容时，最好通过优惠活动来吸引用户的注意，当然也可以使用故事植入等方式。可以利用不同的方式创作多个文案内容，比如讲几个不同家庭制作早餐时对于煮蛋器有不同的需求，然后圆满完成煮蛋工作的故事，将其组合成一个故事作为文案内容。

（4）制作文案图片。从网上下载几张"煮蛋器"的图片，然后将创作好的文案标题和内容放置其中，注意这些文字的字体和颜色以及空间位置等。图 5-11 所示为某煮蛋器的参考文案，其为了体现家庭的温暖，采用了暖色调和比较活泼的字体设计。

图5-11 | "煮蛋器"参考文案

5.5.2 创作和编辑微博文案

本实训要求读者利用微博文案写作的方法和技巧，创作一篇秋季薄款女士卫衣的微博文案。

1. 实训要求

（1）在微博中搜集相关服装的资料，进行对比和分析后确定本文案需要制作的项目内容。

（2）根据确定的项目内容搜集图片。

（3）为对应项目的图片创作文案。

2. 实训步骤

（1）创作文案内容。根据服装商品的相关卖点创作文案内容，在内容中关联一些微博红人、热点事件和美装达人，并发起＃今天穿什么＃的话题。

（2）制作商品图片。制作服装的模特图片、细节图片、材质图片和洗涤保养等说明图片，数量控制在 9 张以内。

（3）制作商品视频。拍摄模特穿上服装的视频，将其作为文案内容，并为视频写作简单的介绍文案。

思考与练习

（1）描述新媒体的类型，通过手机进入相应的新媒体平台并浏览其中的内容。

（2）简单描述网络编辑的新媒体工作有哪些内容。

（3）从网络中搜索"扫地机器人"相关的海报，然后参考其中的几款海报写作一篇微博文案。

（4）根据图 5-12 所示的商品图片，以"快乐的六一，伴你健康成长"为主题写作一篇微信文案。

图5-12 | 商品图片

（5）在淘宝网中选择一款潮流运动鞋，为其写作一篇短视频文案，要求其内容包括标题和正文，且正文要有两个场景。

第 6 章

网站运营推广

学习目标

| 了解网站运营

| 熟悉网站推广的整合营销

| 掌握网站推广方案的制作方法

学习内容

| 网站运营的具体工作和重要性

| 网站运营的能力要求和常用思维方式

| 利用大数据加强与用户互动

| 事件营销、口碑营销、新闻营销和内容营销

| 网站推广方案的构成与制作技巧

| 了解四大行业的网站推广方式

6.1 网站运营

运营是围绕商品管理开展的一系列计划、组织、实施和控制，是与生产商品和实施服务密切相关的各项管理工作的总称。网站运营则是通过多种方式进行商品或品牌的宣传、推广和营销，向用户广泛或精准地推送消息，提高用户参与度和品牌知名度，从而达到相应营销目的的活动，也是网络编辑的主要工作之一。

6.1.1 网站运营的重要性

网站运营是一项非常重要的工作，主要表现在可以降低企业的仓储成本、提高商品转化率、提升用户的黏性、提升企业的综合竞争力，以及保持网站内容的稳定性等。

1. 降低仓储成本

了解企业库存数据是网络编辑在进行网站运营工作时的一项基本要求，网络编辑在为企业的生产、销售、计划及物流部门制订流转计划前，需要根据实际的库存量和需求量调整安全库存界限，这样就能保证库存与市场需求相适应，减少企业的采购资金，加快资金周转。同时，合理处理仓储的包装物，对具有再利用价值的物品采取回收策略，对不能回收的物品进行其他处理，使其产生利用价值。

2. 提高商品转化率

网络平台特别是商务型网站的盈利是由销售的商品决定的，而网站运营工作需要制订一系列商品推广计划，帮助网站实现更高的商品转化率，从而提高收益。在这个过程中，网站运营工作要先通过分析市场环境、竞争对手和商品自身的情况，找到潜在的真实用户，然后采取一系列促销活动、推广活动来刺激用户购物。为了实现更高的转化率，还要求网络编辑在网站运营工作中对各项数据进行分析，改进网站的装修风格和商品展示布局等，以更具有吸引力的营销方式促成交易。

3. 提升用户黏性

用户是网站发展的基石，互联网环境下，各种网站、各种商品的竞争非常激烈，用户的品牌忠诚度很容易发生变化。网站运营工作就需要尽量挽留商品的用户，加大对各种应用的发展力度和二次营销力度，提高用户黏性，提高网站或商品用户的忠诚度。忠实用户是为企业带来利益的真正用户，他们认可企业的商品和服务，并充当了口碑营销的传播媒介，能为企业带来更多的新鲜用户和重复购买。

4. 提升综合竞争力

网站运营工作通过数据分析与表现，对网站的各项计划、安排和经营方式进行调整，能够提升网站的综合竞争力，包括商品竞争力、市场开拓竞争力、商业模式、管理模式和品牌形象等。

5. 保持网站内容的稳定性

在网站运营过程中，网络编辑要想通过优化和推广工作为网站不断吸引和留住用户，并成功实现转化，需要一个运行稳定的网站。运行稳定是指网站内容的稳定，即网站能够保持稳定的内容更新，让用户有源源不断的内容可以汲取。这不仅对培养用户黏性非常有帮助，还直接影响着网站的成败和企业的盈利情况。

6.1.2 网站运营的具体工作

网站运营所涉及的工作内容较多，不仅要全面掌握商品信息，还要根据企业的现状和发展阶段，结合实际情况分析并制订网站运营方案，维持网站各事项的正常开展。网站运营的具体工作包括以下几项内容。

- **负责管理网站的总体运营**｜这项工作属于网站运营的宏观内容，管理的内容包括组织商品销售、制单、发货、售后等工作。
- **监控网站每日的重要数据**｜熟悉网站的运营规则、市场环境和竞争对手，及时调整运营方向，时刻关注营销和交易数据、用户资料和动态，以及商品排名数据等。
- **保持网站的正常运作**｜负责协调网站各运营部门的工作，如优质客户服务工作、经营业绩配合工作和日常管理工作等，并促进各部门人员之间的沟通，负责整个团队的业绩考核工作等。
- **策划促销活动**｜负责执行与配合相关营销活动，策划商品促销活动方案。
- **制订销售计划**｜带领和管理本团队成员制订各阶段的商品销售计划，并出色完成销售业绩目标。
- **制订网站的各种推广方案与计划**｜在网站的运营过程中，为了尽可能地增加访问量，让更多用户浏览网站并购买商品以增加盈利，网络编辑要积极制订各种商品推广方案与计划，并协同团队成员共同完成。

6.1.3 网站运营的能力要求

很多网络平台都会为网站运营单独设立了一个工作岗位。当然，网站运营也可以作为网络编辑工作的一项重要职责。也就是说，网络编辑除了应具备网站内容创作与编辑的基本能力外，还需要掌握网站运营的一些专业技能。

1. 基本能力

网站运营与网络编辑工作的基本能力要求是相似的，主要包括文字功底和写作能力、设计和策划能力、营销能力、数据分析能力和多媒体剪辑能力等，这些在前面已经介绍过了，这里不再赘述。

2. 运营专业能力

运营专业能力是网站运营工作中非常重要的技能，主要包括以下几项。

- **用户需求洞察能力**｜能够通过细节敏锐地洞察用户需求、心理状态、兴趣点等，并能够做出有针对性的运营内容，引发爆炸式效果。
- **渠道整合能力**｜要想把运营效果最大化，就需要不断整合内外渠道，内部的如企业内部的线下门店、户外广告、线上账号等，外部的如合作公司、行业网站、热门自媒体和各种新媒体营销平台等。
- **项目管理能力**｜在网站运营过程中，每一个项目通常会涉及多部门合作及资源整合，项目的推进需要计划、沟通、协作、执行、反馈等步骤，因此网络编辑需要具备一定的项目管理能力。
- **人际沟通能力**｜对于网站运营来说，对内对外的人际沟通能力也是必不可少的。

专家指导

网络编辑和网站运营的具体工作内容是有一定的区别的，其中网络编辑主要是对内容（如文案、图片、视频、活动等）进行编辑，而网站运营则是整体管控，需要根据网站数据调整营销策略。

6.1.4 网站运营的常用思维方式

商务型网站的诞生和发展改变了网络用户的购物方式，也为企业提供了新的营销渠道。对于网站运营来说，与盲目加大营销推广力度相比，了解当前主流的营销思维、找到正确的营销方向则更加重要。成功的网站运营必须要用正确的思维方式适应不断变化的营销环境，这样才能更好地实现企业的营销目标、创造经济价值。

1. 线上思维

线上活动通常是指在网络上进行的各种营销行为，如线上交易、线上推广等。相对于在固定地点有实物、实体店或者面对面销售这些被称为线下活动的营销方式，企业需要通过线上运营来覆盖所有用户，并提供更能满足用户需求的商品和服务。线上运营信息传递的快捷性、便利性和准确性超越了以往的任何营销渠道，并实现了精确的分众化传播，使信息能准确传播到每个目标用户。因此，为了更好地策划线上营销活动，网站运营必须具有线上思维。

（1）线上运营的优势

线上消费的快速发展和普及改变了人们的生活方式，而线下企业开设线上网络店铺不仅是为了获得更大的生存空间，也是线上运营发展的必然趋势。对线下企业而言，发展线上运营业务主要具备以下几点优势。

- **简化购物流程** | 与线下消费相比，线上消费更加省时省力、方便实惠，没有烦琐的流程和漫长的等待，用户直接精准搜索即可找到多种商品信息，进行比对和选择。
- **提供个性化服务和体验** | 线上运营的优势不仅体现在消费的便捷性上，还体现在网站为用户提供的个性化服务越来越多。好的消费体验和服务体验不仅可以获得更多用户的关注，还利于商品或品牌的口碑传播。
- **更好地满足用户需求** | 线上消费最大的特点就是不受空间和时间的限制，用户足不出户就可以买到世界各地的商品。线上运营可以方便用户精准选择所需的商品，特别是对年轻用户群体而言，他们更喜欢通过网络在线消费，完成一站式购物。
- **降低运营成本** | 传统运营成本高，转化率低；而线上运营可以大大降低成本，如果运营得当，转化率也将远远高于传统运营。

当然，也不能放弃线下运营，结合互联网技术将实体经营逐渐数字化、智能化，让线下线上互相渗透融合，才是主流的运营思路。

（2）线上运营的思维方式

随着移动设备成为用户与网站连接的首要途径，网站的线上运营还应该具备以下几种思维方式。

- **碎片化思维** | 网站的移动端营销主要利用用户的碎片化时间，企业要想达到有效的营销效果，就必须满足碎片化的特性。例如，在短时间内让用户选择网站，快速与用户建立良好的联系，全渠道覆盖用户更多的碎片化时间等。
- **粉丝思维** | 网站运营其实是通过售卖用户的注意力及影响力，从而获取利润的过程，这就是所谓的"粉丝经济"。网络编辑在网站运营过程中必须以用户为中心，用品牌理念和价值吸引用户，引导用户积极互动和参与。
- **焦点思维** | 无论是哪一种营销渠道和模式，焦点思维都是不可或缺的，在很多情况下，焦点思维呈现的"小而美"比全面思维呈现的"大而广"更容易实现线上运营的目标。
- **极致思维** | 互联网营销中，做到第一往往更能吸引用户关注，不管是行业品类第一、思维想法第一，还是服务体验第一。要想第一时间博得关注，就必须进行准确定位，保持与营销环境一致，保持与用户步调一致，从而找到成为"第一"的正确途径。

2. 免费思维

互联网经济带给用户的最大好处就是实惠，借助免费的商业模式不仅能快速吸引巨大的流量，还能迅速打开商品市场，甚至获得巨大的经济利益。当然，免费运营模式的目的并不是单纯地提供免费商品和服务，而是通过免费模式达到收费的目的。网站运营中常见的免费模式主要有以下几种。

- **先免费消费，再付费消费** | 先为用户免费提供商品或服务，同时在基本功能的基础

上进行二次开发，提供更多、更好、更实用、更便捷的商品或服务，这些商品或服务就需要付费消费。例如，在很多视频网站中，只有付费用户才能观看最新的视频或节目，且不需要观看广告。

- **间接收费**｜先对一部分用户或一部分功能免费，再通过这部分用户背后的隐形消费或其他功能盈利，这种模式通常都有附加条件。例如，最常见的"0元购手机"活动，用户表面上免费得到了一个手机，但通常需要先缴纳一定数额的话费，或者每月消费一定数额的话费，其中剩余的话费就是间接收取的手机购买费用。

- **交叉免费**｜向一方免费的同时向另一方收费，让收费和免费交叉进行。例如，某平台同时面向买方和卖方开放，为了实现双方的利益交换，达到交叉免费，一部分功能向买家免费，向卖家收费，另一部分功能向卖家免费，向买家收费。

- **暂时免费**｜类似分期付款的一种模式，用户可以通过信用担保分期偿还购买款，分散其一次性购买的压力，刺激用户进行购买，如图6-1所示。

图6-1｜商务型网站中常见的分期付款购买商品

3. 用户思维

用户思维是最核心的网站运营思维方式，也就是把将用户需求放在运营工作的第一位，并将其作为运营工作的导向。网站运营的目的就是通过用户的消费获得经济利益，做好用户服务就是做好运营。

（1）以用户为中心

用户思维要求网络编辑在运营活动和内容创作的各个环节中都要以用户为中心，深度理解用户需求，通过用户体验增强商品或品牌的生命力。用户的反馈信息越多，商品研发越能紧跟其需求的步伐，网站中的内容才更容易获得用户的认可。

为了提升运营的效果，网站除了吸引用户的注意力之外，还需要提升用户的参与感。培养参与感常见的方式包括为用户设计个性化定制商品和让其参与商品开发优化的过程等，而这些方法也能向网站提供精准的用户需求信息。通过提升用户参与感还能让用户进一步变成粉丝，粉丝比普通用户的忠诚度更高，粉丝会为品牌投注感情因素，是企业最优质的目标用户。

（2）用户思维的运营

用户思维的运营是一种更加人性化的运营，其方法是找到用户心理的共同点、痛点和商品的卖点，运用这种思维进行网站运营更容易提升运营效果。

- **运营用户心理的共同点**｜指找到用户群体的共同特征，然后针对其共同心理将商品或品牌推广出去，吸引用户主动会聚在一起。

- **运营商品的卖点**｜指在不同阶段打造不同的卖点。例如，农夫山泉的卖点最初是"有点甜"，以口感承诺作为诉求的差异化，借以暗示水源的优质，使农夫山泉形成了感性偏好、理性认同的整体策略；后来改为"我们不生产水，我们只是大自然的搬运工"，抓住了用户注重健康的心理，大力宣传健康理念，宣传商品不是生产加工出来的，没有添加人工矿物质。农夫山泉通过打造不同运营卖点的差异化策略，与竞争对手拉开了距离。

- **运营用户的痛点**｜指强调现有设计的差异，满足用户期望，让用户感觉自己需要这个商品。例如，在厨房洗碗的女性遇到的最大问题就是洗洁精对手部皮肤有伤害，而伤害较小的洗洁精又会造成油污残留。某洗洁精品牌就抓住这一用户痛点，创作了"不伤手，无残留"的文案，满足了用户期望，也实现了商品的销售。

4. 品牌思维

品牌是企业的无形资产，也是商品的附加价值，企业间的竞争实际上就是品牌的竞争。品牌的知名度、美誉度是企业保持长期竞争力的内在动力，甚至很多营销渠道、营销价格和促销模式的选择都建立在品牌影响力的基础上。网络编辑需要具备一定的品牌思维，这样才能更好地完成网站文案创作和网站运营推广的工作。

（1）营造品牌概念

品牌直接影响用户对商品的认知、认可和评价，而且用户通常会优先选择品牌知名度、美誉度更高的商品。品牌影响力越大，用户黏性就越高，忠诚度也会越高，品牌也就越得到用户的认可，吸引购买。所以网站在运营推广品牌时需要准确定位，符合市场和用户的需求。一般可以从商品分析和策略分析两个方面来营造品牌概念。

- **商品分析**｜围绕商品进行挖掘，将商品的特点、卖点、功能、形象、服务等作为品牌的特色来打造。

- **策略分析**｜打造品牌的差异化，通过细分市场满足用户的个性化需求，从而获得独特的品牌优势。

（2）进行品牌宣传

网站的品牌宣传主要包括传统媒体宣传和新媒体宣传两种方式。传统媒体宣传如报纸、杂志、电视、广播等宣传，新媒体宣传如社交平台、数字商品、网络等宣传，当然也需要在网站中进行宣传。传统媒体的宣传成本比较高，相比之下，更多的企业和品牌开始转战微博、微信等新媒体平台。信息传播途径的多样化、智能化为品牌宣传提供了更多的渠道，但在当今信息爆炸的环境下，宣传越真实、新颖、有个性、有创意，口碑传播效果才会越好，这也对品牌口碑传播的策划提出了更高的要求。

（3）提升商品品质

在互联网经济下，大多数商品都处于供大于求的饱和市场环境中，如果不能保证商品的品质，将很难在市场上站稳脚跟。互联网经济时代的竞争是认知的竞争，是粉丝的竞争。对品牌和商品的认知，很大程度上决定了用户的消费观念，无法得到认可的商品和品牌将难以传播。所以，网络编辑在网站运营过程中必须具备品牌思维，通过提升商品品质来提升品牌的价值和内涵。

（4）提升服务品质

在网站上购买商品的用户需求更加个性化，要想满足用户的各种需求和营造完美的使用体验，网站必须提供更好的品质和服务。在品牌营销过程中，通常把商品和服务看成品牌的两大组成要素；而在网站运营过程中，服务品质也是品牌思维的重点，特别是对很多无法在品质上超越竞争者的商品来说，服务才是营销的关键。

5. 平台思维

平台思维是现在非常主流的网站运营思维方式。网络中的用户通过网站及相关新媒体平台接收和传播信息，并参与和创造内容，这就要求企业善于利用这些平台与用户沟通和交流，再通过网络平台实现市场推广。具备平台思维可以帮助网络编辑重塑企业与用户之间的沟通关系，改变企业生产、销售、营销的整个形态。

平台思维可以为企业带来十分可观的营销效果，通过网站和新媒体平台的运营传播，企业可以实现商品与用户的直接连接，促进商品在用户社交范围内的传播，实现商品和品牌的裂变式推广。例如，褚橙的走红和热销就与新媒体平台的营销传播分不开，该商品在上市之初就通过微博自我运营来引发消费热潮：首先在朋友圈和微博等新媒体平台发布文案，吸引大量用户关注，在近百位知名企业家迅速转发后，"褚橙"的搜索量获得了迅速的提升；接着又经微博、微信等其他营销账号的借势传播，迅速引起了一大波普通用户的关注和讨论，成功吸引了用户的注意；再通过励志、情怀等符号进行线上线下运营，最终获得成功。具备开始思维的"褚橙"文案，如图 6-2 所示。

图6-2 | 具备平台思维的"褚橙"文案

6.2 网站推广的整合营销

　　好的运营推广可以在短时间内使一种商品或品牌从曝光到热门，一个热点事件、一次有诚意的内容服务，或者一次免费参与和体验，都能成就一次成功的营销活动，为企业带来巨大的经济收益。网站开展运营活动的目的是做有效果、有价值的营销，所以，网络编辑只有懂得合理分配各种资源，并为营销对象匹配合适的营销手段，形成互相联动促进的整体，才能最大程度地发挥出营销的作用，这就是通常所说的整合营销。

6.2.1 利用大数据加强与用户互动

　　网站的运营都是以用户为中心。为了更了解用户，更有针对性地向用户推销商品，网站通常需要绘制商品的目标人群画像，分析目标用户群体的共同喜好和特点，并为这些用户贴上特点标签，这时就需要用到大数据。

1. 了解大数据

　　互联网中的大数据是指规模巨大的数据，具备数据量大、速度快、类型多和价值高等特点。数据仓库、数据安全、数据分析、数据挖掘等围绕大数据商业价值的利用，已经逐渐成为商务型网站领域争相追捧的利润焦点。

　　大数据可以帮助网站针对个性化用户做精准营销，制订运营策略，根据用户在网络中形成的信息、行为、关系等数据，展望未来市场的走向，做出科学合理的分析和预测。在了解了每一个用户的消费倾向、行为特点和需求区别等后，将用户数据进行整合分类，然后有针对性地向用户宣传网站和商品。大部分的网站都具有商品推荐、新闻推荐和视频推荐等功能，这就是典型的大数据技术的表现。用户在访问网站时，网站会记录和分析其行为并建立模型或标签，将该模型或标签与网站数据库中的商品或服务进行匹配后，就可以根据用户的消费行为，向用户推荐其可能感兴趣的内容。

2. 大数据与网站运营

　　网站运营的一个重要目的就是获得更多用户的访问，网站可以利用大数据的记录和追寻访问者的行为轨迹，根据这些数据做出对用户喜好、习惯的分析，最后根据分析结果做网站内容优化、外链推广等。网站追求流量和转化率，完全可以通过对网站相关数据的监测、分析和使用，做到精准运营。

　　在网站创建初期，运营最大的难点就是缺少数据的支撑，这时可以找一家专业的网站运营企业，根据本网站的特点找到相关案例，进行大数据运营。而在网站运营的过程中，也需要大数据支持，例如，通过搜索引擎寻找相关的网站运营技巧，或者直接寻找网络营销的外包公司，或者招聘专业的网站运营人员。

互联网发展对数据的依赖越来越强，大多数网站的运营都建立在大数据分析结果的基础上。在大数据的指导下，网站运营应以用户体验为核心，通过独有的体验模式，加强与用户的互动，更好地把网站打造成能与用户有效沟通和互动的平台。

▌6.2.2 利用事件营销增加网站的知名度

事件营销是一种比较常见的增加网站知名度的营销模式，是指网站通过策划、组织和利用具有价值的人物和事件，引起媒体、社会团体和用户的兴趣与关注，从而提高商品或品牌的知名度和美誉度，树立良好的形象，促成商品或服务销售的一种手段和方式。一次成功的事件营销可以让网站花费较少的人力、物力和成本，成功地将品牌或商品推进大众用户的视野，甚至引起裂变式的病毒传播效应。

通常来说，事件营销要想快速引发热度和关注，借势名人或借势热门事件是最简单的途径。借势名人是指利用广受用户关注的名人达到引人注意、强化事物、扩大影响的效应，如明星、企业高管、网络红人，以及各行业、各领域的专家等。除了借势名人以外，社会上一些关注度比较高、讨论度比较高的事件也是营销的素材，借势事件是很多品牌的常用营销手段，每一次社会热门事件都能引起各大企业的营销热潮；越是有创意的借势，越能为企业带来好的营销效果。

【案例】利用事件营销提升网站的知名度

"三八"国际妇女节是一个非常有热度的营销事件，如果贴合节日气氛做出巧妙营销，引发用户共鸣，获得其情感认同，就能够迅速提升商品或品牌的热度，在短时间内提升企业和网站的知名度。

美图手机在 3 月 8 日联合旗下的电子商务网站"美图美妆"推出 # 美图手机清空购物车 # 活动，如图 6-3 所示。用户在美图美妆平台开抢时间内限时 30 秒挑选无价格的商品，购物车内商品总价格最接近当下任务金额的前 10 位用户，可以把自己购物车里的所有商品带回家（活动的所有奖品均由美图美妆提供，价值共计 10 万元）。该活动在让用户进一步了解美图手机品牌的同时，也将"三八"妇女节与购物相结合的理念潜移默化地传递给了每位参与者，从而为美图美

图6-3｜美图手机的清空购物车活动

妆网站带来很高的曝光度及品牌好感度。除了鲜花、祝福、贺卡和礼物，作为用户以女性为主的网站，美图美妆还针对女性用户量身打造了"三八"大礼。这次利用节日事件进行营销的活动，通过清空购物车的形式将用户参与度的价值放大，让参与互动形成了此次活动的闭环。参与活动的用户在网站上发表自己的看法，表达自己的态度，更是提高了网站的口碑和品牌美誉度。根据数据统计，截至3月9日凌晨，美图美妆网站的访问量高达几千万次，新增注册用户达几百万，商品销量也增加了几百倍。

6.2.3 利用口碑营销进行广泛传播

口碑营销是现在一种主流的网站营销思想，具有成功率高、可信度强、影响范围大等特点。从网站的运营层面分析，口碑营销是网站在进行市场调查和定位后，制订一系列口碑推广计划，运用各种有效手段引发用户对商品、服务和品牌形象的交流与传播，并激励用户主动向周边人群进行介绍和推荐的营销模式。

1. 口碑营销的特点

口碑营销又称病毒营销，主要通过可以"感染"目标受众的营销事件将营销信息广泛传播出去，其中营销事件的影响力往往直接决定最终的营销效果。在网络营销时代，用户对营销推广信息具有极强的免疫力，只有用户之间广泛传播的正面宣传或是新颖的口碑话题才更容易引起关注与讨论。现在的网络用户多为年轻人，也就是说，符合年轻人需求的有趣、新奇、个性的信息更容易在网络中传播，所以要想做好口碑营销，就要懂得如何吸引主流网络用户的眼球。

下面就介绍目前最能吸引主流网络用户的口碑营销方式的特点。

- **趣味性**｜在进行口碑营销时，可以加强营销信息的个性化和趣味性。越有特色、越新颖好玩的信息往往越容易获得用户关注，也越容易得到分享和传播。
- **便于传播**｜很多口碑营销案例不仅需要运营者在背后推波助澜，还需要简化信息内容和传播流程，符合用户的阅读习惯，这样才能得到广泛传播，实现较好的营销效果。所以对于口碑营销而言，简洁易懂的信息和多渠道扩散都十分重要。
- **赢得信任和尊重**｜用户的信任是商品或品牌口碑得以传播的重要因素，一家专业的、有道德的企业往往更容易赢得用户的好感。
- **保证品质**｜用户永远是商品最好的广告商，进行口碑营销的商品或品牌都是获得了用户认可的。所以网站要提供优质的商品和服务，为用户带来完美的购物体验，让其主动进行传播。例如，护肤面膜品类中的"御泥坊"以产地的特殊天然原材料——矿物泥浆为卖点，凭借独有的配方、可靠的品质，获得了不少女性用户的追捧，凭借口碑迅速成为国产面膜的领军品牌，如图6-4所示。

图6-4｜品质面膜的口碑传播

2. 口碑营销的技巧

口碑营销始于话题，具备用户讨论条件的话题才能促进高效的传播，发挥出更好的作用。一般来说，简洁易懂、便于传播、贴近生活的话题更容易引起用户的广泛讨论。在网络运营过程中，为了保证话题的质量，通常需要网络编辑自主创造口碑话题。

- **以服务创造话题**｜服务是提升用户消费体验度的重要环节，也是用户越来越重视和关注的问题，优质的服务能体现用户关怀，并能提升用户的好感度。很多企业进行网络营销，都是想要依靠服务来赢取用户口碑，形成口碑效应，并培养用户忠诚度。如今，周到的全程式服务几乎是用户对企业的基本要求，其他更多的增值服务、差异化服务、个性化服务才是征服用户的关键。例如，手机淘宝重视每一个用户的购物体验，向每个用户提供量身定制的个性化商品推荐服务，从而拥有了良好的口碑。

- **以情感创造话题**｜物质上的满足可以赢得用户的信任，情感上的满足同样可以赢得用户的忠诚。很多时候，用户选择商品或服务并不以功能性为唯一标准，能否在感情上为商品赋予附加价值，也是影响消费的重要条件，特别是在口碑营销上，感情话题往往具有很大的作用。例如，在很多营销活动中，借助节日的话题突出品牌温情、温馨的特色，可扩大品牌的影响力，形成良好的口碑效应。

- **以公益创造话题**｜公益行为是一种十分正面的行为，很容易为企业和网站树立起良好的品牌形象，在引发用户传播的同时，还能提升品牌的美誉度，公益活动的关注群体和受益群体往往会自发对品牌口碑进行传播。

- **以质量创造口碑**｜商品质量是网站进行口碑营销的基础，质量不过关，口碑营销注定会失败。商品质量是用户对商品的基本要求，在质量上有优势的网站和企业，也可以在质量上做文章，通过质量对商品进行口碑营销。

- **以体验创造口碑**｜体验营销是网站营销的一种常用方式。体验不仅可以让用户亲自感受商品的质量和服务，获得其信任，还能有效拉近用户与品牌的距离，引导用户主动对品牌进行口碑宣传。例如，淘宝网中有专门的免费试用中心，用户提出申请后，符合条件的就可以免费体验多种商品，如图 6-5 所示。

图6-5 | 免费试用商品可以创造口碑

- **以故事创造口碑** | 一个吸引人的故事很容易打动用户，影响用户的购物选择，并达到口口相传的目的。现在，很多知名品牌都有比较富有传奇色彩或充满情感的故事，很多企业和品牌甚至因传奇故事而诞生。这些传奇故事不仅可以加深用户对品牌的印象，还可以成为用户信赖品牌、保持忠诚的基础。

- **以广告创造口碑** | 一则好广告也可以成为口碑宣传的良好话题，一个强烈的主张或一个突出的概念，往往就是用户讨论的话题。例如，"陈欧体"——我为自己代言，就是依靠广告在网络上引发了大量的讨论，提升了聚美优品网站的知名度。

- **以互动创造口碑** | 口碑营销离不开用户的参与，保持与用户的互动，调动他们的积极性，也是进行口碑营销的有效途径。例如，可以设计简单、趣味、个性化的互动活动，与用户建立深厚的情感联系。

6.2.4 利用新闻营销扩大网站的影响力

除了网站平台本身外，网络编辑也需要依靠微信、微博等一些主流的新媒体平台，利用精彩的内容吸引用户，并将这些媒体平台的用户引流到网站中，进而实现转化。为了迎合这些用户，网站不但要提供其感兴趣且需要的内容，而且在开展营销活动的过程中，还要通过广泛展示促销活动、商品上市、人物事件、品牌动态和商品点评等丰富的新闻来扩大网站的影响力。不同的新闻类型可以选择不同的创作方式。

1. 新闻的类型

根据表现形式的不同，可以将营销的新闻分成多种类型。

- **教程类新闻** | 教程类新闻是内容营销中比较常用的一种类型，主要以解答用户问题、提供知识及方法的形式来撰写。例如，为美妆类商品撰写的商品使用方法、使用技巧等；也可以是商品购买的注意事项、商品使用的注意事项等。

- **解疑类新闻** | 解疑类新闻主要表现为问答形式，用于解答用户的疑问。

- **告示类新闻** | 告示类新闻是一种描述十分直接的新闻形式，例如企业的动态、新商

品的发布、各种促销活动的举行等，如图6-6所示。

图6-6｜某网站庆典活动的告示新闻

- **测评类新闻**｜测评类新闻的内容主要是对商品的功能、性能、功效、方法等进行测试评价，例如微博上热门的食物测评、美妆商品测评等。

- **盘点类新闻**｜盘点类新闻主要是对同类型品牌、商品、活动等进行对比，例如盘点不同商品的作用、功效、优点、缺点等。

- **体验类新闻**｜体验类新闻主要以商品、服务、活动的体验为主，一般从用户、采访者的角度来撰写。

- **悬念类新闻**｜悬念类新闻主要是对传闻、事件、资讯的提前预告，留下引人注意的伏笔，引起用户对新闻的兴趣。例如，方太为宣传新商品，在《京华时报》上投放了整版广告，每天让用户猜测一个陌生的汉字，并在一周后的发布会上公布答案，这就是一种悬念类新闻。

2. 新闻内容的优化

网络中存在着海量的新闻内容，对于网站和企业来说，只有能够引发大量关注和转发的新闻内容才具有价值。网络编辑要对新闻内容的写法、技巧等进行恰当的选择和总结，这样才能搜集并精选到具有价值的新闻。网络编辑在进行新闻素材的整合优化时，需要注意以下几个基本的写作原则。

- **品牌与内容融合**｜在创作内容之前要先思考一个问题——怎样把用户体验、商品优势、品牌形象等内容合理地融入新闻中？要想弄清楚这个问题，必须先了解用户想要看什么内容，在此基础上继续思考企业希望用户阅读内容之后有哪些行为、怎样设计内容以赢得用户的转发、如何利用社会化媒体进行广泛传播等。

- **角度新颖**｜同一个事件从不同的角度进行阐述，往往会收到不同的效果。如果新闻选取的角度十分新颖，则很容易抓住用户的眼球。例如，在"旅行青蛙"这款小游戏风靡网络之际，很多商品和品牌都借助"旅行青蛙"的热度进行营销，但大多只是在游戏原图的基础上简单引用。而某消防器材网站的新闻内容则选择了一个新颖的视角，结合自身消防的定位，从房屋建筑、物品摆放、防火逃生等角度对青蛙住所中存在安全隐患的地方进行标注，依靠别出心裁的角度获得了大量的关注。

- **新闻标题醒目** | 用户在大量网络信息中寻找自己想要阅读的内容时，通常都是从标题开始筛选。标题要言简意赅，还应该兼具表现力，最好能给用户留下一定的想象空间，引导用户继续阅读。

- **结构符合逻辑** | 普通用户都希望能够快速阅读内容，并获取自己想要的信息，因此创作内容时要将重点、新鲜、引人注意和有价值的内容放在新闻的前面部分。此外，最好采用自然、精练、易懂的语言进行阐述，搭配合理的图片，主次分明的排版，以及有高度、有深度的结尾，完成对整篇内容的创作和优化。

▌6.2.5 利用内容营销打造大流量网站

内容营销可以将图片、文字、视频和音乐等元素以内容的形式呈现出来，使其成为用户可以消费的信息，进而吸引用户点击、阅读，产生购买兴趣，最终完成商品销售目标。内容营销体现的是一种整合内容的展示和传播，所以，网络编辑在整合营销中的主要工作就是打造营销内容。

内容营销的表现形式非常丰富，包括软文、社交媒体、新闻稿、音频、播客、博客、白皮书、音乐、动画、图片、信息图、在线教学或电视广播、幻灯片、视频、研讨会、App、游戏等，其本质是一种内容的分享传达，通过有价值的内容将品牌和商品信息传达给用户。当然，优质内容是支撑内容营销的基石，而媒体平台则为内容营销提供传播机会，除了网站本身和报刊、户外、通信、广播、电视等传统媒体平台外，移动互联网网站、微信、微博、App 和视频网站等新媒体平台，也可以作为内容营销的媒体平台。

1. 内容营销的过程

网站的内容营销需要以内容为载体进行市场推广，以加快品牌传播，促进商品销售，与传统的商品营销不同，内容营销主要包括以下几个核心流程。

- **圈定目标人群** | 圈定目标人群是指圈定具有重要价值的用户群体，因为内容营销不能在每一位可能的用户身上投注成本，因此需要圈定核心用户，尽可能缩小投入范围。解析核心用户的消费方式、习惯和心理，找到用户的痛点，并部署营销策略，提高推广的精准性。

- **找到合适的营销方式** | 营销方式会根据商品和品牌、营销目的和营销途径的不同而产生变化，目前比较常见的网络营销方式有活动宣传、视频直播和文案广告等。营销方式的选择并没有固定的标准，只要该营销方式可以更恰当、更完整地对网站、商品或品牌内容进行推广，就可以针对其进行专门的内容策划。

- **提高内容营销的技能** | 网络编辑进行内容营销需要掌握一些基本的营销技能，包括

协作、管理和编辑能力，熟练运用新媒体的能力，以及分析数据的能力。

- **寻找适合的媒介**｜内容营销必须要依靠好的媒介和渠道进行内容的推广和传播，通过让更多用户了解和关注来实现内容营销的价值。除网站和新媒体平台外，自由撰稿人、合作伙伴的推广渠道、行业意见领袖、高人气达人、忠实优质的粉丝等也能作为内容营销的媒介和渠道。

- **对营销内容进行策划和包装**｜成功的营销案例大多数都经过了一系列的策划和包装，特别是内容营销，好内容需要好宣传，懂得适当地在不同时间段上反复使用、包装内容，可以有效增加营销的宽度和广度，保持内容在核心受众中的曝光度。

- **培养营销习惯**｜内容营销通常是一种中长期策略，需要企业长期坚持和沉淀，将内容深入到用户心中，使用户形成对品牌的固有印象，因此必须培养一个好的内容营销习惯，例如，坚持更新，创造更多优质的内容，持续分享有价值的信息等。

- **打造内容亮点**｜内容营销的核心就是打造亮点，创造更多的品牌或商品价值。在进行内容营销的过程中，往往难以保证每一个内容推广的亮点，但依然要将亮点作为内容营销的重点。内容营销的亮点一般围绕关键词、价值（内容、品牌和商品的价值等）、品牌和用户几个因素进行打造。

- **设计便捷的转化入口**｜转化入口是指方便用户进行关注、购买和收藏等行为的行动入口，例如，快速关注、直接购买、了解更多和收藏转发等。通常用户刚接收到内容信息时是转化的最佳时刻，时间间隔越久，入口操作越复杂，用户的转化行为就越低。最常见的转化入口形式是二维码和导向链接。

- **效果的追踪和反馈**｜可以通过内容的制作效率、传播广度和次数、内容转化等指标来对内容营销的效果进行评价和判断，再针对表现不佳的指标进行优化改善，从而获取更大的营销价值。

2. 内容营销的技巧

在网站的整合营销中，把内容更好地传递给用户是体现营销效果的重要因素。网络编辑可以借助以下营销技巧对内容营销进行补充和支撑。

- **讲普通人的故事**｜用户大多是普通人，所以真实、自然、有感情的普通人的故事才会更容易让用户产生共鸣，在无形中拉近用户与品牌的距离，影响其消费情感。

- **打造自我营销**｜内容营销可以通过赋予目标用户身份标签、归属感和共鸣感的方式，强化商品与用户之间的联系，让用户在品牌选购阶段就对商品产生忠诚度，引导具备相同标签的用户自发聚拢，形成自我营销。

- **品牌人格化**｜品牌人格化是指赋予品牌有血有肉的形象，建立品牌的个性、风格和气场，让品牌与用户互动，甚至可以建立品牌专属的社群圈子，更好地增进用户与品牌的情感联系。图6-7所示为三只松鼠旗舰店针对用户的私人美食顾问的一对一专属服务，将冷冰冰的消费过程转化为生动有趣的沟通过程后，这个品牌不再是没有温度的标志，而是一只卖萌的小宠物。

图6-7｜三只松鼠赋予品牌的人格化营销

- **让用户参与营销**｜很多形成了大规模传播影响力的内容营销最终都难以持续和长久，只有发动大量用户参与营销，才能进行持续推广。例如，支付宝和很多品牌合作，规定只要用户行走的步数达到标准，就可以向合作品牌兑换公益金，为某项公益活动进行捐赠，如图6-8所示。这种公益活动不仅能吸引更多用户参与，而且还能在提升用户参与感的同时，依靠用户参与自发形成内容，并转化成内容营销。

图6-8｜让用户参与的内容营销

- **运用社会数据和热点**｜在内容营销中运用社会数据和热点，一方面有助于归纳用户观点，洞察用户的消费习惯和需求；另一方面也有助于引导用户理解和关注这些话题，激发其分享的欲望。

- **洞察社会情感和心理**｜洞察社会情感和心理是为了了解和剖析用户的情感需求，进而创作出容易引起用户共鸣的营销内容。例如，现在对很多节日的内容营销，借助人们对亲人、朋友的情感，设计感性的营销内容，再通过高质量的视觉展示和阅读体验，使用户感同身受，获得了极大的关注和较高的转化。

- **抓住时代文化的标签**｜以互联网和二次元为代表的青少年文化的崛起，不仅代表了新一代用户的文化底线和价值观，也对网站内容营销的方向产生了深远影响，使商品和品牌发现和挖掘到新商机。越来越多的企业在进行内容营销时，会主动迎合青少年的喜好，传播贴合青少年文化和价值观的内容。

- **将内容与体验相结合**｜把内容设计成商品销售过程中的重要体验环节，让用户通过内容营销可以反复感受到商品的内涵，理解商品可以带来的利益，甚至可以让用户形成对品牌的忠诚度和黏性，并进一步形成多循环的传播和购买。

6.3 网站推广方案

凭借网络资源快速性、便捷性和互动性的极大优势，网上消费市场飞速发展，为广大企业商品的推销与盈利开辟了一条新思路。为了让网站中的各种内容信息传播更为广泛与迅速，网络编辑需要学习如何制作一个优质的网站推广方案。

6.3.1 网站推广方案的构成

无论是哪种类型的网站，其推广方案的构成通常有以下内容，如图6-9所示。

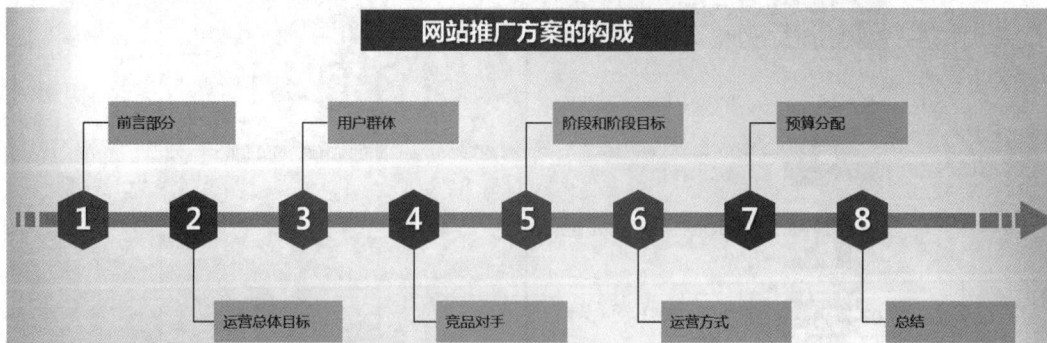

图6-9｜网站推广方案的构成

1. 前言部分

前言的重点是明确网站的定位，如电子商务、门户、购物网站，以及介绍网站有什么特点，目标用户是谁，网站的发展方向和网站的最终目标是什么。前言的最大作用是进行上下级沟通，确认网站的方向和目标，可供上下级加深对推广方案的理解。

2. 运营总体目标

这部分需要简单明了地将网站的运营目标列举出来，通常是一系列数据，如搜索引擎收录量、网站注册量、网站的日访问量、网站的同时在线人数等。

3. 用户群体

这部分需要对网站的受众人群进行画像，也就是明确网站所针对的用户人群，例如，受众特点，包含年龄、性别、工作等；上网习惯，如都喜欢访问哪些网站、喜欢使用什么设备（个人电脑、智能手机或手持设备）；常用的搜索关键词等。

4. 竞品对手

这部分需要分析本网站的竞争对手，分析对手网站的热销商品、品牌方案和推广营销方案。最重要的是分析竞争对手有哪些核心商品，及核心商品和本网站商品的相同点和不同点（特别是不同点），确定本网站商品应该使用哪种推广方式（需要在网络中查找竞品的推广营销案例），也可以使用和竞品相同的推广方式。

5. 阶段和阶段目标

这部分主要是将总体目标进行分步骤和分阶段拆解，每个阶段都有对应的目标和运营推广方式。所以，这部分应该重点介绍每个阶段的目标和运营方式。

在制作推广方案时，需要注意阶段性通常有一个明确的时间表，同时还应该有阶段目标，包括为了完成这个目标要完成哪些工作，在这些事情中的工作重点是什么，由谁来做这些工作，谁来检测并提出修改和完善计划等。在制订阶段目标时，同样需要列出数据，并说明采用什么样的方式来实现这一系列数据。

6. 运营方式

网站运营方式可以理解为网站的宣传推广方式，运营者往往需要结合网站的发展阶段选择一种或多种运营方式。

7. 预算分配

这部分涉及运营的资金分配，也是网站和企业管理层在推广方案中最关注的内容，包括在 PC 端和移动设备端两个方面的预算分配，推广活动在各个媒体渠道的预算分配，推广活动每天的预算等。需要注意的是，要在推广方案中进行预测并注明预算分配的结果。

8. 总结

任何方案或报告都需要总结，即将方案中所涉及的内容进行总览和回顾，进行分析评价，从而肯定成绩、得到经验、找出差距。制作网站运营推广方案的流程比较规范，如推广方案中的阶段和阶段目标，建议的撰写顺序是：阶段→时间安排→目标（主要是一些数据，要擅长使用数字说话）→为达到这个目标要做哪些工作→工作重点是什么→谁来做→效果监测与反馈完善→沟通机制。

【案例】某珠宝网络商城的推广方案

一、推广目标

1.通过线上宣传和线下活动的推广方式让更多用户了解我们的商品信息，打通网络营销渠道，提高商品和品牌的知名度。

2.专业营销和销售人员在线为用户解答各种问题，赢得用户信任。

3.在营销推广中主推情感宣传，在众多竞争对手中展示差异化，在用户心中树立美好和温暖的形象。

二、市场分析

1.根据最近一年的珠宝市场的数据分析，推测出今年珠宝商品中最可能畅销的类型。

2.根据行业销售数据，分析行业市场的容量。

三、SWOT分析

1.优势分析

（1）国家法律政策的不断健全和完善为当前珠宝行业发展提供了良好的制度环境。

（2）不断加强行业自律，实现自我约束，自我发展。

2.劣势分析

（1）自主设计水平不高。

（2）面临设计人才不足的瓶颈制约。

（3）市场竞争还处于低层次的价格竞争，制约了行业的整体发展。

（4）珠宝企业从加工中获得的利润有限。

3.机会分析

我国仍然处于追赶发达国家的阶段，还有相当长的一段健康发展时期，这种可以预见的长期国民经济的持续高速发展，会极大地带动中国珠宝首饰用户的购买力，让大多数珠宝首饰企业找到生产和发展的空间。

4.挑战分析

（1）通货膨胀的压力。

（2）整个中国的珠宝行业的产业集中度较低。

四、竞争对手分析

1.珠宝在线销售的第一品牌×××的官方网站。

2.国内珠宝龙头×××的官方网站。

3.国外著名珠宝品牌×××的官方网站。

五、用户分析

1.年轻白领女性是珠宝市场的主力军。

2.中老年女性是传统玉石配饰的主力军。

3.用户购买珠宝的主要动机是彰显自己的个性与风格。

六、推广策划

1.线上推广

（1）常规网络平台推广，在人气论坛和知名门户网站进行一定程度的曝光，并配合一些推广活动，如定期发布折扣、新款和促销资讯，在节日做互动宣传等。

（2）可持续地在一些知名女性论坛发帖，配合同期举行的相关活动，定期介绍商品等，最好能活跃气氛，同时推介商品。

（3）群发精美邮件，可以制作精美的网页邮件，定期发放。

（4）在公司网站主页推行会员注册制，配合入会有礼、会员互动、优惠打折等活动。

（5）借助热点话题，将商品带入话题中，或者依托户外或电视平台形成一定程度的曝光。

（6）打造良好的企业QQ空间，加入一些活跃度高的QQ群，进行推广和宣传。

（7）策划并制作营销视频，将商品卖点最大化，增强视频的互动性。

（8）注册多个账号，在各大问答平台（百度知道、搜狗问问、新浪爱问等）提问回答，提升品牌的宣传效果，提升搜索引擎关键词排名，吸引潜在用户。

（9）发布百科（百度百科、互动百科、维基百科、360百科等）提升品牌形象。

（10）利用百度贴吧、百度文库等百度商品进行营销。

（11）利用微信公众平台、朋友圈宣传商品，进行一对一互动交流，以及利用漂流瓶、扫一扫等吸引用户关注。

2.线下推广

制作珠宝小常识手册，介绍珠宝鉴定知识、珠宝保养知识等，在已卖出的商品包装中投放手册，并投放有奖调查小卡片，收集用户信息，同时增强用户黏性。

七、推广效果监测并进行总结

6.3.2 制作网站推广方案的技巧

制作一份合理的网站推广方案，不仅可以有效地帮助网站运营明确网站推广方向，更能够帮助网站运营工作快速达到预期目标。在网站推广过程中，针对不同的阶段要用不同的网站推广手段，制作网站推广方案应该从以下几点着手。

1.明确网站的功能

制作网站推广方案的目的就是扩大企业在市场中的份额并获得更多的经济效益，因此在制作推广方案前，首先要明确网站的作用以及该方案的适用范围。一方面网站可以提升和拓展企业的形象及价值属性，提供一个与用户互动的客户管理平台，帮助用户关注营销的各个环节，从而实现商品和品牌的线上推广。另一方面，网站可以配合企业的广告、公关和促销，开展一系列线下营销推广活动，让商品和品牌与用户保持更好的持久联系。

2. 整体布置网站推广方案

根据网络调查数据统计，各种专业的网络广告几乎匹及电视广告，占据了同等的市场份额，预计未来的网络广告市场规模将发展得更加庞大。所以，在制作网站推广方案时，要强调网站的效益性与经济性，并且从根本上确定网站推广方案的主题，以及相关的各种广告制作与费用投放。另外，还要时刻关注用户，特别是广大网民的感受，要注意后台反馈的访问量和意见平台的数据统计。

3. 确定关键词

互联网中的信息量太大，利用搜索引擎能够搜索到大量不同的内容，所以在制作网站推广方案时，必须重视关键词的选择。关键词的确定一般基于网站特色，通过关键词可以概括出网站的基本内容和服务项目。

4. 了解常见的有效推广方式

网站通过各种推广方式进行推广的目的是相同的，即追求销量，所以只有有效的推广方式才能为网站带来流量并转化为经济效益。在制作网站推广方案时，网络编辑要了解常见的有效推广方式，并在推广方案中选择适合本网站使用的类型。

- **软文**｜由编辑创作推广文案，或引用网络中热度高的文章（巧妙地加入网站网址）。这种方式需要网络编辑具备写作能力，文案写得好，推广效果就好。
- **博客和微博**｜网站的宣传文案和软文可以发布到企业的博客或微博里。博客的优点是不会被管理员删除，微博则可以使用系统提供的文章分享功能，将网站的推广文章和商品分享到其他知名的平台中，共享其他平台的流量。
- **论坛发帖**｜论坛包括留言本、论坛和贴吧等一切用户可能聚集的网络位置，需要编辑尽可能多地找到论坛，且在每个论坛注册账号，账号中必须有网站的网址或宣传文案，然后顶自己的帖子，同时帖子一定要起好标题。
- **QQ群**｜通过申请大量的QQ号，每天将推广的网站地址和网站简介发布到不同的QQ群中。QQ号越多，加入的QQ群就越多，宣传推广的效果就越好。
- **问答**｜借助一些流量较高的网络问答平台，如知乎、百度知道、新浪爱问等，以网站、商品或品牌的名义回答用户问题，或者自问自答。
- **百科**｜创建网站的百度、搜狗或360百科也是一种有效提升知名度的推广方法，拥有一个百度百科词条可以增加用户的信任度，直接促进后期的成交与转化。

- **分类信息** | 通过专业的分类信息网站，如58同城、赶集网、百姓网等，发布企业网站的信息，但这种方式比较被动，效果不明显且周期较长。
- **图片加水印** | 在网络中搜索一些好看、好玩、有趣的图片，例如，在最近火爆的"流浪地球"电影相关的图片中使用水印工具加入网站的网址，然后发布到网络，很多网友可能会转发这些图片，起到很好的宣传效果。
- **签名档** | 把相关的QQ、微信或旺旺等聊天工具的签名档都改为网站名称和网址。
- **交换友情链接** | 找一些相关的行业网站，交换设置友情链接进行推广。
- **无偿单向链接** | 无偿给一些著名的网站做链接，既能丰富本网站的内容，又能让用户在搜索其他网站时，发现本网站的内容信息。
- **发布任务或兼职** | 在相关网站发布有偿任务或兼职，不仅能够吸引接受任务或申请兼职的人，而且能够吸引一大批旁观者，进行一对多的内容传播。
- **口碑** | 做好网站内容，让浏览过的用户主动传播，这要求网站内容有足够吸引用户眼球的能力，对网络编辑的要求非常高。

专家指导

以上几种网络推广方式的共同特点是免费，对于一些需要在极短时间内获得营销推广效果的网站来说，也可以选择收费的推广方式，就是把网站的运营和推广外包给过专业的营销推广公司，由其负责网站的营销推广工作。

6.3.3 四大行业的网站推广方式

通常可以将网站推广分为4种类型，每一种类型对应一种行业，具体介绍如下。

- **生活服务** | 这些网站涉及衣、食、住、行，为老百姓日常接触的网站类型，包括餐饮、美发、美容、影院、KTV、棋牌、健身、水电维修、电器、装修、煤气、彩票、股票、银行、驾校、中介、摄影、求职、宠物、团购、医院、出国、旅游、航空等。
- **工业品及原材料** | 这些网站通常将商品销售给其他企业，包括机械、电子、照明、安防、五金、交通、汽摩、仪器、数控、磨具、纸业、纺织、净化、农业、化工、医药、冶金、建筑、环保、地质、钢铁、电力、烟草等。
- **大众消费品** | 这些网站销售的是淘宝天猫上的主流商品，均为大众消费品，包括服装服饰、箱包、礼品、家居、家电、办公、运动器材、零食特产、玩具、配件、手机、化妆品、珠宝、香水、茶、酒水、保健品等。
- **商业服务** | 这些网站通常为企业或机构提供服务，包括咨询、税务、证券、招商、工程、商场、宾馆、拍卖、展会、商旅、招聘、物流、培训、批发、进口、法律、广告、IT、设计、金融、保险、认证、期货等。

1. 生活服务推广方式

生活服务类型网站的最大特点就是网站中的所有商品和服务与用户生活息息相关，占据的消费金额非常大，这类型网站的常用推广方式如下。

- **位置信息发布**｜把网站或实体店的信息发布到手机或网络平台中，方便用户检索。
- **异业联盟推广**｜多找一些跟网站内容有关联的网站或商家一起合作，可以将其他网站或商家的用户引流到自己的网站。
- **社区活动**｜社区活动包括亲子活动，趣味性、娱乐性活动和互动游戏等，以及抽奖，例如，"六一"儿童节的抽奖活动，唱歌、厨艺比赛等，包含线上和线下两种方式。
- **线下发展客户**｜通过宣传或促销活动发展用户，例如，扫描二维码关注网站或微信公众号，就能获得一个小礼品，这样就能最大限度扩大网站的知名度。
- **向附近的人主动推送消息**｜利用一些社交软件，如微信、QQ等，直接向陌生人发送网站的相关信息。
- **微信、微博口碑传播**｜微信和微博是用户群极大的社交媒体平台，利用这两个平台进行推广，更容易为网站带来流量。利用微信和微博推广，需要网站制造吸引用户传播的卖点，只有用户对卖点感兴趣，将其在微信朋友圈或者微博中进行分享，才会为网站带来口碑传播的效果。

2. 工业品及原材料推广方式

工业品及原材料类型网站和其他几种网站的推广方式有较大不同，因为这类网站所面对的用户基本上都是企业或集体，相关行业的整个商品形态体积较大，成交金额也较大，买卖双方的沟通周期比较长，所以一般是网络结合线下才能成交，网站更多地起到收集用户信息和吸引用户关注的作用，这种类型网站的常用推广方式如下。

（1）打基础

用户通常会在多个网络平台搜索工业品原材料的相关资讯，所以一定要充分曝光网站和企业的信息，在多个网络平台进行充分展示，如官方网站、网店、企业微博和微信、百度百科等。

（2）百度推广

百度推广是一种按效果付费的网络推广方式，可以给企业带来大量潜在用户，有效提升企业的知名度及销量。它可以对官方网站进行推广，如官网商品关键词排名等，也可以对商品曝光率进行推广，例如，将商品信息发布到大量的B2B网站。

（3）信息轰炸

利用各种类型的信息在网络中推广网站内容，主要信息包括以下3种。

- **文字信息**｜文字信息是最常见的类型，如商品信息（发布到一些相关行业网站）、新闻技术（做大量关键词排名）、软文（品牌宣传）等。

- **图片** | 图片要美观，用以给用户留下好印象；图片中加入公司 Logo，便于品牌宣传；图片中加上联系方式，便于联系；图片中加上网址，便于引流。
- **视频** | 视频比图片更有说服力，能够形象地把商品服务表述清楚。视频可以发布到各种视频网站，供用户观看，提高曝光率；视频的标题、标签和描述要新颖，并包含关键词；视频要加 Logo、二维码、网址和联系方式等，便于引流；视频不要过长，最好在 10 分钟以内，便于被各大搜索引擎抓取，进一步提升曝光率。

3. 大众消费品推广方式

对于用户来说，能够在网络中买到的东西大部分都是大众消费品，这类网站通常是企业的官方商城或大型的电子商务网站平台，大众消费品的常用推广方式如下。

- **选好爆款** | 网站的爆款商品可能会占据销售总量的大半部分，甚至有很多网店 90% 的销量是由一两款商品产生的。所以网络推广的关键是选好爆款，爆款商品有三大特点——受众广、价格低、易促销，另外，追加销售也容易打造爆款商品。
- **商品视觉包装** | 对网站推广而言，视觉效果非常重要，视觉包装分为摄影和美工两个部分，摄影指商品的照片，商品照片越漂亮，越容易获得用户的关注，引起用户的兴趣；美工则是对宣传图片的平面、色彩、基调和创意等进行加工。
- **原始销量** | 销量越高越容易得到用户青睐，越容易获得较高回报，原始销量推广方式包括直通车、聚划算、百度推广、站外引流等。
- **页面更新** | 需要对网站的页面进行更新来吸引用户，通常的更新周期为半个月，网站的主页面、详情页、主打商品都要适时更新。
- **扩展渠道** | 扩展渠道是为了获得更多的用户流量，例如，除了自己商品的官方网站外，还可以在淘宝网、京东商城等第三方电子商务平台开设官方商店。
- **维护老客户** | 维护网站的老客户，鼓励持续购买，利用会员制不断升级和维护固定的用户群体，实现商品的持续销售。

4. 商业服务推广方式

这种类型的网站通常都是为企业提供服务的，常用推广方式与工业品及原材料推广方式类似，不同点在于其可以利用微信和微博推广。商业服务最重要的卖点就是专家，因为用户不会轻易信任商业服务这种没有实物商品的营销，但通常会认可行业中顶尖的知识型专家提供的服务，因此做商业服务的网站，必须打造专家卖点。

6.4 本章实训

为了帮助读者巩固本章所学的网站运营和推广的相关知识，下面进行实训练习。

1. 实训要求

本实训需要读者利用本章所学的制作网站推广方案的知识，为某玉石商城的网上交易模式网站制作品牌推广方案。

（1）首先完成对网站的定位。

（2）推广方案的主要内容包括推广的背景、目的、时间、方式、建议安排、前期准备、费用、效果预估、反馈和总结等。

2. 实训步骤

（1）创作推广背景。展示我国网上消费整合线上线下、免费体验、消费增值的新趋势，并说明本网站的商业模式、服务领域和品牌等信息。

（2）制订推广目的和时间。除增加知名度和影响力外，还需要罗列至少 4 种推广目的，并将推广时间定为某些特定节日的前后两个星期（如七夕节、母亲节）。

（3）策划推广方式。线上推广包括论坛推广、视频推广、微博推广、微信推广、软文推广、问答推广、百科推广、QQ 群推广等方式，线下推广包括活动推广、户外广告和二维码等方式。此步骤是整个推广方案的重点，网络编辑需要详细制订各种推广方式的具体项目和时间进程。另外，由于推广时间正值节日，需要多使用事件营销和内容营销的方式来打造网站品牌。

（4）制作其他方案内容。将所有推广方案涉及的项目罗列出来，制作成表格文档，然后将相关内容输入到其中，最后打印出来。

思考与练习

（1）简单描述网站的运营思维方式，并搜集小红书 App 的运营推广资料，对应说明该网站在推广过程中运用了哪几种思维方式。

（2）列举几个著名的事件营销的案例。

（3）举例说明口碑营销的主要特征。

（4）根据一个著名的营销推广案例，说明内容营销的过程。

（5）为内容营销的技巧，分别举一个经典的案例。

（6）请根据本章所学，为华为品牌制作一个父亲节的运营推广方案，目标是宣传品牌精神和文化。

第 7 章

新媒体运营推广

学习目标

| 了解新媒体运营
| 熟悉新媒体运营的常见方式
| 熟悉新媒体平台的运营推广

学习内容

| 新媒体运营的具体工作
| 新媒体运营的工作流程
| 新媒体内容运营
| 新媒体用户运营
| 新媒体商品运营
| 新媒体活动运营
| 微信、微博和社群平台的运营推广

7.1 了解新媒体运营

新媒体运营是指通过微信和微博等新媒体平台进行商品或品牌的宣传、推广和营销，向用户广泛或精准地推送消息，提高用户参与度和品牌知名度，从而达到相应营销目的的运营活动。新媒体运营的思维方式和能力要求等方面与网站运营基本相同，只是在具体工作和工作的流程上有一定的区别，下面具体介绍。

7.1.1 新媒体运营的具体工作

网络编辑的新媒体运营工作主要是依托各种新媒体平台进行的，包括微信、微博、新闻客户端、知识自媒体等，具体工作如下。

- 了解用户需求，收集用户反馈，分析用户的行为及需求。
- 负责微信和微博等手机终端为主的移动互联网自媒体平台的日常运营及推广。
- 独立运营微信公众号，为用户、粉丝策划与提供优质、有高度传播性的内容。
- 策划并执行微信营销线上日常活动，跟踪和维护用户行为，根据项目向目标用户推送各种微信内容。
- 拉新、促活，增加用户、粉丝数，提高用户关注度和粉丝的活跃度，及时与粉丝互动。
- 挖掘和分析用户的使用习惯及体验感受，及时掌握新闻热点，有效完成专题策划。
- 紧跟微信发展趋势，广泛关注标杆性公众号，积极探索微信运营模式。

7.1.2 新媒体运营的工作流程

为了节约人力资源，网络平台需要网络编辑具备一定的新媒体运营能力，并将新媒体运营的大部分工作划分到网络编辑的工作范围内。一个完整的新媒体运营工作流程至少应该包括初期筹备、制订目标、内容制造、执行和反馈 4 个环节。

1. 初期筹备

运营活动的前提是商品或服务能够解决用户的问题，或者满足用户的需求，这就需要网络编辑在前期做好相关的筹备工作，保证在后续运营工作中更精准地找到目标用户，并采取合适的手段与用户建立联系。筹备工作是新媒体运营的基础工作，主要包括以下几点。

- **用户画像** | 通过调研、访谈等方式将目标用户的年龄、性别、兴趣、生活和浏览习惯等信息抽象成标签化的模型，构建目标用户画像，分析用户的需求及需求度。
- **商品分析** | 分析商品能够解决哪一种类型的用户需求，并分析对应的解决方式，结合用户画像的结果对商品进行系列优化，以求更好地满足不同用户的需求。

- **竞品分析**｜收集和分析竞品信息，如营销模式、存在的问题等，总结出商品相对的优劣势。
- **运营策划**｜在开展具体工作前进行营销的目的分析、方式确认和创意讨论。

2. 制订目标

制订目标的主要工作是设定运营目标并制订相应的计划。

- **设定目标**｜新媒体运营工作的最终目的是实现经济收益，网络编辑可以将这个目标量化到文章阅读量、粉丝增长量、用户活跃度和购买转化率等具体的数据上。
- **制订计划**｜制订计划就是把目标中的某项指标，拆解为每月的工作安排，再拆解为每周的工作安排，甚至是每天的工作安排。

3. 内容制造

在新媒体运营过程中，网络编辑的主要工作就是为新媒体平台创作和编辑内容信息，内容生产环节也是新媒体运营工作流程中占据时间比例较大的。内容制造通常包含以下主要环节。

- **内容选题**｜策划和优化选题的目的是让运营内容能够更好地吸引用户。
- **内容呈现**｜创作不同形式的内容，形式包括文字、图片、H5和音视频等。
- **内容投放**｜根据目标用户画像，选择合适的新媒体渠道和平台进行推广。

4. 执行和反馈

执行和反馈的过程其实就是收集和分析用户数据的过程，执行和反馈的目的是进一步优化内容制造和渠道选择，更好地实现设定的目标。执行和反馈过程主要包括两方面。

- **内容生产和推送**｜新媒体运营工作需要网络编辑根据数据的反馈筛选出目标用户对哪些选题和选题的内容感兴趣（阅读量），以及目标用户的阅读习惯（查阅时间），然后根据反馈为后续的运营提供更精准的内容生产和推送。
- **渠道选择**｜网络编辑不可能将内容推广到所有的新媒体平台，这就需要通过数据的反馈，筛选出推广效果较好的平台，并在这些平台上进行运营工作。

7.2 新媒体运营的主要内容

新媒体运营工作远不止创作和发布几篇微信、微博文案那么简单，还需要进行营销策划、提升流量、吸引用户、筹备活动等相关操作，这些也就构成了新媒体运营的主要工作内容，包括内容、用户、商品和活动4个方面的运营。

7.2.1 新媒体的内容运营

内容运营是指基于营销的内容进行策划、创意、编辑、发布、优化和营销等一系列与内容相关的工作。内容运营的目标是通过合理的内容创建、发布及传播，向用户传递有价值的信息，满足用户的内容消费需求，并传递商品的定位和特性。

1. 内容运营的框架

内容运营是新媒体运营的核心部分，内容运营需要向用户展示商品的重要竞争力，首先就要厘清内容运营的具体框架，基本的内容运营框架如图 7-1 所示。

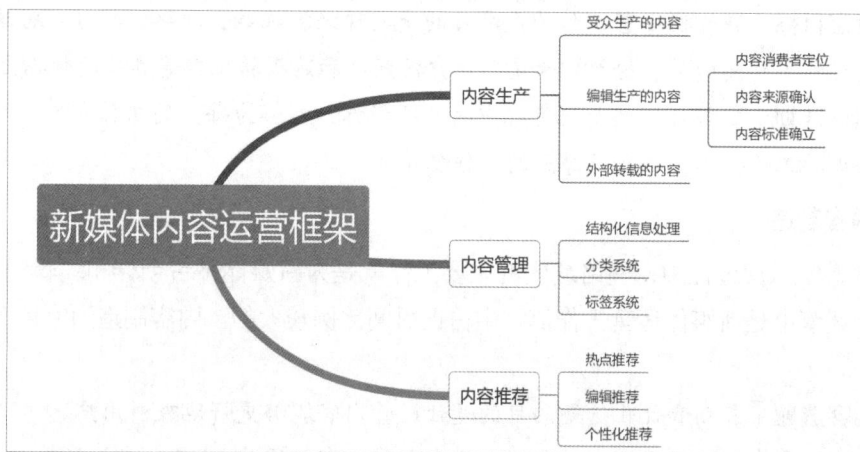

图7-1 | 内容运营的框架

- **内容生产** | 新媒体运营的内容生产问题包括谁在生产内容，他们对付出和收益满意吗，这种生产机制是否是可持续的，等等。内容生产是内容运营的基础，通过网络编辑合法合规地搭建内容生产体系才是具有持久发展可能性的最佳内容生产方式。

- **内容管理** | 内容管理是指构建完善的内容管理系统后台，包括内容库存是否管理有序，能否快速地把所有内容分门别类，是否能够为后续的内容推荐提供充分的支撑，等等。网络编辑可以搜集海量的以各种方式生产的内容，然后需要像库存管理一样，利用良好的结构把这些内容保存起来，在进行内容编辑时，能够迅速搜索到并使用。

- **内容推荐** | 面对众多的平台和海量的内容，用户不想也没有太多的时间花费在搜索内容上，所以内容运营的最后一道程序就是内容推荐，即以不同的方式向用户推荐各种内容，包含热点推荐、编辑推荐和个性化推荐 3 种方式。

2. 内容运营的核心环节

新媒体的内容运营通常包括 6 个核心环节，下面分别进行介绍。

- **战略定位** | 战略定位是内容运营的第一个环节，具体工作是阶段性的内容设计，包括内容选题的战略定位和推广平台的战略定位两个方面的内容。

- **内容策划** | 内容策划的具体工作是更具体的内容设计，主要包括运营背景、商品受众、运营目标和策略与应对等重要问题。

- **内容编辑** | 内容编辑是指内容的具体创作编辑，包括形式创意、素材整理和内容制作。

- **内容优化**｜内容优化是指对编辑完成的内容进行测试、反馈及优化，如果转化率低或用户反馈不好，则需要对内容进行优化与调整。

- **内容投放与传播**｜内容投放是指把新媒体变成内容的入口，用内容吸引用户，使用户在内容所在的平台完成转化。内容传播则包含两方面：吸引用户搜索信息，让用户主动获取内容；刺激用户分享内容，引导用户将内容转发到朋友圈、微信群或更多渠道，让内容在更多的平台中传播。

- **内容运营效果分析**｜网络编辑在新媒体平台中查看内容的阅读数、转发量和点赞数等，分析内容运营的总体效果，并总结实施过程中出现的问题及收获的经验。

7.2.2 新媒体的用户运营

用户是决定商品和内容好坏的唯一标准，新媒体运营要想更好地做到商品和品牌的营销推广，就需要格外关注用户运营。用户运营的核心就是吸引新用户和留住老用户，所以可以将用户运营理解为是以用户行为数据为基础，以用户激励与奖励为手段，不断提高用户体验，促进用户行为转化，延长用户生命周期价值的运营活动。用户运营包含获取用户、提高用户活跃度、提高用户留存率、获得经济收益和引导用户口碑传播 5 个核心环节。

- **获取用户**｜获取用户是指通过用户画像、调查、需求分析等工作，确定目标用户群，最大程度地将其转化成自己商品的用户。获取用户这个阶段最主要的目标是促使潜在的目标用户转化成商品的用户，并促使其开始使用商品。

- **提高用户活跃度**｜通常情况下，用户运营将用户在指定时间内登录或者启动一次，定义为用户活跃。在新媒体平台中，用户每次启动平均使用时长和每个用户每日平均启动次数也是衡量用户活跃度的指标，且与用户活跃度呈正比关系。另外，商品各个版本的使用时长和启动次数也会对用户活跃度产生影响。

- **提高用户留存率**｜用户留存率是衡量一个商品是否健康成长的重要指标之一，留存率反映的实际上是一种转化率，即由初期的不稳定的用户转化为活跃用户、稳定用户和忠诚用户的过程。

- **获得经济收益**｜获得经济收益是用户运营最根本的目标，获得经济收益主要是指让用户消费买单，或者让用户直接转化成付费用户。

- **引导用户口碑传播**｜用户口碑传播更容易生成更多的新用户，所以用户运营需要引导当前用户进行口碑传播，比如进行分享和邀请，利用病毒式营销、创意推广和事件炒作等方式进行口碑传播，以及通过个性化定制的方式进行传播等。

7.2.3 新媒体的商品运营

在新媒体领域，商品运营是非常靠近商品的一个岗位，要求运营人员综合能力均衡，涉及面广，懂运营又要懂商品，是一项针对商品并通过各种运营策略来实现运营目标的工作。从概念上讲，新媒体的商品运营可以定义为从内容建设或商品生产、用户维护、活动策划3个层面来管理用户和商品，并产生商品或内容价值和商业价值的新媒体手段。网络编辑在进行商品运营时，应该以用户为起点，明确运营的目标，遵循运营的规则，这样才能真正完成运营的工作。商品运营的特性有以下几点。

- **运营有成本**｜新媒体商品运营成本是指将商品或内容营销给用户这一过程中的所有消耗，包括商品或内容的生产消耗、各种人工费用和活动开支等。

- **保证运营的效率**｜通常情况下，商品运营的效率会影响最终的经济效益。商品运营的效率下降，意味着成本的投入有浪费，目标用户定位不准确；商品运营的效率提升，则意味着目标用户数量的增加和商品消费的数量增加。所以，运营效率的高低可以看成衡量商品运营是否成功的核心所在。

- **运营需要一个过程**｜商品运营是一个稳定的、有效的，从接触、引导、尝试、认知，到渗透和熟悉的过程。前期需要通过各种运营手段不断地预热，给予用户一定的期望；中期平稳，需要逐步展示并满足用户的所有期望；后期则可以超越用户的期望，这样最后可以达到比较高的效率值，以刺激用户消费。

▌7.2.4 新媒体的活动运营

活动运营其实就是在某个时间阶段内，进行的一次有目的的用户增长或转化手段，其运营的方式和其他运营类型相似，包括吸引用户、保留用户、促进用户活跃和用户转化等内容。新媒体活动运营通常按照活动目的分为以下几种类型。

- **品牌推广类**｜品牌推广是指形式上采用事件营销，或者直接的广告输出等方式的运营活动，品牌推广类型活动会在新媒体平台中进行大量分享和传播，在极短时间内获得大量的曝光，使用户了解并熟悉品牌或商品。例如，新世相的"逃离北上广"和"丢书大作战"活动，给新世相带来了巨大数量的粉丝和极高的关注度。

- **吸纳新用户类**｜吸纳新用户是以提升新用户注册量和用户激活率为目的的活动类型，根据运营时间的长短又分为短期运营活动和常规化运营活动两种类型。

- **提升用户活跃度类**｜对于已经注册的用户，活动运营的目标是提升其活跃度，唤醒休眠的用户，从而减少用户流失率。这种类型的活动通常采用线下聚会、同城派对等线下活动形式增强用户之间的关系链接，通过活跃用户关联的方式提升其他用户的活跃度。另外，线上也可以采用如每日签到和积分商城的活动形式，培养用户的使用习惯和忠实度。

- **用户转化变现类**｜用户转化变现类活动的目标就是获得经济上的收益，是以增加销量和促进变现为目的的活动类型，通常会通过线上营销、线下广告的形式进行活动运营。新媒体文案（特别是电商文案）中有很大一部分都是为这种活动服务的，如"双 11"购物节、黑色星期五打折等。

7.3 常见新媒体平台的运营推广

在新媒体蓬勃发展的时代，各种新媒体平台几乎成为用户获取信息的主要方式，因此，以新媒体平台为基础的运营推广已经成为网络营销的主要方式。

7.3.1 微信平台的运营推广

微信平台的运营推广随微信的发展而兴起，不受营销距离的限制，企业或网站都可以通过微信向用户提供其所需要的信息来推广商品，从而实现点对点营销。微信平台的运营推广主要是通过微信公众号进行的，网络编辑可以通过微信公众号发布信息或提供服务，让用户接收信息或享受服务。微信平台的运营推广在信息传播、品牌宣传、用户服务上具有良好的效果和价值。此外，微信公众号还可以提供电子商务服务和 O2O 营销服务，打造一个简单直接的购物平台，如图 7-2 所示。

图7-2 | 京东商城的微信公众号

1. 选择公众号类型

微信公众号主要包括订阅号、服务号、企业号和小程序 4 种类型，在新媒体的运营推广中，服务号和订阅号的使用率更高。

- **订阅号**｜具有信息发布和传播的功能，主要用于向用户传达资讯（类似报纸杂志），展示网站或商品的个性、特色和理念。
- **服务号**｜具有用户管理和提供业务服务的功能，能够实现用户交互，而且可以开通微信支付功能，这两项都非常符合新媒体运营推广的需求。
- **企业号**｜可以实现内部沟通与内部协同管理，主要用于企业内部通信。
- **小程序**｜小程序是一种开放功能，可以被便捷地获取与传播，适合有服务内容的企业。

2. 设置公众号

网络平台可以通过设置微信公众号来增强运营推广的效果。

- **名称**｜名称是用户识别微信公众号的重要标志，直接与公众号搜索相关联，应该具有统一、简洁、便于搜索的特点，同时也可以注明公众号的功能等。
- **头像**｜头像也是微信公众号的重要标志，代表了公众号的个性和风格，展现了公众号的品牌形象，同时还能方便用户对公众号进行认知和识别。
- **二维码**｜每一个微信公众号都有一个专属的二维码，通过对二维码进行分享和推广，可以得到更多用户的关注。二维码的设计可以添加一些展示商品或品牌特性的元素，如经典商品、品牌 Logo 和公司形象等。
- **功能介绍**｜功能介绍通常在用户搜索时显示，必须突出重点、便于理解，让用户可以通过介绍快速了解公众号提供的服务和价值等。大多数网站的微信公众号会在功能介绍中进行品牌介绍，或者放置一些文案标语，进一步进行品牌推广。

3. 公众号定位

要从微信平台的运营推广中获得很好的效果，必须对目标用户进行精准定位。网站的微信公众号在发展前期，一定要做好定位工作，先制订出适合自身发展、符合自身形象的定位，再通过这种定位去吸引用户，最后慢慢形成品牌效应，达成营销目的。通俗地讲，公众号定位就是目标用户喜欢什么，就给他们提供什么。要定位目标用户群体，首先应该了解他们的喜好，明确他们的行为动机，根据公众号要服务或推广的人群的地域、年龄、性别、受教育程度、收入、行业等特点来策划公众号的运营内容，设计出用户喜欢的风格、特色和服务。公众号定位的相关内容与网站用户的定位基本相同，这里不再赘述。

除了需要分析用户的各种特征外，在进行公众号定位策划时，也可以从用户的使用场景出发进行设计，例如，目标用户一般何时查看公众号信息、愿不愿意进行分享、有没有付费行为等，然后根据这些特征策划公众号内容和活动。

4. 公众号内容创作

微信公众号的内容需要建立在分析和了解目标用户群体的基础上，不同类型的用户通常有不同的喜好和关注点，当某一类有相似喜好的用户形成圈子时，与之喜好相对应的公众号文章就可能在这个圈子内得到广泛分享和传播，为公众号吸引到更多属性相同的高质量用户，从而提升商品和品牌的知名度。如果要让用户长时间保持对公众号的关注，内容策划时就要持续满足用户的需求。微信公众号的内容创作的方法和技巧与网站内容创作基本相同，这里不再赘述。

专家指导

在网站的运营推广中，个人微信号也能起到一定的作用，例如，个人微信号在朋友圈中发布的商品信息、促销活动和软广告等，可以引起关注和内容传播，达到商品和品牌推广的目的。

7.3.2 微博平台的运营推广

微博平台的运营推广是通过微博创造价值的一种营销方式，是基于粉丝基础进行的营销方式。微博庞大的用户基础为运营推广提供了更大的营销空间，微博上的每一个活跃粉丝都是潜在的营销对象。企业和网站可以通过微博向广大粉丝传播各种商品信息，树立良好的企业形象，提升品牌影响力。

例如，著名餐饮品牌海底捞的口碑效果在很大程度上得益于微博平台的推广，当网友所发布的一条微博——"海底捞居然搬了张婴儿床给儿子睡觉，大家注意了，是床！我彻底崩溃了！"在网上得到大范围传播时，海底捞"逆天服务"这个特色标签就已经潜移默化地刻进了用户心里。随着这条微博的广泛传播，海底捞又陆续爆发出一系列热点事件，如"劝架信""对不起饼""打包西瓜"等，将海底捞的服务口碑推往更多网友的微博页面，在极短的时间内吸引了大量关注，将海底捞成功打造成大众餐饮的特色服务品牌。

1. 微博定位

在微博平台进行运营推广时需要进行准确定位，必须提前规划需要吸引的用户或粉丝群体的范围，然后通过目标人群的喜好清晰设定微博的定位。比较热门或具有一定影响力的微博，通常具有统一的内容和与内容相符的描述风格，不仅方便粉丝辨别，也容易形成独特的个性化风格，扩大自身的影响力。在进行微博内容定位时，主要可以从发布形式和微博话题两个方面进行设计。

- **设计发布形式** | 微博的发布形式非常多元化，文字、图片、声音和视频均可，还可以根据实际需要设置投票和点评，甚至可以进行直播发布。

- **设计话题** | 在微博上发布话题可以引起更大范围内的讨论和转发，如果话题运营得当，还可以打上明显的品牌标签或个人标签，促进商品或品牌信息的推广。话题的设计应该以微博定位为基础，尽量与微博的主要内容保持一致。

2. 策划微博推广

网络编辑要想使微博中的内容得到更多的关注和转发，一定要在素材收集、发布时机、粉丝互动、转发和原创等方面进行提前构思和合理策划。

- **素材收集**｜微博素材的收集需要建立在微博定位的基础上，网络编辑要有针对性地寻找与微博定位相匹配的内容，主要包括热点话题和专业领域素材两种。特别是影响力比较大的社会热点话题，它们会被各大网站、企业加以利用进行营销推广，能否正确及时地进行热点话题借势，直接关系着微博营销的最终效果。

- **发布时机**｜微博的发布时间需要根据实际反馈和微博数据进行动态调整，可以通过测试，得出活跃度最高、转发评论最多的时间段，也可以根据微博定位的目标用户人群的网络使用习惯进行安排。

- **粉丝互动**｜粉丝互动是微博运营推广的重要步骤，直接关系到营销效果。可以通过转发抽奖、话题讨论等方式引导粉丝主动参与互动，粉丝互动越频繁，微博内容被关注和传播的可能性才会越大。

- **转发和原创**｜转发和原创都是微博内容发布的常见形式，微博平台的运营推广通常需要保持一定比例的原创内容，用户反响好的原创内容可以重点推广，还可以转发一些热门的微博内容，用来保持微博的活跃度和在粉丝微博主页的持续曝光度。

3. 积累和维护微博粉丝

微博运营推广的本质其实是粉丝营销，只有拥有粉丝，微博发布的商品或品牌内容才能被更多用户看到，才能引导更多人进行互动，从而取得实际的营销效果。

（1）积累粉丝

粉丝的积累是一个比较长期的过程，通常需要对微博进行持续长久的运营推广。

- **与同类人群互粉**｜互粉就是相互关注，微博平台中有很多关注同一个领域、有共同或相似爱好的群体，推广前期可以加入这类圈子，与用户互动，吸引关注。

- **外部引流**｜外部引流是指将其他平台，如博客、豆瓣、视频、直播、问答、微信、QQ、媒体网站等的粉丝吸引到微博中。网络编辑在进行运营推广时，一定要学会利用各种平台资源，搭建一个完整的传播矩阵，使其互相促进和提升。

- **推广活动**｜主要有两种活动方式，一种是微博平台关注转发抽奖或参与话题讨论等新鲜有趣的推广活动，另一种是有奖励的推广活动，后者更容易引导粉丝转发微博，吸引非粉丝用户的关注。

- **与其他微博合作**｜单个微博的影响力有限，运营推广时可以选择有影响力的微博，联合双方或多方的影响力，扩大宣传范围，为合作双方带来利益。

- **依靠微博内容**｜靠微博内容积累粉丝实际上就是一种内容营销，通过发布有价值的实用性技巧等来吸引粉丝。

（2）维护粉丝

积累的粉丝需要进行维护，通过增加粉丝黏性，让微博真正具有强大的传播力。

- **粉丝互动**｜粉丝互动是提升微博活跃度的重要手段，微博的粉丝越活跃，传播力和影响力才会越大。在微博上与粉丝保持互动的方式主要有评论、转发、私信、提醒和点赞。评论是指直接在原微博下方进行回复，评论内容可以供所有人查看；转发是指将他人的微博转发至自己的微博；私信是一种一对一的交流方式，讨论内容仅讨论双方可以查看；提醒是指通过@微博昵称的方式，提醒用户关注某信息；点赞是微博的一种功能，用户可以十分快捷地为自己喜欢的微博点赞。
- **利用话题**｜利用话题不仅指利用微博的话题功能，同时也指利用有热度、有讨论度、容易激起粉丝表达欲望的信息。设置的微博话题必须有话题感，最好与粉丝的生活相关，能够引起关注兴趣，同时话题最好比较简单，便于快速回答。

7.3.3 社群平台的运营推广

社群平台的运营推广是一种随网络社区和社会化媒体发展起来的、基于圈子和人脉的营销模式，主要通过网络社区和社会化媒体平台发展用户，将有共同兴趣爱好的人聚集起来，打造一个共同兴趣圈并促成最终的消费，其本质就是一个口碑传播的过程。

1. 社群运营推广的必备条件

社群就是社交群体，即一个人群圈子。建立社群并不难，难的是社群的持久运营，一般来说，运营社群需要做好以下几项工作。

- **社群定位**｜社群成员通常有共同的兴趣、认知或价值观，建立社群之前，必须先做好社群定位，明确社群要吸引哪一类人群。社群定位通常基于社群的类型和企业的性质，例如，可以按照商品形式将社群划分为商品型、服务型和自媒体等社群，也可以按照范围划分为品牌、用户和商品等社群。网络平台创建社群的目的就是销售商品、提供服务、打造品牌或提升影响力等，确定目的可以方便社群的定位。
- **吸引精准用户**｜进行精准的运营推广必须拥有精准的用户群体，因此任何推广都要以对精准用户群体的细致分析为前提，了解目标用户群体的消费观念、地域分布、工作收入、年龄范围、兴趣爱好和工作环境等。
- **维护用户活跃度**｜成功的社群运营推广建立在社群内部紧密的成员关系上，社群用户活跃度是表现成员紧密关系的一个重要指标。现在大多数成功的社群运营已经从线上延伸到线下，从线上资源信息的输出共享、社群成员之间的优惠福利，到线下组织社群成员聚会和活动，目的都是增加社群的凝聚力，提升用户活跃度。
- **打造社群口碑**｜口碑是社群最好的宣传工具，社群要打造良好的口碑，必须先从基础做起，抓好社群服务，为成员提供价值，然后逐渐形成口碑，带动会员自发传播社群，逐渐建立以社群为基点的圈子，然后才能真正得到扩大和发展。

2. 策划社群线上活动

社群平台的运营推广需要在线上策划或开展各种活动，如社群分享、社群交流和社群福利等，这些活动可以不同程度地活跃社群，提高社群成员的积极性。

（1）社群分享

社群分享是指分享者面向社群成员分享一些知识、心得、体会、感悟等，也可以是针对某个话题进行的交流讨论。专业的分享通常需要邀请专业的分享者，也可以邀请社群中表现杰出的成员进行分享，刺激其他成员的参与度和积极性。

- **确定分享内容**｜为了保证分享质量，在社群分享之前，应该对分享内容和流程、分享模式进行确认，还要确认分享内容对社群成员是否有帮助、有启发。
- **提前通知**｜在社群内提前反复通知分享信息，以保证更多社群成员参与。
- **分享暖场**｜分享活动开始前最好有主持人进行暖场，营造一个好的分享氛围，同时对分享内容和分享嘉宾进行适当介绍，引导社群成员做好倾听准备。
- **分享控制**｜制订相关的分享规则约束社群成员的行为，如分享期间禁止聊天等。
- **分享互动**｜设计与社群成员互动的环节，避免冷场。
- **提供福利**｜设计一些福利环节提升社群成员的积极性，或吸引社群成员下一次参与。
- **分享宣传**｜引导社群成员对分享情况进行宣传，同时总结分享内容，在各种社交媒体平台进行分享传播，打造社群口碑，扩大社群的整体影响力。

（2）社群交流

社群交流是发动社群成员共同参与讨论的一种活动形式，开展社群交流时，应挑选有价值的主题，让社群的每一位成员都参与交流，通过交流输出高质量的内容。

- **预备讨论**｜社群交流中的预备讨论需要考虑以下问题，包括参与讨论的社群成员有哪些，所讨论的话题是什么，话题组织者、主持者由谁担任，角色如何分配，秩序和氛围问题等。
- **预告暖场**｜预告是为了告知社群成员活动的时间、人物、主题和流程等，吸引更多成员参与；暖场则是为了保持社群成员的积极性，保证活动有一个热烈的氛围。
- **进行讨论**｜交流讨论的流程包括开场白、讨论、过程控制、其他互动和结尾等。
- **结束讨论**｜在社群讨论活动结束后，需要对活动进行总结，将比较有价值的讨论内容整理出来，并总结活动的经验和不足，最后进行分享和传播，扩大社群的影响力。

（3）社群福利

社群福利是激发社群活跃度的有效工具，一般来说，不同的社群通常会采取不同的福利制度，也可以结合使用多种福利形式。

- **物质福利** | 指提供物质奖励，一般为实用物品或有社群特色的物品。
- **现金福利** | 指提供现金奖励，多为奖金。
- **学习福利** | 指提供学习类课程服务，如免费培训和课程等。
- **荣誉福利** | 指提供相应荣誉奖励，如颁发奖状、证书，或授予头衔、称号等。
- **虚拟福利** | 指提供网络平台中的虚拟奖励，如积分、虚拟货币等。

3. 开展社群线下活动

线上线下相结合是新媒体的运营推广活动方式，社群营销也不例外。通过开展线下活动，可以建立起社群成员之间的多维联系，让感情联系进一步连接到生活群、兴趣圈、朋友圈和人脉圈。根据规模的大小，社群线下活动会表现出不同的组织难度，因此为了保证活动的顺利开展，在活动开始之前必须有一个清晰完整的活动策划，方便组织者更好地把控活动全局，做到有计划、有目的、有质量。

（1）活动计划

活动计划是指对活动的具体安排，主要内容包括活动策划团队名单、任务分配、宣传方式、报名方式、活动名称、活动主题、活动目的、活动日期、活动地点、参与人员、参与嘉宾、活动流程、费用、奖品、合影及后续推广等，另外，还需要制作活动进度控制表。

（2）团队分工

开展社群线下活动时，通常需要进行以下分工。

- **策划统筹** | 指负责制订活动方案，把控活动方向，统筹活动安排等。
- **宣传推广** | 通常在线上完成，包括通过网站、社交平台等发布活动信息，参与人员报名安排，活动海报设计和发布，邀请媒体等，还包括针对活动进行的直播，分享活动过程中的照片和视频等。
- **对外联系** | 指负责筛选和洽谈活动场地、活动设备，邀请活动嘉宾的人员，必须确认活动场地和设备正常无误、活动嘉宾的邀约和分享文稿无误。
- **活动支持** | 指在活动现场开展活动流程的人员，包括活动接待人员、签到管理人员、设备管理人员、摄影人员、主持人等。
- **总结复盘** | 指对活动的效果进行总结和反馈，生成复盘报告，为下一次的线下活动总结经验。

7.4 本章实训

为了帮助读者巩固本章所学的新媒体运营推广的相关知识，下面进行实训练习。

1. 实训要求

本实训需要读者利用本章所学的知识，为某化妆品品牌制作一个微博平台的推广方案。

（1）参考上一章中关于网站推广方案的制作方法来制作微博平台的推广方案。

（2）方案的主要内容包括目标定位、预算、方式、建议、团队搭建、绩效考核、管理等项目。

（3）需要做出详细的方案内容，该方案应适用于大多数化妆品品牌的运营推广。

2. 实训步骤

（1）定目标。微博平台的推广目标设置不能太宽泛，需要具体到数字，例如，每周发布多少篇文章内容，其中要求有多少篇是原创内容，以及活动期间每日新增激活用户数量达到多少，用户转化率有多少等（建议略高于原本的期望值，这样效果会更好）。

（2）做预算。为每个推广周期涉及的推广细项做预算。

（3）创作具体方案。包括推广的整体策略（方法和执行力）、种子用户期（体验推广、微信群管理）、初始用户期（微博引流、微信引流、建立微信群、促销活动策划、关注转发）、品牌推广期（继续使用初始用户期的推广方法、结合线下推广）、维护已有的媒体资源、对营销推广的效果进行评估。

（4）搭建营销推广团队。设置新媒体推广经理、文案编辑、运营专员等职位，并详细说明岗位职责和任职要求。

（5）制订绩效考核内容。微博平台推广的考核目标包括微博信息数、粉丝数、关注数、转发数、回复数、平均转发数、平均评论数等。

（6）制订管理方式。主要包括安排会议（如周一早会、周三培训、周五总结），量化目标，制作财务运算表、绩效考核表和岗位描述表，布置任务、辅导和检查任务。

思考与练习

（1）根据本章所学的知识，介绍新媒体运营有哪些具体工作。

（2）请简单叙述新媒体运营的工作流程。

（3）根据本章所学的知识，用自己的语言描述一下4种新媒体运营工作的特点，并比较4种运营工作的不同之处。

（4）分析一个经典的微信推广的案例。

（5）请根据本章所学，为小米的最新型号手机制作一个新媒体运营推广方案，主要推广渠道为微信、微博和社群。

第 8 章

使用网络编辑工具

学习目标

| 了解新媒体内容搜索引擎的使用
| 了解内容信息查询工具的使用
| 掌握内容编辑与排版工具的使用
| 掌握常用的图片编辑工具的使用
| 掌握常用的多媒体编辑工具的使用
| 掌握HTML5网页设计工具的使用

学习内容

| 微博和搜狗微信搜索
| 百度风云榜、微信指数和微指数
| Office和135编辑器
| Photoshop、美图秀秀和创客贴
| gif5.net、GifCam和斗图啦
| Adobe Audition、爱剪辑和传影DIY
| HTML5网页和易企秀

8.1　新媒体内容搜索引擎

　　搜索引擎在网络编辑工作中的作用表现在不仅可以提供各种热点信息的检索服务，还可以研究用户的各种网络行为，快速准确地分析目标用户人群信息，从而有效地推广商品和服务，促进销售。除了百度、搜狗等常用的搜索引擎外，还有一些专业的针对各新媒体平台内容的搜索引擎，如微博搜索和搜狗微信搜索，下面分别进行介绍。

8.1.1　微博内容搜索引擎——微博搜索

　　微博搜索是针对微博平台的搜索引擎，整合了全国各大微博站点的信息，根据一定的排序机制将搜索到的相关内容呈现给用户。其操作方法与百度搜索类似，即通过浏览器直接进入微博搜索网站，选择搜索的类型，包括"找人""文章""视频""图片"和"话题"，直接输入要搜索的关键字后单击"搜索"按钮，即可显示搜索结果。

8.1.2　微信内容搜索引擎——搜狗微信搜索

　　搜狗微信搜索是针对微信的搜索引擎，搜索时通过浏览器直接进入搜狗微信网站，如图 8-1 所示。单击"找文章"按钮可搜索与关键字相关的文章，单击"搜公众号"按钮可搜索与关键字相关的公众号。

图8-1 │ 搜狗微信搜索引擎

8.2　热门内容信息查询

　　热门内容信息查询是以监测的全部样本及历史数据为基础的数据分享平台，网络编辑可以通过输入关键词的方式查看热度趋势和与搜索热点相对应的热门内容。网络编辑常用的热门内容信息查询工具包括以下几种。

8.2.1 呈现网民日常搜索信息——百度风云榜

百度风云榜是一个以"广大网民每日搜索行为"为数据，并以关键词为统计目标建立起来的网站。百度风云榜以榜单的形式向受众呈现出相关的信息，线上覆盖面较广，信息价值较高，能够全方位、客观地体现众多网民的需求，打开该网站后，单击"热点"选项卡，即可查看对应的各种热点内容，如图8-2所示。

图8-2 | 百度风云榜热点查询

8.2.2 反映微博热度趋势——微指数

微指数是基于微博平台的一款热点趋势分析工具，微指数通过统计和分析微博平台中海量用户的行为数据和博文数据，得出不同事件、领域的发展状况，以及事件、领域关注度的发展趋势的各种数据和结论。打开微指数网站，即可查看目前微博中最热的词汇，也可以通过搜索查看热门词汇的指数趋势。

8.2.3 反映微信热度趋势——微信指数

微信指数是基于微信平台的一款热点趋势分析工具，微信指数可以整合微信上的搜索和浏览行为数据，并对海量数据进行分析，形成当日、7日、30日及90日的关键词动态指数变化情况的数据报告，反映出搜索的关键词在一段时间内的热度趋势变化。简单来说，网络编辑可以通过微信指数，查看备选主题对应的事件在微信上的热度究竟有多高。

利用微信指数查询热点趋势的具体步骤如下。
- **第1步** | 在手机中打开微信，在最上面的"搜索"文本框中输入"微信指数"，然

后单击"微信指数查询"选项。

- **第2步**│打开"微信指数查询"对应的页面，单击微信指数查询的小程序"微信指数"。

- **第3步**│打开"微信指数"页面，在"搜索"文本框中输入需要查询的关键词，如输入"双十一"，然后单击"搜索"按钮。

- **第4步**│打开"指数详情"页面，即可查看该关键词的指数变化情况，如图8-3所示。

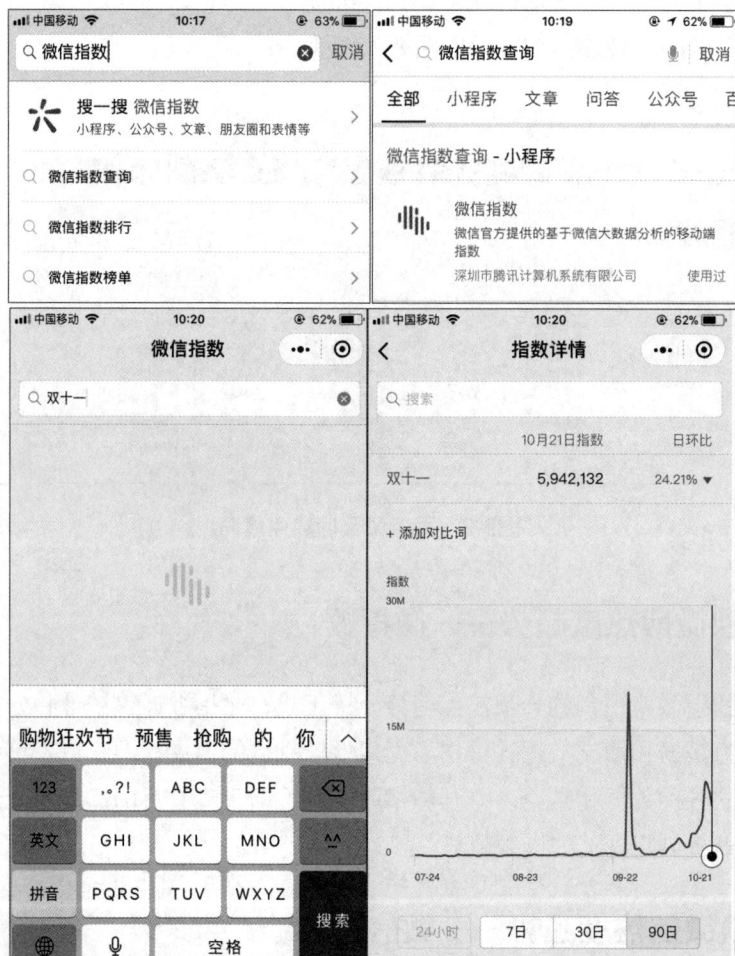

图8-3│查询微信指数

专家指导

　　网络中还有其他一些热点信息搜索工具，如百度指数、百度统计、搜狗指数、新浪微博热搜榜、淘宝指数和360趋势等，也非常适合网络编辑使用。

微信指数的计算范围包含微信搜索、公众号文章及朋友圈公开转发的文章。网络编辑可以根据微信指数提供的关键词的热度变化,间接获取用户的兴趣点及变化情况。微信指数可以为网络编辑的文案创作和营销提供数据支持,并对网站内容的发布效果形成有效监测、跟踪和反馈。

8.3 内容编辑与排版

网络平台中的内容通常是由网络编辑在计算机中编辑和排版,然后发布到平台中。使用专业的内容编辑与排版工具可以使网站内容既美观又符合媒体发布规范,并赢得用户的青睐。下面介绍常用的内容编辑与排版工具。

8.3.1 Microsoft Office

Microsoft Office 是 Microsoft 公司开发的一套办公软件,非常适合网络编辑日常使用。在内容编辑和排版工作中,网络编辑主要会用到其中的 Word、Excel 和 PowerPoint 这 3 个组件,由于篇幅有限,本书将不对这些组件的使用方法进行讲解,下面简要介绍其功能。

1. Word

Word 是一款被广泛应用于办公领域的专业文本编辑软件,它可以帮助用户完成日常文档的处理工作,满足绝大部分办公人员的需求。在 Word 中可以进行的操作包括输入和编辑文本,设置字符和段落格式,设置边框、底纹、页面背景和页面大小,应用各种样式,插入和编辑图片、艺术字、形状、SmartArt 图形,创建、插入和美化表格等。网络编辑通常可以使用 Word 编辑策划案、文案、新闻和资讯等文档,如图 8-4 所示。

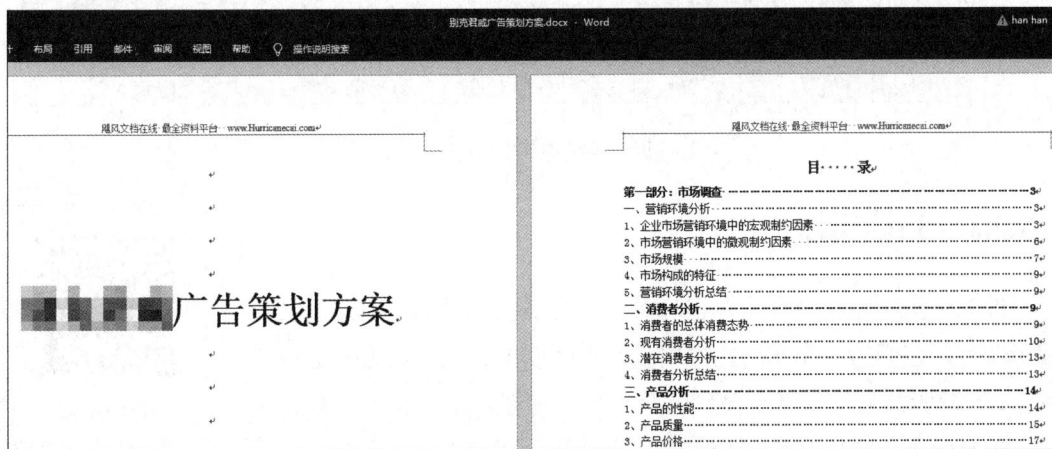

图8-4│利用Word编辑的广告策划方案

2. Excel

Excel 是一款专业的电子表格制作软件，通过它可以方便地制作出各种类型的电子表格，还可以对其中的数据进行计算、统计和分析。网络编辑可以使用 Excel 制作各种表格，如商品销售额预测分析表、商品和员工管理表、工作任务分配时间表和商品销售额分析表等，并对其中的数据进行分析。

3. PowerPoint

PowerPoint 是一款专业的演示文稿制作软件，用户可以将制作出的演示文稿在投影仪或计算机屏幕上进行演示，也可以将演示文稿打印出来，制作成图片，应用到更广泛的领域。在PowerPoint 中，网络编辑不但能像在 Word 中一样对文本进行编辑，还可以插入视频、音频和动画等多媒体文件。如果需要制作文字内容较少，但包含大量图片和多媒体元素的文案，那么 PowerPoint 将比 Word 更加合适。图 8-5 所示为使用 PowerPoint 编辑的商品文案，制作时只需要在幻灯片中插入图片，然后插入并设置文本框格式，输入文字，最后将演示文稿保存为图片即可。

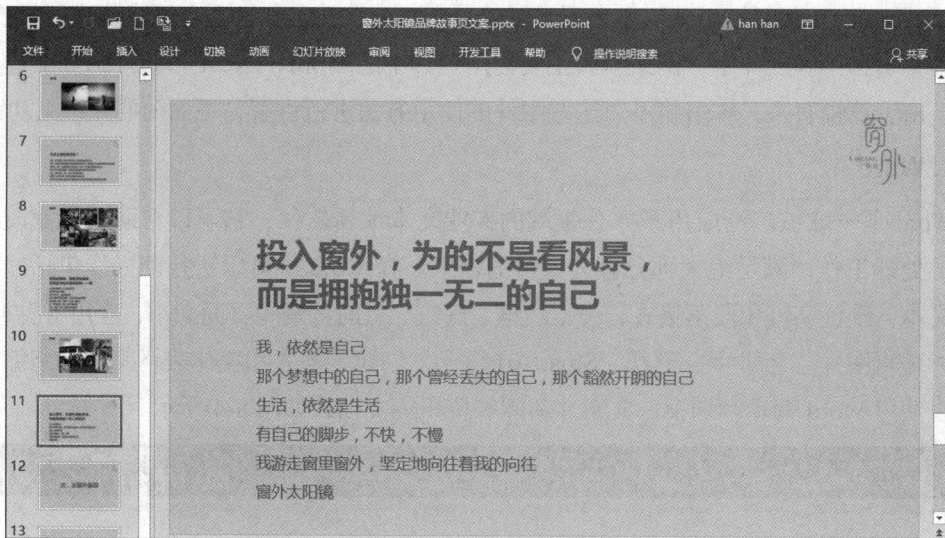

图8-5 | 利用PowerPoint编辑的商品文案

8.3.2 135编辑器

针对手机新媒体平台的内容编辑工具主要包括秀米、i 排版、135 编辑器等，它们的操作方法基本相似，下面以 135 编辑器为例进行讲解。135 编辑器是一款基于微信公众号平台的在线图文编辑和排版工具，主要应用于微信文章、企业网站及邮箱等多种网络平台。下面将以在 135 编辑器中制作微信公众号的企业宣传内容为例，介绍其具体操作方法。

微课视频

135 编辑器

- **第1步** 打开网页浏览器，搜索并进入135编辑器网站，单击右上角的"登录"按钮，打开"登录"对话框，使用微信扫码的方式或者注册用户账户的方式登录，如图8-6所示。

图8-6 进入135编辑器的编辑界面

- **第2步** 在编辑器左侧的菜单栏中选择"模板"选项，在样式展示区中选择一种模板的样式，然后选择样式的使用方式，如图8-7所示。

- **第3步** 在编辑区中将出现该模板的所有样式模块，单击需要编辑的样式模块，将弹出对应的操作面板。这里要删除选中的标题样式模块，单击"删除"按钮，如图8-8所示。

图8-7 选择并使用内容模板

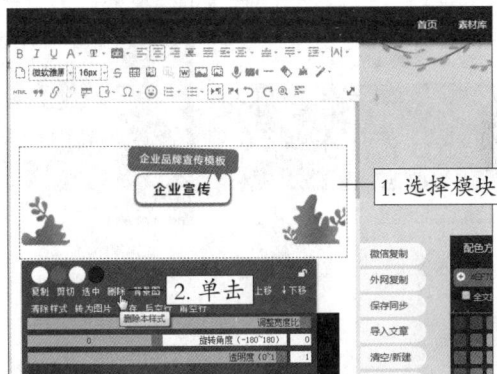

图8-8 删除选择的模块

- **第4步** 在菜单栏中选择"样式"选项，在样式展示区上方单击"标题"选项卡，然后在下面的列表中选择一种标题样式，如图8-9所示。

- **第5步** 在编辑区中单击并插入标题样式，在功能区的"配色方案"面板中选择一种配色样式，如图8-10所示。

- **第6步** 在标题样式栏中输入文本内容，然后选择文本，在弹出的文本设置面板中设置文本的格式，包括字体、字号、字形和对齐方式等，如图8-11所示。

- **第7步** 将鼠标光标定位到编辑区中的"企业简介"样式中的视频栏中，通过按

【Delete】键或【Backspace】键将视频删除，然后在菜单栏中选择"图片素材"选项，在样式展示区上方单击"图库"选项卡，在下面的选项卡中选择图片的类型，这里单击"建筑"选项卡，再在下面展示的列表中选择一张图片，即可将该图片插入到编辑区中，如图8-12所示。

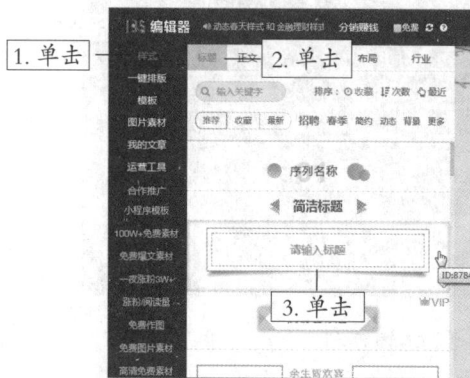

图8-9｜选择并使用样式

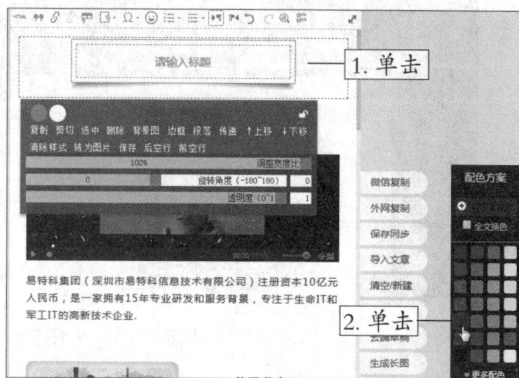

图8-10｜应用配色方案

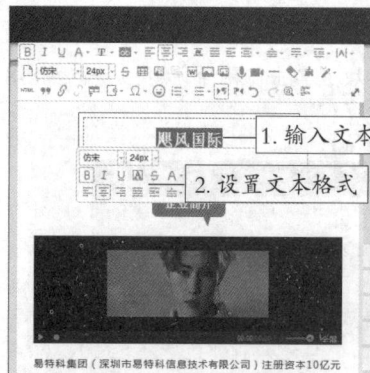

图8-11｜输入文本并设置文本格式

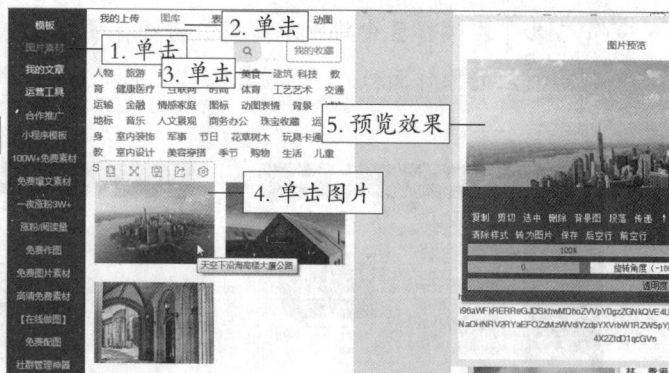

图8-12｜插入图片

专家指导

除了输入文本外，也可以从 Word 等文档中复制文本粘贴到内容模块中，然后进行文本格式的设置和美化。

- **第8步**｜使用同样的方法，在编辑区中的其他内容模块中输入文本并设置文本格式。
- **第9步**｜在编辑区中选择二维码对应的模块，将二维码删除，然后单击编辑区底部的"二维码"超链接，如图8-13所示。
- **第10步**｜打开"草料二维码美化器"窗口，在左侧的列表中单击"模板"选项卡，在其右侧的样式区中选择一种二维码样式，在右侧的预览窗口中可以查看二维码的预览样式，在窗口上方单击"编辑内容"按钮，如图8-14所示。

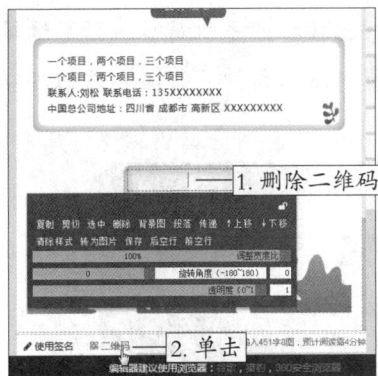

图8-13｜删除模板中的二维码

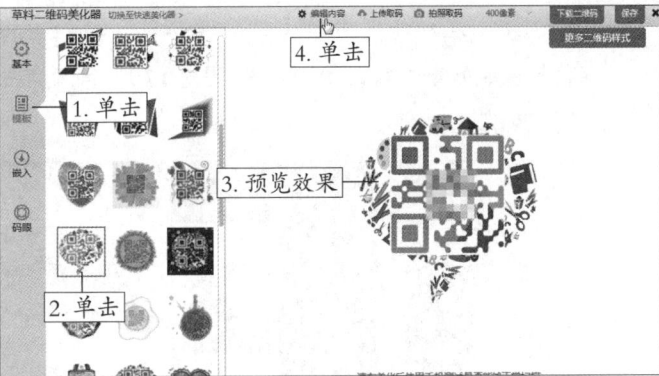

图8-14｜设置二维码的样式

- **第11步**｜打开"二维码内容编辑"对话框，在其中的文本框中可以输入二维码对应的网站域名、微信公众号地址或网页网址等，然后单击"确定"按钮，如图8-15所示，以后即可通过扫描该二维码直接跳转到相应的位置。

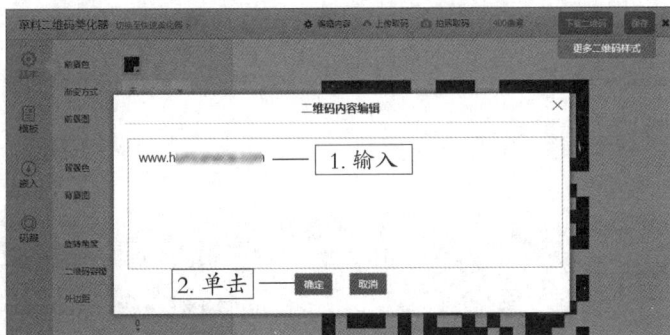

图8-15｜设置二维码的内容

- **第12步**｜返回"草料二维码美化器"窗口，在左侧的列表中单击"嵌入"选项卡，在"添加文字"文本框中输入内容，单击"确定"按钮，即可在二维码中添加输入的文本，如图8-16所示，单击窗口右上角的"保存"按钮。

图8-16｜在二维码中添加文本

- **第 13 步** 在功能区中单击"手机预览"按钮，将弹出模拟的手机窗口，预览编辑的微信公众号内容的效果，如图 8-17 所示，单击窗口右上角的"关闭"按钮可以退出预览状态。

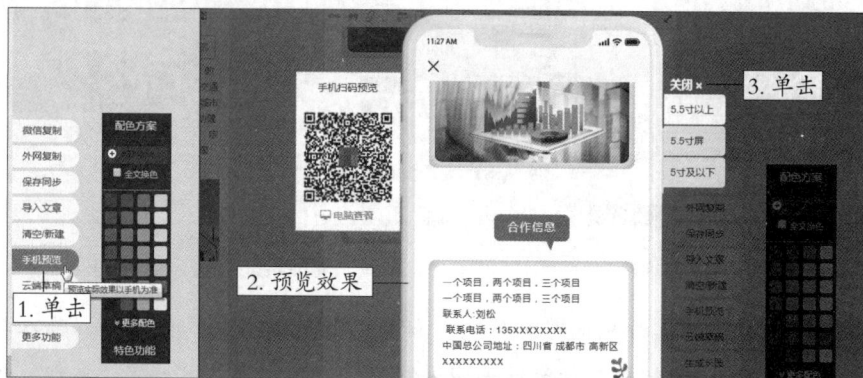

图8-17 预览内容效果

- **第 14 步** 在功能区中单击"微信复制"按钮或"外网复制"按钮，完成内容的编辑，在对应的微信公众号或者网站内容发布页面中通过按【Ctrl+V】组合键粘贴内容，然后即可进行发布。

专家指导

上面介绍的是比较简单的内容编辑方法，如果需要展现文章的个性或特色内容，网络编辑可以利用样式区的各种样式进行组合，然后插入到编辑区使用，最终创作出符合商品或品牌要求的个性化文章内容。

8.4 图片编辑

互联网时代是一个读图的时代，网络编辑通常会尽量使用图片来代替长篇的文字内容。在图片的编辑过程中，网络编辑需要对图片进行裁剪、美化和拼接等，这些都可以利用专业的图片编辑工具来轻松完成。

8.4.1 常用图片素材网站

图片已经成为新媒体文案不可缺少的组成元素，在编辑工作中会涉及寻找图片素材的步骤，要找到合适的素材通常需要耗费大量的时间，所以，网络编辑需要收集一些图片素材网站，以便于快速找到合适的素材。

- **花瓣网**｜花瓣网是一个专业的图片素材网站，用户可以在上面发现并收藏优质图片，花瓣网目前拥有数亿张优质图片资源。
- **昵图网**｜昵图网是一个图片素材共享平台，网站中的所有素材图片均由网友上传共享，上传共享的图片越多，用户能下载的图片也就越多。
- **千图网**｜千图网是一家免费的图片素材下载网站，提供矢量图、PSD源文件、图片、手机App素材和PPT等主流素材的免费下载服务。

8.4.2 功能强大的图片编辑工具——Photoshop

面对竞争日益激烈的网络交易市场，网络平台如何在其中脱颖而出成为企业发展面临的主要问题。影响网络平台发展的因素很多，如平台的宣传、图片美化和网页制作等。Photoshop是一款专业的图像处理软件，它在网络平台的内容制作中具有非常普遍的应用功能，包括网页制作、图片处理及海报制作等。利用Photoshop的图像处理及特效功能，可以将一些质量较差的图片加工处理成效果精美的图片，也可以将多张图片合成为一张图片，还可以把图片原来的颜色调整为任何颜色，这些都与网络平台通过图片和内容吸引用户的目标完全一致，所以，Photoshop是网络编辑必须掌握的图片编辑工具之一。由于篇幅有限，本书对Photoshop的图像处理功能的具体应用不做讲解，感兴趣的读者可自行学习。

8.4.3 简单易用的图片编辑工具——美图秀秀

美图秀秀是一款简单易用的图片编辑软件，具有图片特效、美容、拼图、场景、边框、饰品等功能，能够对电子商务网站中使用的图片进行美化和拼接等编辑。下面就以处理网站中的商品图片为例，简单介绍美图秀秀的图片编辑功能，其具体步骤如下。

微课视频

美图秀秀

- **第1步**｜打开并进入美图秀秀的操作界面，单击"美化图片"按钮，如图8-18所示。
- **第2步**｜进入美图秀秀的"美化"操作界面并打开提示对话框，单击"打开一张图片"按钮，如图8-19所示。
- **第3步**｜在打开的对话框中找到需要进行处理的商品图片，单击"打开"按钮打开图片。
- **第4步**｜在美图秀秀的"美化"操作界面中，可以对载入的商品图片进行各种美化操作，例如，调整颜色、亮度，进行背景和特效的设置，以及裁剪和设置尺寸等。这里使用最简单的自动美化功能，在左侧的"基础"选项卡中单击"一键美化"按钮，如图8-20所示，即可对商品图片进行自动美化。如果对美化效果不满意，还可以通过手动设置来美化图片。

图8-18｜选择操作

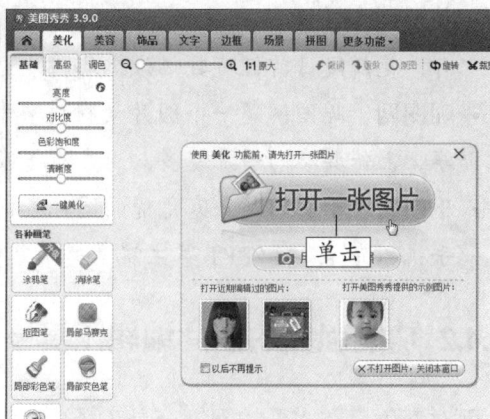

图8-19｜打开图片

- **第5步**｜在"美化"操作界面中，单击下方的"对比"按钮，还可以将图片美化前后的效果进行对比，如图 8-21 所示。

图8-20｜一键美化图片

图8-21｜对比美化效果

- **第6步**｜下面进行商品图片的拼接操作。在操作界面上方单击"拼图"选项卡，进入"拼图"操作界面，在左侧单击"模板拼图"按钮，如图 8-22 所示。
- **第7步**｜在操作界面右侧的样式栏中选择一种模板拼图的样式，在图片编辑区即可看到拼图的样式，在需要添加图片的位置双击，如图 8-23 所示。
- **第8步**｜打开添加图片的对话框，在其中选择需要拼图的图片，即可将其添加到拼图图片位置。
- **第9步**｜在"拼图"操作界面的上方单击"随机效果"按钮，为拼图设置边框、底纹和画布的效果，然后在需要调整位置的图片上单击，打开调整对话框，在其中拖动显示框即可调整图片的位置，如图 8-24 所示，然后单击"关闭"按钮关闭对话框。

图8-22 | 选择拼图方式

图8-23 | 选择拼图样式

图8-24 | 设置拼图效果

- **第10步** | 在拼图操作界面的下方单击"保存与分享"按钮，打开"保存与分享"对话框，在其中设置图片的保存位置，然后单击"保存"按钮，即可完成图片的美化操作，如图 8-25 所示。

图8-25 | 保存美化后的图片

8.4.4 在线平面设计工具——创客贴

创客贴是一款操作简单的在线平面设计工具，可以通过简单的拖拉曳操作，使用平台提供的大量图片、字体和模板等素材，从而轻松设计出精美的海报、公众号文章首图、详情页等各种电子商务网站中需要使用到的图片。下面就以为某水果网店设计商品海报为例，讲解使用创客贴编辑图片的方法，其具体步骤如下。

微课视频

创客贴

- **第1步** 进入创客贴的网站，注册并登录。
- **第2步** 在操作界面上方的菜单栏中选择"模板中心"菜单，在左侧展开的选项栏中单击"电商淘宝"选项，然后在展开的模板类型中单击"全屏海报（大）"按钮，再在下面的模板样式栏中选择一种模板样式，如图8-26所示，也可以根据排序、价格、类型和色系等条件筛选模板样式。

图8-26 选择需要使用的图片模板样式

- **第3步** 打开该模板样式的信息页面，查看该样式的预览效果，单击"立即使用"按钮，如图8-27所示。
- **第4步** 打开图片编辑的操作界面，在编辑区中选择需要编辑的图片中的项目，在编辑区上方将显示对应的编辑按钮，这里单击"换图"按钮，如图8-28所示，然后在打开的对话框中选择一张更换的图片，即可用该图片替换原来的图片。
- **第5步** 拖动调整图片的大小和位置，然后单击图片中的文本内容，按【Delete】键将其删除，如图8-29所示，用此方法将图片样式中原有的文本内容全部删除。

图8-27 | 应用图片样式

图8-28 | 更换图片

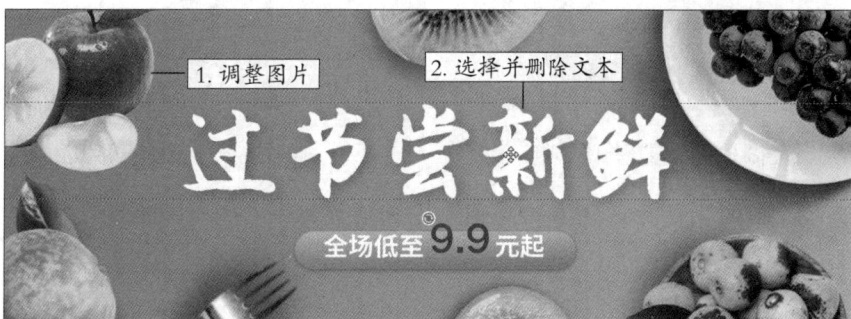

图8-29 | 删除文本项目

- **第 6 步** | 在操作界面左侧的样式展示区中单击"素材"选项卡，在"素材"列表框中单击"形状"按钮，在展开的"形状"列表框中选择"圆形"选项，即可在编辑区中添加一个圆形形状，拖动形状四周的控制点放大圆形，然后在编辑区上方的菜单栏中单击"调色板"按钮，在弹出的下拉列表中选择白色对应的颜色色块，如图8-30 所示。除了预设的形状和颜色外，用户也可以自行设置。

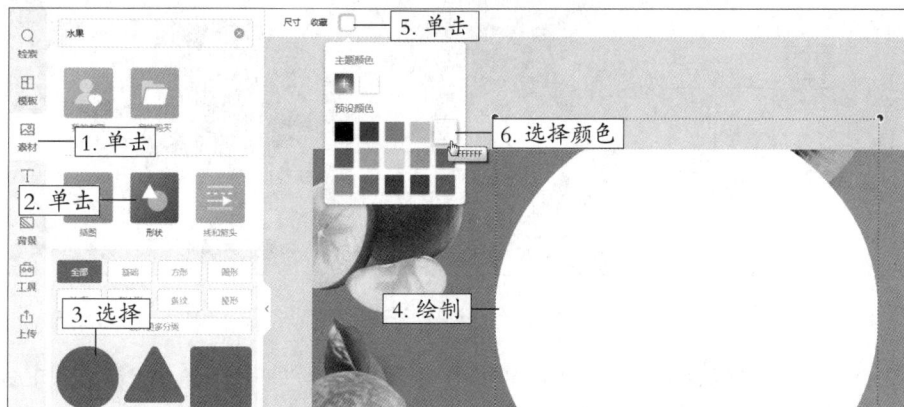

图8-30 | 添加形状并设置颜色

- **第7步**｜单击"透明度"按钮，在弹出的列表框中设置形状的透明度，如图8-31所示。

- **第8步**｜单击"投影"按钮，在弹出的列表框中设置形状投影的相关参数，包括颜色、扩展、透明度、距离和角度等，如图8-32所示。

图8-31｜设置形状透明度　　　　　图8-32｜设置形状的投影

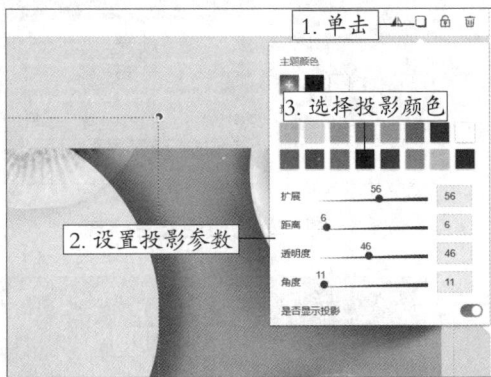

- **第9步**｜使用同样的方法在白色圆形中间再插入一个绿色的圆形，并设置形状的投影。

- **第10步**｜在操作界面左侧的样式展示区中单击"文字"选项卡，在"文字"列表框中选择一种文本的样式，将其插入到图片中，然后拖动文本至圆形的中间位置，并在文本项目上双击，进入文本编辑状态，更改其中的文本内容，如图8-33所示。进入文本编辑状态后，编辑区的上方将显示对应的文本编辑菜单栏。

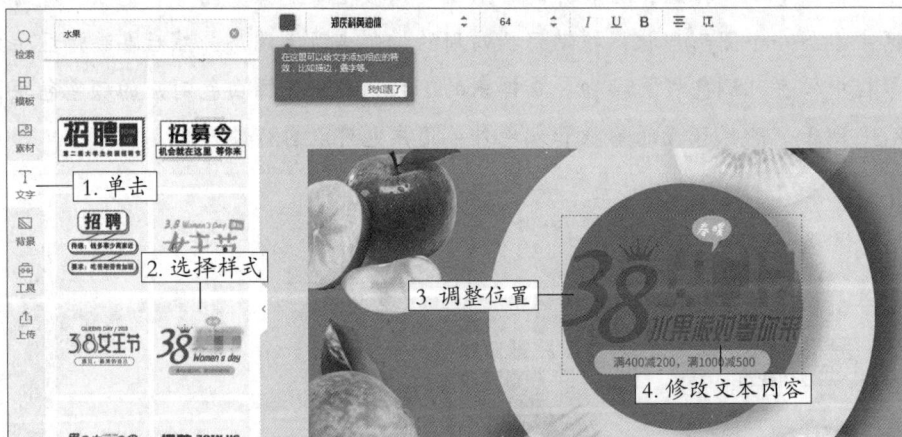

图8-33｜插入并编辑文字

- **第11步**｜海报制作完成后，可以单击网页右上角的"下载"按钮，打开"下载作品"对话框，在其中可以设置图片的类型、页面和拼接等，单击"确认下载"按钮，如图8-34所示，在打开的对话框中选择保存位置，将制作好的海报图片保存到计算机；

也可以单击"下载到手机"按钮，通过设置将图片直接发送到手机。

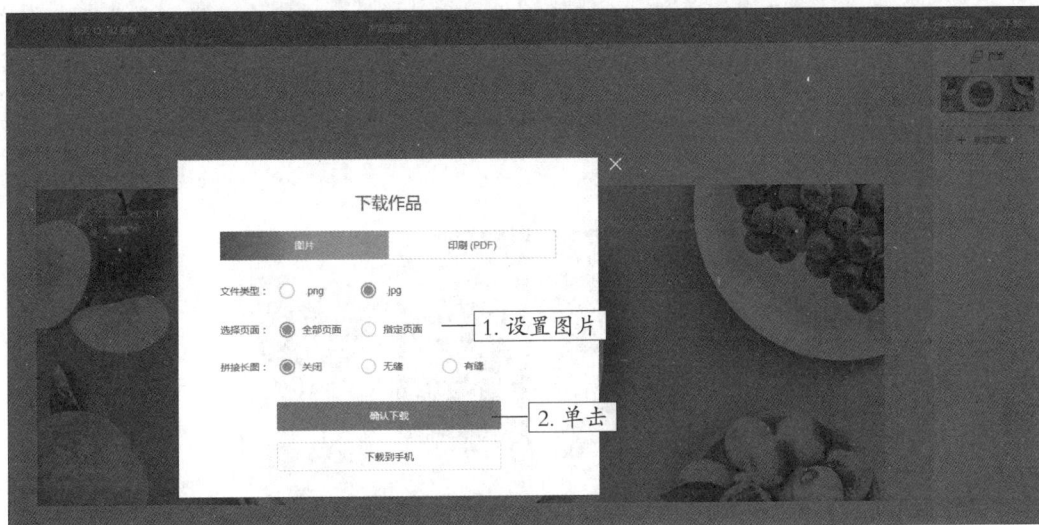

图8-34 | 保存制作的海报图片

专家指导

创客贴的最大特点就是能够根据模板制作各种电子商务网站需要的图片，包括公众号的封面图、手机海报、营销长图、店铺首页、宝贝详情页、商品主图、营销广告、各种微信配图等。

▍8.4.5 在线GIF图片制作工具——gif5.net

由于 GIF 图片能够展示简单的动态画面，所以经常在网络平台使用。GIF 图片可以利用图片、视频来制作，且操作简单，常见的制作工具包括 gif5.net 和 GifCam 等。下面将以 gif5.net 为例介绍在线通过图片和视频来制作 GIF 图片的方法，其具体步骤如下。

微课视频

gif5.net

• **第 1 步** | 进入 gif5.net 制作网站，单击"添加图片"按钮，如图 8-35 所示。

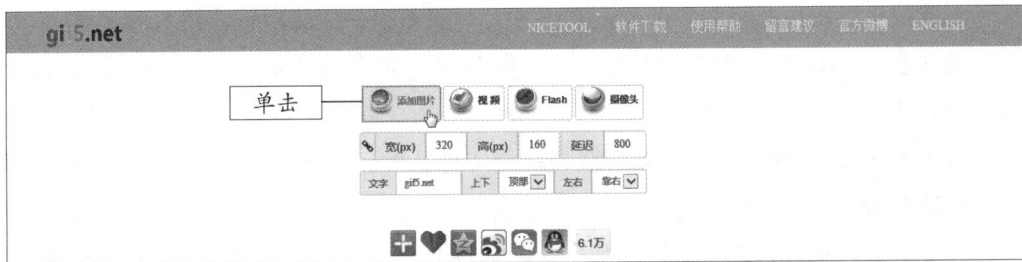

图8-35 | 以图片为素材制作GIF图片

- **第2步**｜在打开的对话框中选择需要制作成 GIF 的图片，然后将其插入到网页中，可以对图片的序号、延迟等进行设置，或者调整图片的宽度和高度，完成设置后单击"开始生成 gif"按钮，如图 8-36 所示。

图8-36｜开始生成GIF图片

- **第3步**｜稍后，将自动根据设置将添加的图片制作成 GIF 图片，完成后将自动打开"gif 图片下载分享"对话框，显示制作完成的 GIF 图片的预览效果和相关信息，单击"下载图片"按钮，打开"新建下载任务"对话框，单击"下载"按钮，如图 8-37 所示，即可将制作好的 GIF 图片下载到计算机。

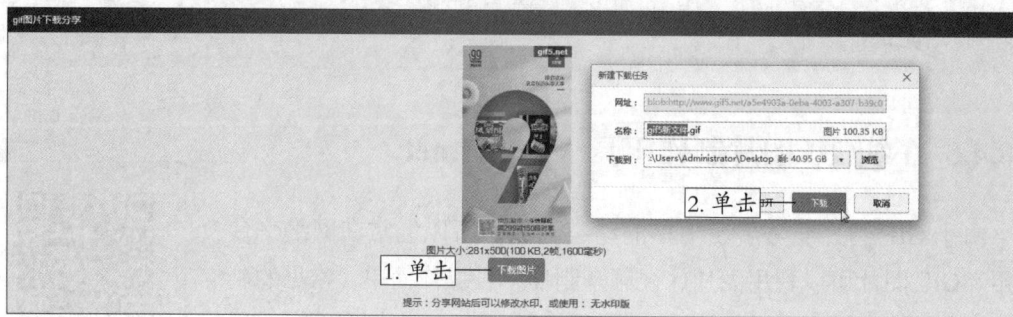

图8-37｜预览并下载GIF图片

- **第4步**｜如果要将视频制作成 GIF 图片，需要在操作界面中单击"视频"按钮，在打开的对话框中选择需要制作成 GIF 图片的视频文件，然后将其插入网页中。
- **第5步**｜此时将打开"视频转 GIF"对话框，其中将显示整个视频的播放过程，拖动进度条到指定位置，然后单击"开始取图"按钮，将开始在视频中抓取图片作为 GIF 图片的素材，当视频播放到一定进度时，单击"取图完成"按钮，如图 8-38 所示。
- **第6步**｜通过视频抓取的图片将全部插入网页中，然后单击"开始生成 gif"按钮，如图 8-39 所示。

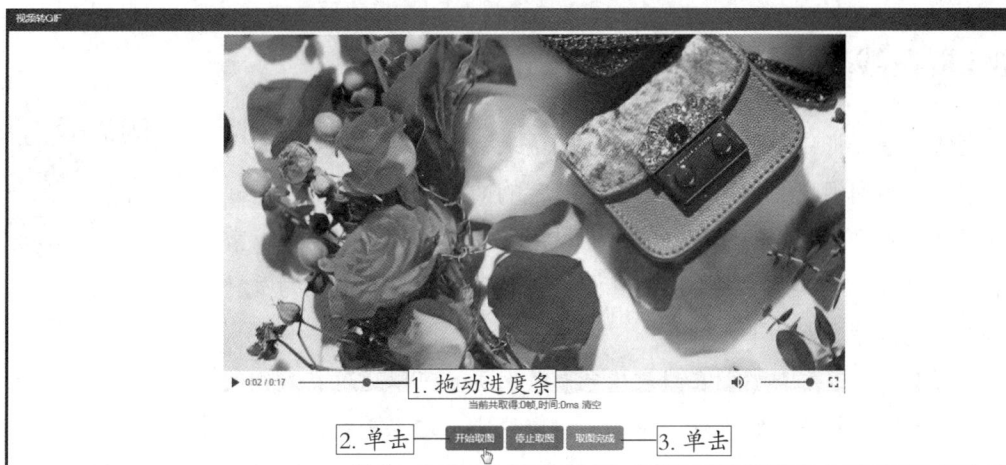

图8-38 | 视频转GIF图片

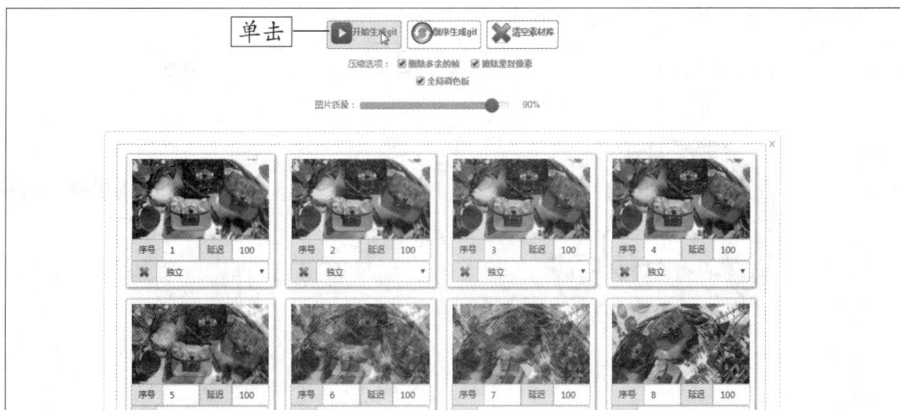

图8-39 | 开始生成GIF图片

- **第7步** | 与利用图片制作GIF图片的操作基本相同，在将视频抓取的图片制作成GIF图片后，将自动打开"gif图片下载分享"对话框，显示制作完成的GIF图片的预览效果和相关信息，单击"下载图片"按钮，即可将其下载到计算机，如图8-40所示。

图8-40 | 预览并下载GIF图片

8.4.6 在线表情包制作工具——斗图啦

微课视频

斗图啦

表情包是一张或多张图片，以流行的语录、动漫、影视截图为内容，配上一系列相应的文字，用以表达特定的情感。表情包不仅是社交网络平台中必不可少的交流工具，而且带动了相关产业的发展。常用的表情包制作工具很多，下面以斗图啦在线表情包制作工具为例进行讲解，其具体步骤如下。

- **第1步** 进入斗图啦在线表情包制作网页。可以通过在右侧的素材区中单击将已有的表情包相关素材添加到中间的编辑区中，这里单击"身体"选项卡，然后在选项卡左侧的列表框中选择"你懂的"选项，再在右侧的列表框中选择一种图片样式，即可将该样式素材图片插入到编辑区，再单击该素材图片，拖动四周的控制点，即可调整素材图片的大小，如图 8-41 所示。

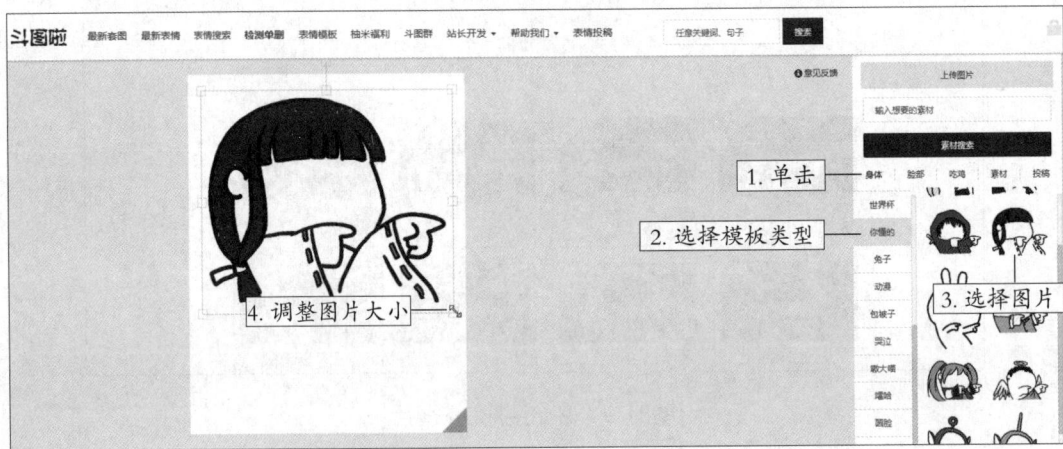

图8-41 | 插入素材图片并调整大小

- **第2步** 在素材区中单击"脸部"选项卡，然后选择"暴漫"选项，在右侧的列表框中选择一种素材图片，将其添加到编辑区，然后调整图片的大小和位置，如图8-42 所示。

- **第3步** 用同样的方法继续添加其他素材图片，然后调整编辑区中各个素材图片的位置，如图 8-43 所示。

- **第4步** 在操作界面左侧的功能按钮区中单击"字体"按钮，在弹出的列表框中选择一种字体样式，然后在编辑区中单击插入文本框，即可在表情包图片中输入文本内容，如图 8-44 所示。

- **第5步** 拖动文本框四周的控制点，调整文本的大小，在左侧的功能按钮区中单击"颜色"按钮，在弹出的列表框中选择一种字体颜色，如图 8-45 所示。

图8-42│添加素材图片

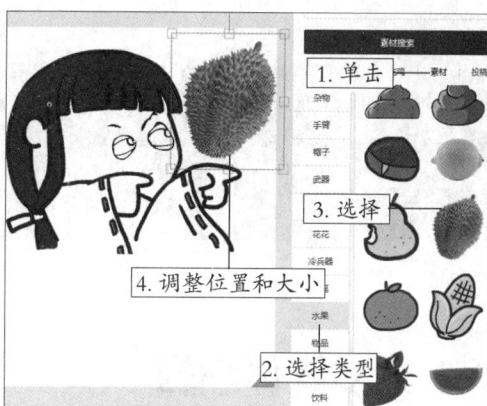

图8-43│添加素材并调整位置

图8-44│添加文本

图8-45│设置文本的大小和颜色

- **第6步**│制作完成后，在功能按钮区中单击"生成"按钮，打开表情包的预览窗口，在其中单击鼠标右键，在弹出的快捷菜单中选择"图片另存为"命令，如图8-46所示，即可打开"另存为"对话框，将制作好的表情包图片保存到计算机。

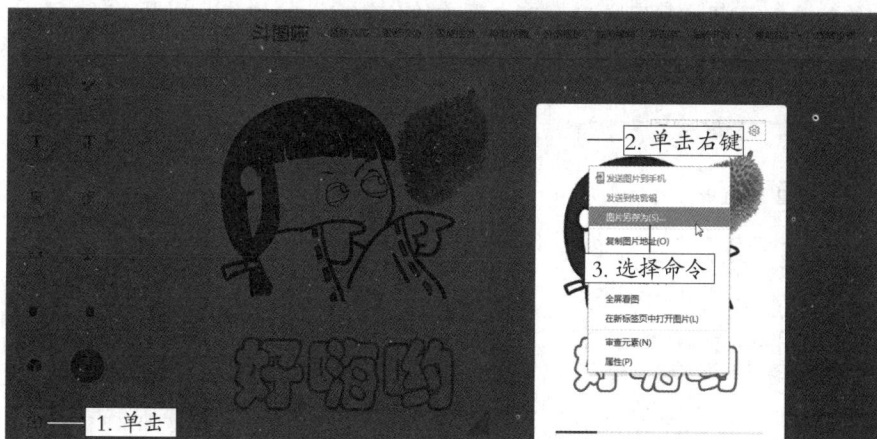

图8-46│预览并保存表情包图片

专家指导

在斗图啦在线表情包制作网页中单击上方的"表情模板"超链接，在打开的"表情模板"页面中选择一种表情样式，再在打开的样式页面中添加文字，也可以制作表情包图片。

8.5 多媒体编辑

现在很多网络平台都会运用多媒体手段增强商品或品牌的宣传效果，所以，网络编辑的日常工作，除了编辑文本和图片外，还会涉及音频和视频的编辑。虽然一些网络平台配备了专业的音频和视频编辑人员，但对于网络编辑来说，仍然有必要了解并掌握一些音频和视频工具的基本操作，并能够进行一些音频和视频内容的编辑与处理。

8.5.1 音频编辑工具——Adobe Audition

Adobe Audition 是一款常用的专业多媒体音频处理软件，它能高质量地完成录音、编辑和合成等多种任务。下面将以在 Audition 中录音、剪辑和编辑为例，介绍其基本的操作方法，其具体步骤如下。

> 微课视频
>
> Adobe Audition

- **第1步** 启动 Adobe Audition，在"编辑器"窗格中单击下方的"录制"按钮，打开"新建音频文件"对话框，设置新建的音频文件参数，完成后单击"确定"按钮，如图 8-47 所示。
- **第2步** 开始通过麦克风等输入设备输入声音，在中间的"编辑器"窗格将显示声音的波形，音频录制完成后，单击下方的"停止"按钮，如图 8-48 所示。

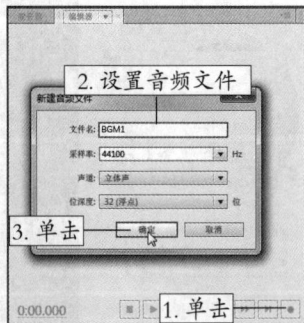

图8-47 ｜ 新建录音文件

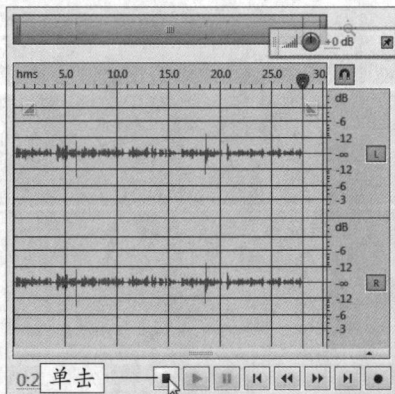

图8-48 ｜ 录制音频

- **第3步** │选择"文件"菜单项下的"另存为"命令，在打开的"存储为"对话框中设置文件的保存位置、格式和文件名，单击"确定"按钮保存声音文件。

- **第4步** │在"编辑器"窗格中拖曳鼠标选择要删除的音频部分，选中的部分呈白色，按【Delete】键删除选择的音频部分，如图8-49所示。

- **第5步** │拖动鼠标选择要移动的音频部分，按【Ctrl+X】组合键将选择的部分剪切到剪贴板中，在要粘贴的位置单击鼠标，然后按【Ctrl+V】组合键将剪贴板中的音频片段粘贴到当前位置，如图8-50所示。

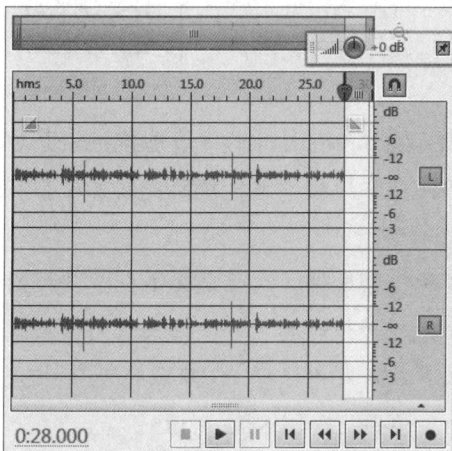

图8-49│选中并删除音频片段   图8-50│移动音频片段

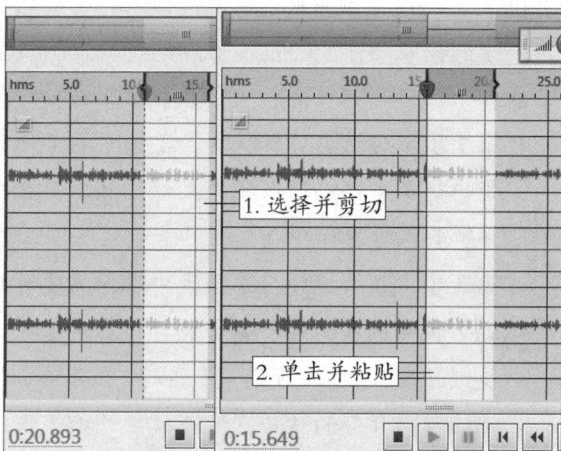

- **第6步** │选择"文件"菜单项下的"打开"命令，打开"打开文件"对话框，选择一个音频文件，单击"打开"按钮，打开该音频文件。

- **第7步** │在新打开的音频文件的"编辑器"窗格中，拖动鼠标选择需要淡入的部分，选择"收藏夹"菜单项下的"淡入"命令，设置淡入效果，如图8-51所示。

- **第8步** │拖动鼠标选择需要淡出的部分，选择"收藏夹"菜单项下的"淡出"命令，设置淡出效果，如图8-52所示。

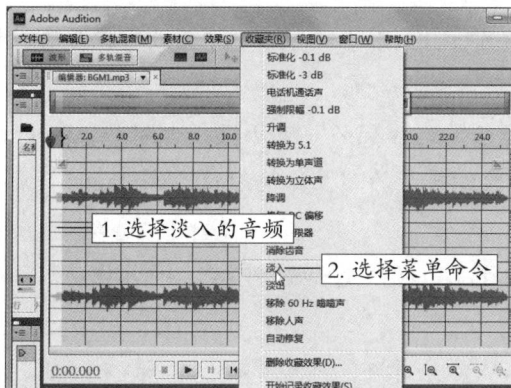

图8-51│淡入操作   图8-52│淡出操作

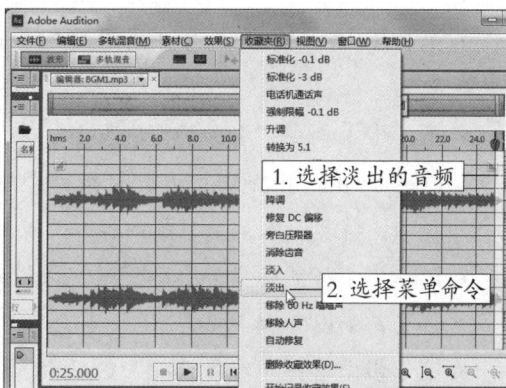

- **第9步** | 选择"文件"菜单项下的"保存"命令，打开"另存为"对话框，设置保存位置及音频文件的名称和类型，单击"保存"按钮，保存音频文件。

8.5.2 视频编辑工具——爱剪辑

视频在网络平台中的作用是进行营销宣传、品牌传播和商品介绍等。爱剪辑是一款操作简单、使用广泛的视频剪辑软件，支持音频和视频的编辑，具有为视频添加各种特效和字幕，以及去除水印等多种功能。下面将以制作旅游宣传短片为例，介绍其基本操作方法，其具体步骤如下。

- **第1步** | 启动爱剪辑软件，单击"添加视频"按钮，在打开的"请选择视频"对话框中选择需要编辑的视频文件，然后单击"打开"按钮，将选择的视频文件导入到爱剪辑操作界面中。

- **第2步** | 在"视频"选项卡中选择需要剪辑的视频文件，这里选择第一个"杭州西湖"视频选项，在"裁剪原片"栏中通过设置"开始时间"和"结束时间"来裁剪视频片段，在"声音设置"栏的"使用音轨"下拉列表中选择"消除原片声音"选项，消除视频片段的声音，然后单击"确认修改"按钮，如图8-53所示。

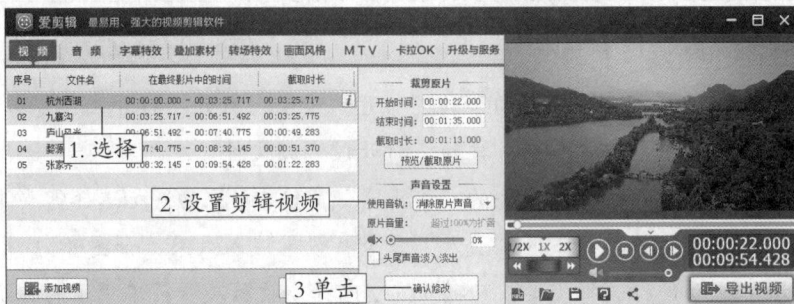

图8-53 | 剪辑视频片段

- **第3步** | 使用相同的方法剪辑其他视频片段，然后在预览窗口中播放剪辑后的视频效果。

- **第4步** | 单击"添加视频"按钮，打开"请选择视频"对话框，选择"C:\Program Files\MediaEditor\VideoClip"文件夹中软件自带的"黑幕视频(1分钟).mp4"素材视频，将其导入到爱剪辑的操作界面中。

- **第5步** | 将鼠标指针移到黑幕视频缩略图上，按住鼠标左键不放，将其拖动到片首位置，如图8-54所示。

- **第6步** | 单击"字幕特效"选项卡，双击预览窗口，打开"输入文字"对话框，在其中输入字幕文本，单击"确定"按钮，在预览窗口中将文本框移动到中间位置，

然后在左侧的"字体设置"面板中设置字体格式，如图 8-55 所示。

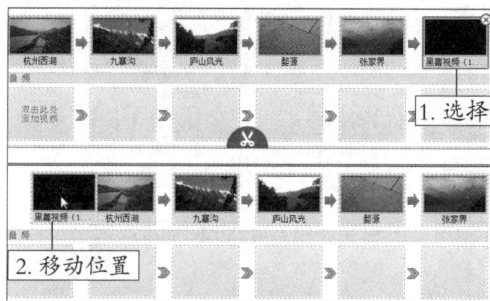

图8-54 | 移动视频位置

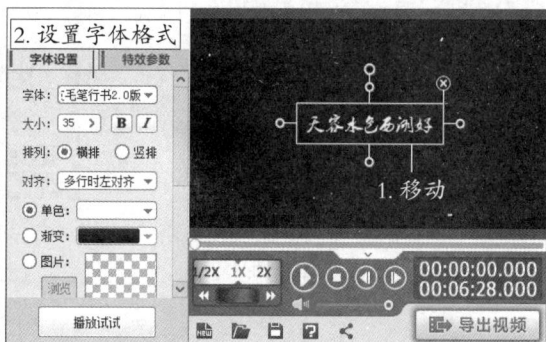

图8-55 | 输入并设置字幕文本

- **第7步** | 保持文本框的选中状态，在左侧选择"出现特效"选项，在打开的列表框中选中一种特效样式对应的单选钮，并在右侧的"特效参数"面板中设置特效时长，如图 8-56 所示。

- **第8步** | 用同样的方法为该字幕设置停留特效和消失特效。

- **第9步** | 选择字幕视频后面的视频选项，单击"转场特效"选项卡，在下方的列表框中选择一种特效样式，并在右侧的"转场设置"面板中设置特效参数，完成后单击"应用 / 修改"按钮，如图 8-57 所示。

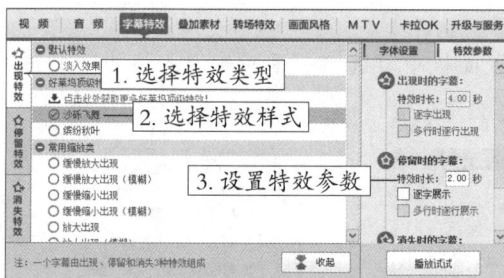

图8-56 | 设置字幕视频的出现特效

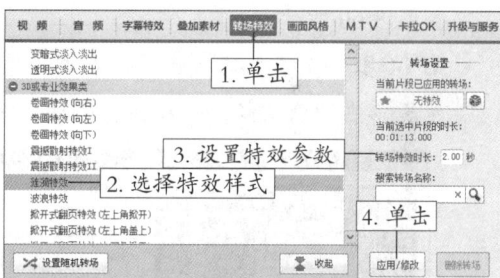

图8-57 | 设置视频的转场特效

- **第10步** | 选择字幕视频，在"裁剪原片"栏中将视频时长裁剪为"10 秒"，如图 8-58 所示。

- **第11步** | 单击"画面风格"选项卡，选择"动景"选项，在其列表框中选择一种特效样式，单击"添加风格效果"按钮，在弹出的列表中选择"为当前片段添加风格"选项，然后单击"确认修改"按钮，如图 8-59 所示。

- **第12步** | 单击"音频"选项卡，单击"添加音频"按钮，在弹出的下拉列表框中选择"添加背景音乐"选项，然后在打开的对话框中选择一个音频文件将其添加到视频中作为背景音乐。

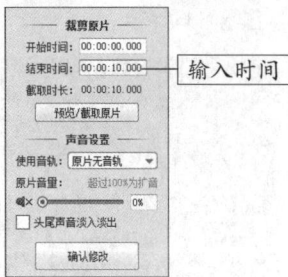

图8-58 | 裁剪字幕视频

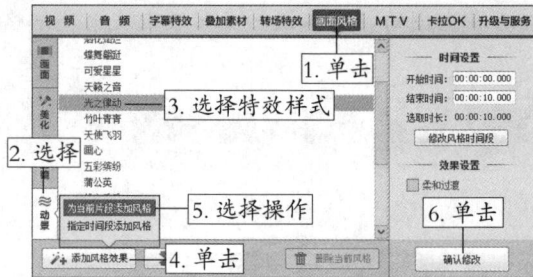

图8-59 | 设置字幕视频的动景画面效果

专家指导

　　单击"添加音频"按钮后，在弹出的下拉列表框中选择"添加音效"选项，在打开的"C:\Program Files\MediaEditor\AudioFiles\音效"文件夹中可添加软件自带的音效效果；单击"下载更多音频"按钮，在打开的页面中根据提示操作，可搜索下载音效和背景音乐。

- **第13步** | 打开"预览/截取"对话框，在"此音乐被默认插入到"列表框中选中"最终影片的0秒处开始"单选钮，使音乐从视频的开始处播放；在"截取"列表框中将结束时间设置为与视频播放的时长一致，单击"确定"按钮，确认导入音频文件，如图8-60所示。

- **第14步** | 在"音频"选项卡右侧的设置面板中勾选"头尾声音淡入淡出"复选框，然后单击"确认修改"按钮，如图8-61所示。

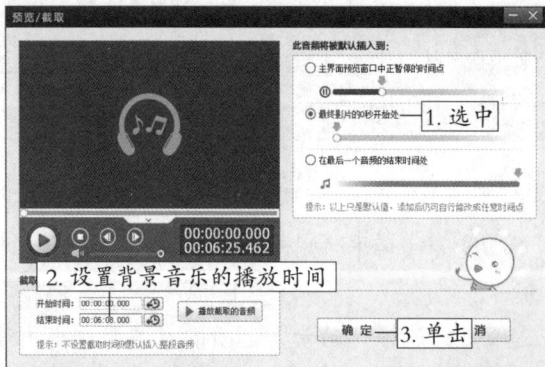

图8-60 | 设置背景音乐的播放时长与起始位置

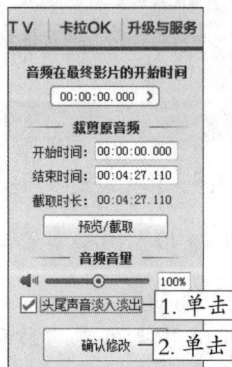

图8-61 | 为背景音乐设置淡入淡出效果

- **第15步** | 在预览窗口右下角单击"导出视频"按钮，打开"导出设置"对话框，在其中可以设置视频的内容信息、片头特效、导出格式和尺寸等，如图8-62所示。

- **第16步** | 单击"导出路径"文本框右侧的"浏览"按钮，打开"请选择视频的保存路径"对话框，设置视频的保存位置和文件名，然后单击"保存"按钮。

• **第17步** | 返回"导出设置"对话框,单击"导出"按钮,开始导出视频,导入的
素材视频越多,文件就越大,导出需要的时间越长,完成导出后,将打开对话框提
示导出成功,如图8-63所示。

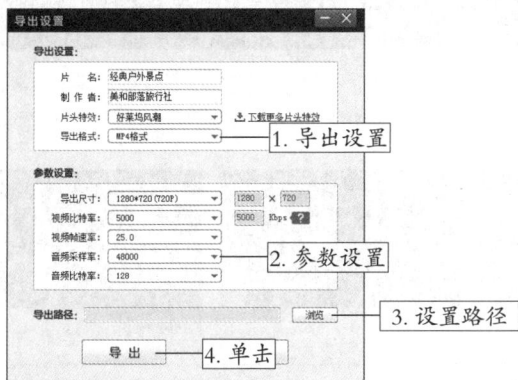

图8-62 | 设置视频导出参数

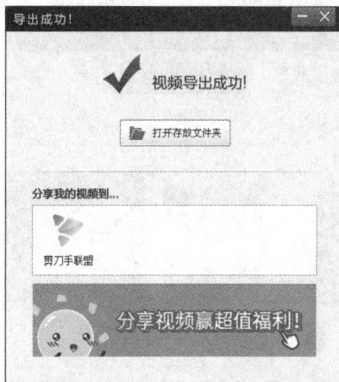

图8-63 | 完成视频导出

专家指导

在导出视频时,爱剪辑要求必须添加一种片头特效,在"导出设置"对话框中单
击"下载更多片头特效"超链接,将打开爱剪辑的官方网站,可付费下载更多的片头
特效。如果不需要爱剪辑的片头,导出文件后,可利用其他软件将片头裁剪掉。

8.5.3 在线短视频编辑工具——传影DIY

短视频是以短片视频为主的内容传播方式,能够在各种网络媒体平台上播放,适合在
移动网络状态和短时休闲状态下观看,内容包括技能分享、时尚潮流、社会热点、广告创
意和商业定制等主题。利用爱剪辑等视频编辑软件也可以制作短视频,但网络编辑制作的
宣传视频需要追求效率,通常只需要使用图片和文本来制作短视频,
这样既能减少工作量,又能达到视频营销的效果。所以,网络编辑在
制作短视频时通常不会使用专业的视频编辑软件,而是使用一些在线
短视频编辑制作工具,通过制作好的短视频模板,简单更换其中的图
片和文本,快速制作出用于宣传展示、商品广告等。下面将以使用传
影DIY为例,介绍在线制作短视频的方法,其具体步骤如下。

微课视频

传影DIY

• **第1步** | 进入传影DIY网站,在上方单击"宣传展示"超链接进入短视频模板网页,
然后可以选择短视频模板的类型,这里单击"产品广告"按钮,设置"时长"为
"0~15秒",在下面选择一个短视频模板,然后单击"一键生成"按钮,如图8-64
所示。

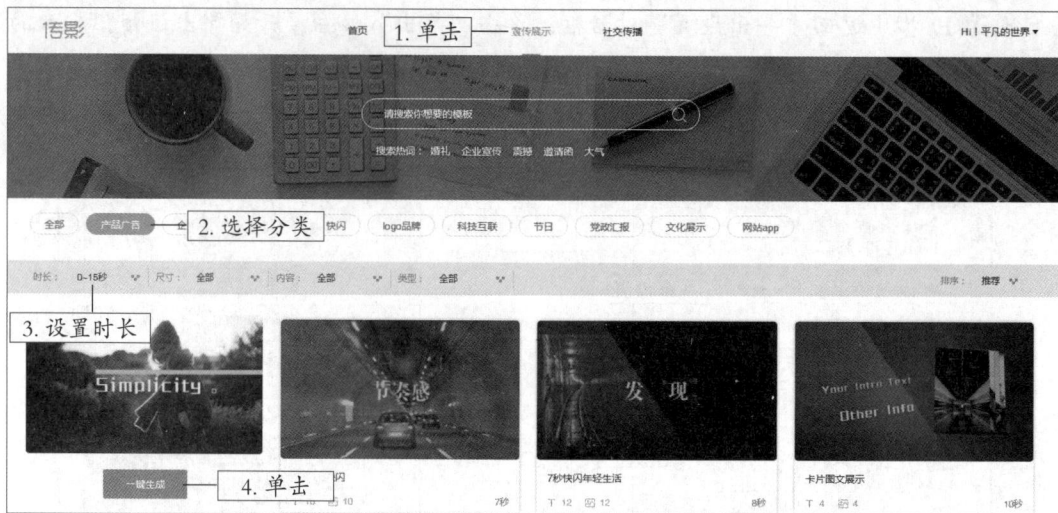

图8-64│选择短视频模板

- **第2步**│在弹出的窗口中预览选择的短视频效果及模板的相关信息，然后单击"一键生成"按钮，如图 8-65 所示。

图8-65│查看模板效果

- **第3步**│打开短视频模板的编辑界面，在需要编辑的场景图片或文本上单击，打开对应的编辑界面，这里单击"场景1"的文本，打开文本的编辑窗口，在文本框中输入文本，然后单击窗口右侧的"下一个"按钮，如图 8-66 所示。
- **第4步**│打开"场景1"中图片对应的编辑窗口，单击"上传"按钮，如图 8-67 所示。

图8-66 | 编辑场景中的文字

- **第5步** | 在打开的对话框中选择需要替换的图片，然后将显示替换后的效果，单击"确定"按钮，完成"场景1"中文字和图片的编辑，如图8-68所示。

图8-67 | 上传图片

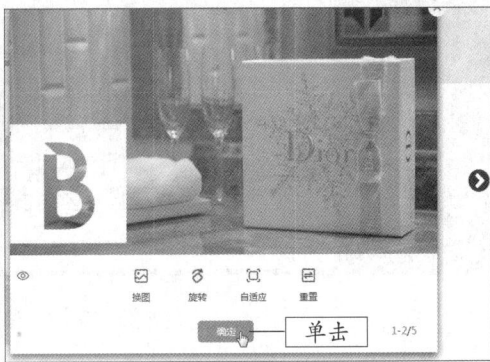

图8-68 | 查看替换图片后的效果

专家指导

如果需要继续编辑场景中的其他文字和图片，可以直接单击窗口右侧的"下一个"按钮，进入下一个场景的文字或图片编辑窗口进行操作。

- **第6步** | 用同样的方法，选择其他场景，修改和替换原视频中的文字和图片，然后在右侧的素材设置区中单击"音乐"选项卡，单击"上传音乐"按钮，在打开的对话框中选择一个MP3文件作为短视频的背景音乐，然后在列表框中查看添加的音乐，单击右侧的"设为背景音乐"按钮，如图8-69所示。

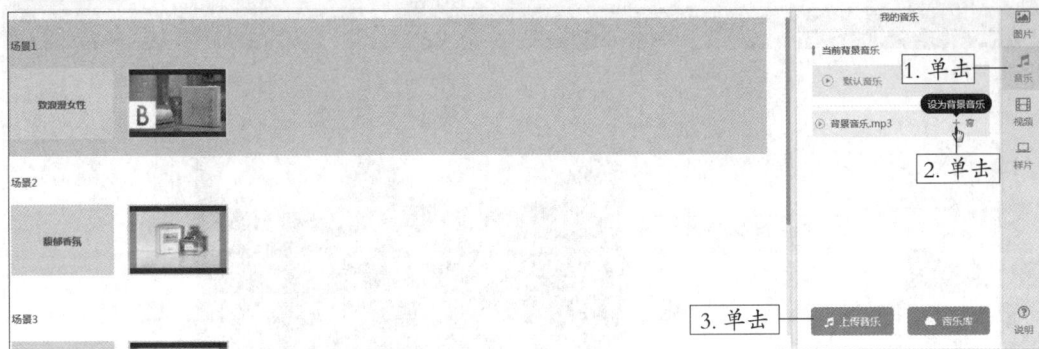

图8-69 │ 修改短视频的背景音乐

- **第7步**│编辑完毕后，单击操作界面右上角的"预览"按钮，将上传所有的素材，并生成新的短视频，然后打开图 8-70 所示的窗口，展示短视频的播放效果，单击下面对应的按钮即可将编辑好的短视频下载到计算机。

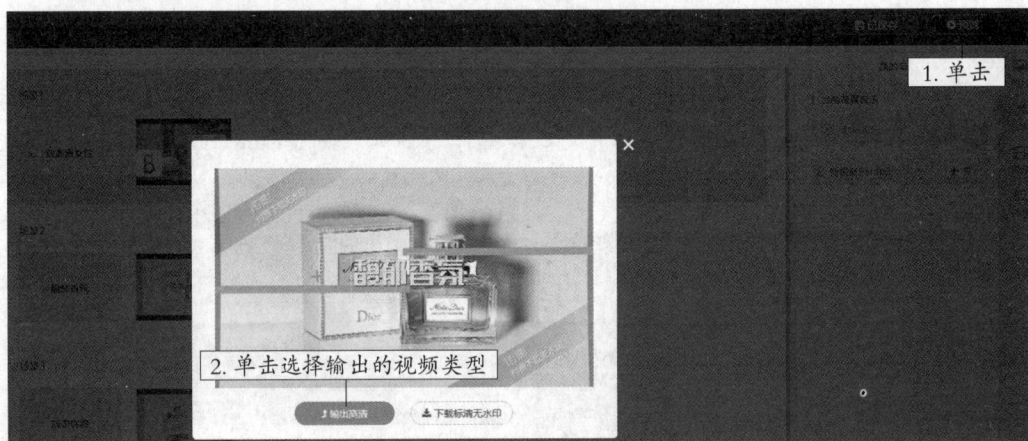

图8-70 │ 生成并预览短视频

8.6 HTML5 网页设计

HTML5 网页是一种基于 HTML5 标准制作的响应式网页，也是一种网站的新型内容模式，它集成了图片、音乐和视频等多种媒体方式，具备直接与用户互动的功能，可以用于营销和新闻报道，其作用和文案、视频和宣传图片一样，都是引发传播、获得流量。

8.6.1 HTML5网页的定义和作用

HTML5 简称 H5，它是针对超文本标记语言 HTML 的第五次修订，超文本是指页面内可以包含图片、超链接，甚至音乐、程序等非文字元素，而标记是指这些超文本必须由包含属性的开头与结尾标志来标记。网络中的网页大多数是由 HTML 语言写成的，浏览网页时，浏览器通过解码 HTML，就可以把网页内容显示出来，而 HTML5 网页便是基于 HTML5 这个标准的应用制作出的各种网页。

HTML5 网页提供免插件的音视频、图像动画、文字存储及更多酷炫且重要的功能，具有标准化、开放化和互动性的特点，能够轻松实现类似操作系统界面的操作，适合在网站平台中应用和传播。另外，运用 HTML5 搭建的网页内容或应用可以兼容 PC 端与移动端，并轻松地移植到微博、微信、App 等平台中，可以一键转发并引起爆发性的传播。HTML5 网页对网络平台的宣传和曝光度增加都可以起到非常重要的作用，主要包括：

- **吸引用户主动分享，帮助网站快速吸粉**｜HTML5 网页中通常包含商品信息、公众号等内容，在移动端的每次转发和分享，都可以帮助网站进行宣传和营销推广。

- **增加网站的曝光率**｜HTML5 网页的传播形式更加新颖，并且具有互动的特点，使得传播分享的概率提升，特别是配合 HTML5 网页制作工具的点击跳转功能，能跳转到相应的链接页面，增加网站的曝光概率。

- **增强用户的活跃度和黏性**｜将制作好的 HTML5 网页存放在服务器中并生成链接，再将该链接添加到公众号菜单中，用户便可在公众号平台通过链接跳转的形式，浏览网站的 HTML5 页面，既体现了公众号的特色，又能增强用户的活跃度及黏性。

8.6.2 HTML5网页的类型

HTML5 网页分为以下 4 种类型。

- **活动推广类**｜该类型的 HTML5 网页包含多种内容形式，如游戏、邀请函、贺卡和测试题等，通过与用户互动，以及高质量和话题性的设计来提高传播效率。

- **品牌宣传类**｜该类型的 HTML5 网页更倾向于企业品牌形象塑造，以及向用户传达品牌的精神态度。在内容设计上使用符合品牌风格的视觉语言，文案选题直指用户的内心，让用户对品牌留下深刻印象。

- **商品介绍类**｜该类型的 HTML5 网页通常聚焦于商品功能介绍，运用 HTML5 的互动技术优势来展示商品特性，从而帮助用户全方位了解商品，甚至引导用户产生购买行为。例如，特拉斯汽车上市前制作的 HTML5 网页，让用户通过 HTML5 网页（甚至采用 380 度旋转的方式）来尽可能地体验这款汽车的所有或最新的特性，如图 8-71 所示。

- **总结报告类**｜该类型的 HTML5 网页比较典型的案例就是支付宝十年账单，利用 HTML5 网页良好的互动体验令原本乏味的总结报告变得有趣、生动。

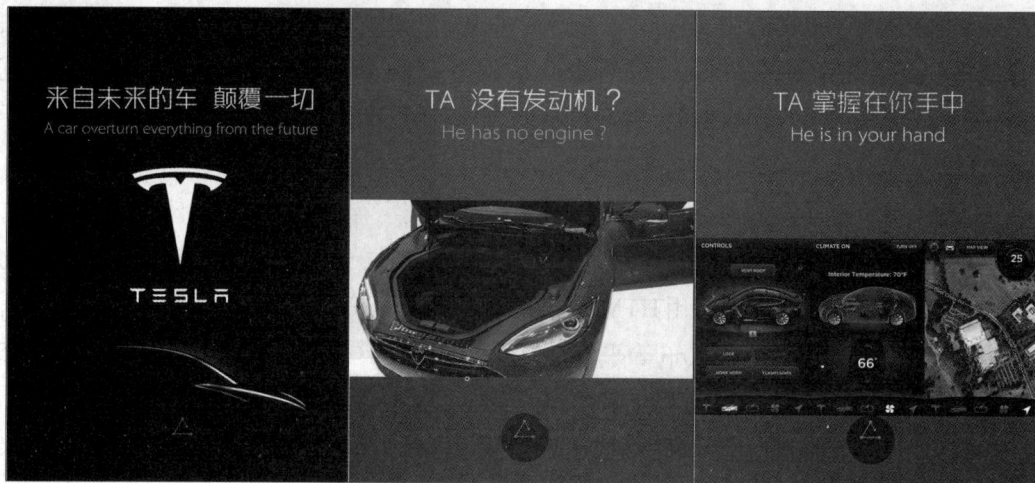

图8-71｜商品介绍类HTML5网页

8.6.3 HTML5网页的表现形式

HTML5 网页主要有以下几种表现形式。

- **场景型**｜即营造某种特定的场景，在画面中讲故事，让用户更有代入感，特别是可以加入交互技术，能够让用户自由控制故事情节的发展。

- **测试型**｜测试型 HTML5 网页是指利用用户的求知欲和探索欲，将宣传的内容以问答的形式展现给用户，目的是让用户乐在其中，潜移默化地接收宣传的信息。

- **展示型**｜展示型是常见的 HTML5 网页表现形式，制作简单，没有过多的交互技术，但在视觉设计上能让人大饱眼福，内容包括标题、文案、图片和视频等，通过翻页等简单的交互操作，起到类似幻灯片的传播效果。

- **视频型**｜把 HTML5 网页和视频相结合，不仅效果炫酷，还适合名人来演绎，具有大片的风范，并且能实现普通视频广告无法做到的人机互动。

- **技术型**｜即以技术优势取胜，运用炫酷的技术作为卖点，包括全景 VR、3D、重力感应、双屏互动等。

- **礼物型**｜礼物型 HTML5 网页是以礼物、贺卡或邀请函的形式展现给用户，通过提升用户的好感度来潜移默化地达到宣传商品或品牌的目的。

8.6.4 HTML5网页的编辑技巧

在制作 HTML5 网页的过程中，网络编辑需要掌握以下编辑技巧。

- **内容故事化**｜HTML5 网页的类型和表现形式很多，但用户最关心的还是内容是否有价值。将内容编辑成故事更容易引发用户的情感共鸣，提升 HTML5 网页的传播效果。

- **多用场景**｜将办公楼、住宅和地铁站等场景融入 HTML5 网页中，既能带给用户真实熟悉的感受，让他们容易接受宣传的信息，又能通过场景承载的品牌信息，唤起用户的认知，从而加深其对品牌的印象。
- **增加互动**｜在 HTML5 网页中加入互动的元素，能让用户进一步感知体验宣传的品牌或商品，提高对品牌的认知度和对商品的购买欲望。
- **提升参与感**｜结合品牌或商品本身的特性及用户的喜好进行参与机制的设置。
- **融入社交属性**｜HTML5 网页设计中应融入谈资、帮助、比较、炫耀等能让用户分享的动机，借助受众的社交关系链进行传播推广。

8.6.5　在线HTML5网页编辑工具——易企秀

　　HTML5 网页是网站运营推广的一种常用方式，网络编辑需要具备制作 HTML5 网页的基本能力。网络中有很多 HTML5 网页的编辑工具，易企秀就是其中一款，它操作简单、易于上手，相当于移动版的 PPT 制作工具。下面将以制作某水果网站宣传 HTML5 网页为例，介绍易企秀的基本操作方法，其具体步骤如下。

- **第1步**｜进入该网站首页，在上方单击"免费模板"超链接，打开模板网页窗口，选择一种模板的样式，这里选择行业类型中的"食品酒水"类型，如图 8-72 所示。

图8-72｜选择HTML5模板类型

- **第2步**｜在下方所有"食品酒水"类型的 HTML5 网页模板中选择一个合适的模板，单击打开该模板的信息网页，再次单击"立即使用"按钮，在打开的提示对话框中单击"立即使用"按钮，如图 8-73 所示。
- **第3步**｜打开该模板的编辑操作界面，并在编辑区中显示该 HTML5 网页第一页的内容，在需要编辑的对象上单击即可选中，这里双击文本对象，即可选中该文本框中的文本，然后对其进行修改和编辑。这里选择文本内容，将自动打开文本设置窗口，单击其中的"加粗"按钮，可以为选中的文本设置文字加粗效果，如图 8-74 所示。

图8-73 | 确定模板样式

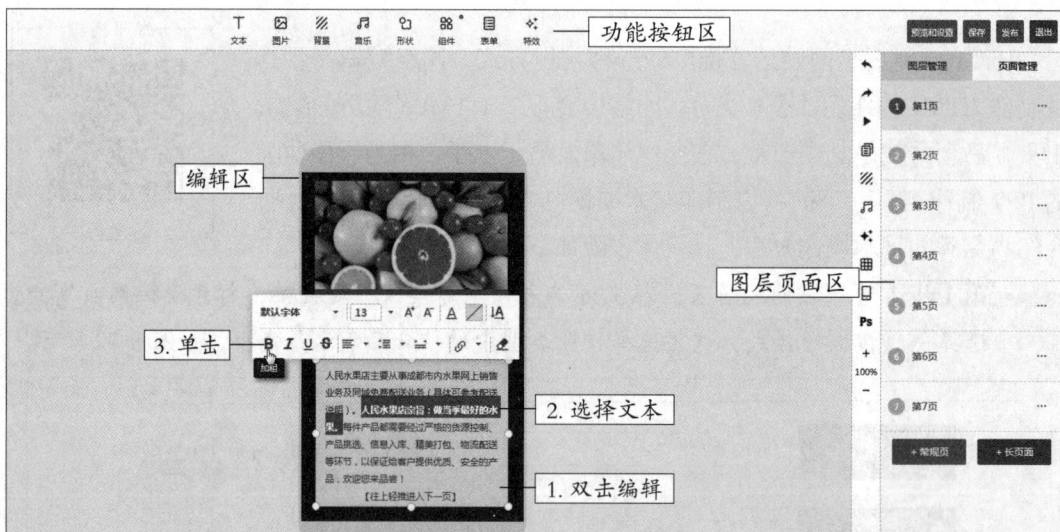

图8-74 | 编辑模板中的文本对象

- **第4步** | 在图层页面区的"页面管理"选项卡中选择"第8页"选项,在编辑区中将显示第8页的编辑界面,修改其中的文本,然后选择最下面的图片,按【Delete】键将其删除,接着在功能按钮区中单击"组件"按钮,在弹出的菜单中选择"电话"选项,如图 8-75 所示。

- **第5步** | 在编辑区中将自动添加一个"电话"组件,拖动鼠标可以调整该组件的位置,在图层页面区左侧将弹出该组件的"组件设置"窗格。

- **第6步** | 在"样式"选项卡中可以设置该组件的号码、名称和颜色等,这里在"手机 / 号码"和"按钮名称"文本框中输入相关内容,然后单击"动画"选项卡,在其中设置该组件的动画,这里单击动画对应的按钮,在弹出的动画窗格中选择一种动画样式,这里选择"强调"动画类型中的"放大抖动"动画,返回"动画"选项卡,勾选"循环播放"复选框,如图 8-76 所示。

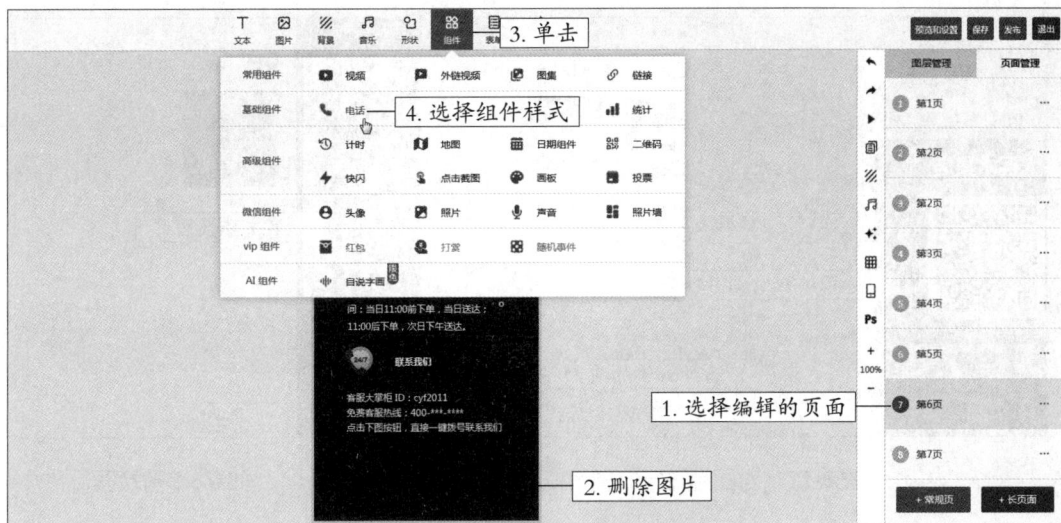

图8-75 | 在HTML5中插入组件

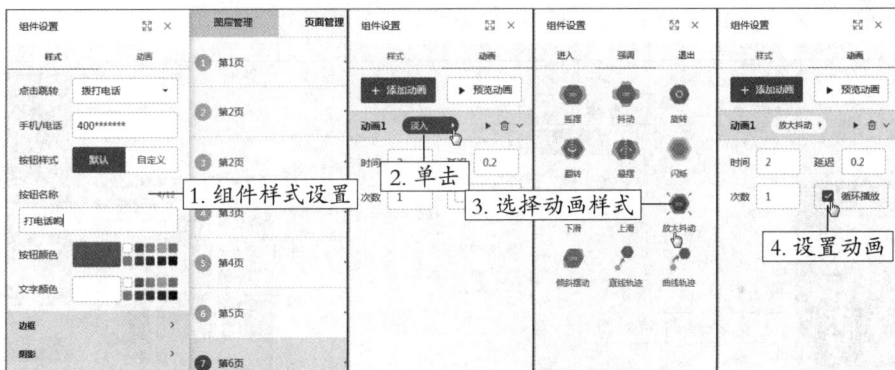

图8-76 | 设置组件的动画效果

- **第7步** | 在图层页面区的"页面管理"选项卡中选择"第7页"选项，在编辑区第7页中单击二维码图片，在图层页面区左侧弹出图片的"组件设置"窗格，在"样式"选项卡中单击"更换图片"按钮，如图8-77所示。

- **第8步** | 打开"图片库"窗口，在其中可以选择替换的图片，这里单击左下角的"本地上传"按钮，在打开的对话框中选择计算机中的一张二维码图片，该图片将显示在"图片库"窗口中，单击替换的图片，如图8-78所示。

- **第9步** | 在图层页面区的"页面管理"选项卡中选择"第1页"选项，然后选择其中的标题文本框，为其设置动画，这里设置为"文字动画、中心弹入、循环播放"，出现顺序为"随机"，然后在"页面管理"选项卡下面单击"常规页"按钮，在第1页后面增加一个HTML5页面，如图8-79所示。

图8-77 | 对图片进行编辑

图8-78 | 替换图片

- **第 10 步** | 在样式展示区中单击"单页模板"按钮，在右侧的"模板中心"选项卡中选择一种模板样式，然后在右侧弹出的样式预览窗格中单击"使用"按钮，如图 8-80 所示，编辑区中的该页将应用该模板样式。

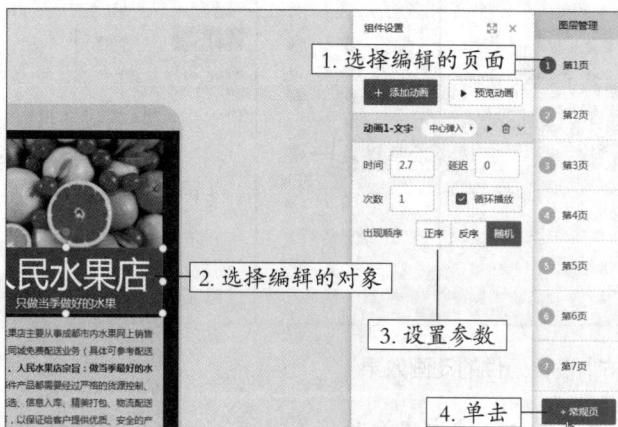

图8-79 | 对文本框进行编辑

图8-80 | 应用单页模板

- **第 11 步** | 使用相同的方法，将模板中的图片全部替换为水果的图片，并编辑其中的文字，完成后单击操作界面右上角的"预览和设置"按钮。

- **第 12 步** | 打开预览窗口，单击"下一页"按钮可以依次查看各 HTML5 页面的效果，在右侧的"设置"窗格中可以设置发布和分享 HTML5 网页的具体参数，这里在"基础设置"选项卡中设置发布的 HTML5 网页标题和描述，预览窗口将同步显示设置效果，如图 8-81 所示。设置完成后单击"发布"按钮，可以将 HTML5 网页发布到微信、微博等媒体平台。

- **第 13 步** | 单击"保存"按钮，将编辑好的 HTML5 网页保存到网站的个人空间，通常登录易企秀网站后，单击网页右上角的"工作台"按钮，即可进入个人空间网页，

在左侧的列表框中选择"我的作品"选项，即可看到所有编辑过的 HTML5 网页。

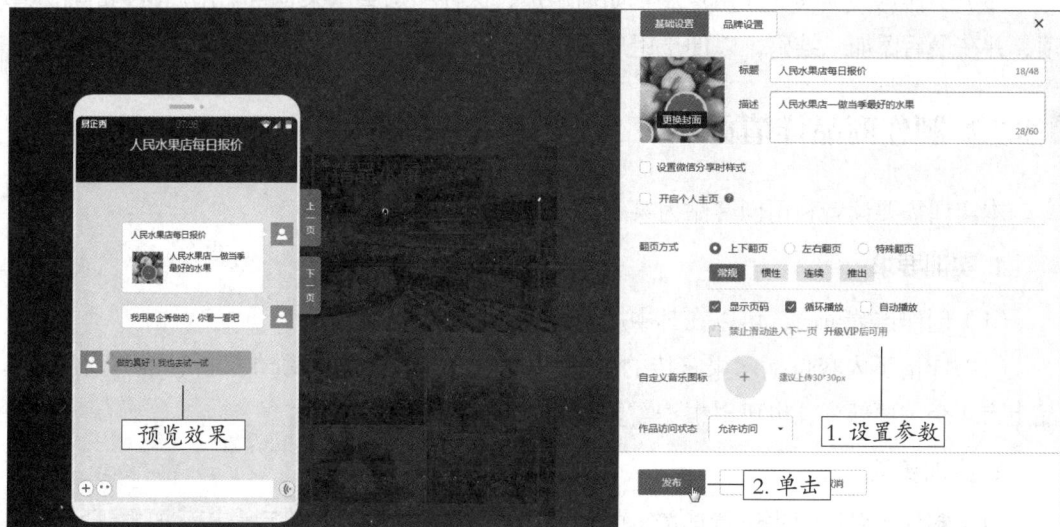

图8-81 | 预览设置并发布

8.7 本章实训

为了帮助读者熟练使用内容编辑工具，下面将以两个实训练习为例对本章所学知识进行巩固练习。

8.7.1 制作网络店铺推广手册

本实训需要利用本章所学的 135 编辑器的相关知识，为某水果网店制作推广手册。

1. 实训要求

（1）假设本例只推广一种水果，因此需要将商家定位为一个网络店铺。

（2）宣传的内容包括该水果的产地、品质和卖点、购买须知、店铺简介等内容。

2. 实训步骤

（1）选择制作方式。一种是根据模板编辑，另一种是全新创作，读者可以尝试用两种不同的方法来制作两个不同的推广手册。

（2）制作首页。首页中包括水果的主图，以及主要卖点和价格文字。

（3）制作商品介绍。通过图片、文字和视频等方式介绍水果，包括产地，水果的主要特点和打折优惠活动等，多使用图片，文字介绍尽量精练。

（4）制作店铺介绍。展示实体店图片，以及员工和水果互动的图片。

（5）制作购买须知。向用户展示如何挑选、保存和购买水果，告知用户网购的注意事项，并在最后添加二维码，以便于用户关注网店。

8.7.2　制作商品详情页

本实训需要读者利用创客贴为某水果网店制作商品详情页。

1. 实训要求

（1）创作详情页时，可以在其中加入水果的相关商品图片。

（2）详情页内容包括水果宣传的主题（或标明电商名称）、领券打折、推荐商品和新品上市4个主要部分，也可以根据需要增加内容。

2. 实训步骤

（1）制作主题区。先设置详情页的尺寸，创建空白的图片，然后为其添加主题区背景，从上到下依次为网店名称、商品卖点和折扣，最下面配上多种水果图片。

（2）制作优惠券区。利用形状或曲线制作优惠券区的标题（其他区域的标题风格与此相同），利用图形和文字制作优惠券。

（3）制作商品推荐区。最上边是标题，下面可以采用不同的结构，如左右、上下和混合等，也可以采用不对称设计，推荐不同的水果，要配有图片和文字。

（4）制作新品区。最上边是标题，下面的商品都使用同一种排版样式，如都采用上边是图片下边是文字介绍的形式，或者左边放图片右边放文字介绍的形式。

思考与练习

（1）利用百度搜索引擎搜索最近的热点事件，然后根据该热点事件，自行选择商品或品牌，使用 Word 创作一个宣传文案。

（2）将（1）小题中创作的文案复制到 PowerPoint 中，设置版式并美化其中的图片，再将文案保存输出为图片。

（3）利用美图秀秀美化（2）小题中输出的文案图片。

（4）利用创客贴为某服装网店制作网店首页的新品促销海报。

（5）利用 GIF 制作工具制作一张关于水果促销的 GIF 图片。

（6）利用传影 DIY 制作一个企业宣传的短视频。

（7）使用易企秀制作一个网上商城中秋节促销的 HTML5 网页。